汽车技术精品著作系列

新能源汽车车架设计：
结构性能与多目标协同优化研究

余祯琦　著

机械工业出版社

本书以新能源汽车产业发展状况为背景，总结新能源汽车开发过程中存在的问题，并以车架结构性能为分析目标，层层递进引入研究相关的理论基础、技术方案、设计方法及其发展趋势。具体来说，本书根据产品开发流程介绍了新能源汽车的发展背景、相关的软件、硬件及算法基础。在此基础上，本书沿着新能源汽车开发的技术路线，结合多体动力学与有限元法，重点介绍了车架的载荷获取方法以及结构性能分析方法，并基于车架结构性能的分析，对车架多性能匹配的优化策略进行研究，建立了适用于电动汽车车架的多目标优化方法及流程，为电动汽车车架的开发提供技术支持和理论依据。另外，本书还介绍了上述开发及测试所用的工具及操作流程，帮助读者进行实践。最后，本书展望了新能源汽车技术未来的发展趋势以及需要解决的问题。

本书适用于对新能源汽车结构设计及优化技术感兴趣的读者，包括开发人员、设计人员、科研工作者等。本书还适用于有相关知识背景的从业人员。

图书在版编目（CIP）数据

新能源汽车车架设计：结构性能与多目标协同优化研究 / 余祯琦著. -- 北京：机械工业出版社，2025.2. -- （汽车技术精品著作系列）. -- ISBN 978-7-111-78035-9

I. U469.702

中国国家版本馆 CIP 数据核字第 2025087RS4 号

机械工业出版社（北京市百万庄大街 22 号　邮政编码 100037）
策划编辑：王兴宇　　　　　　　　责任编辑：王兴宇
责任校对：李荣青　马荣华　景　飞　封面设计：马精明
责任印制：单爱军
北京盛通数码印刷有限公司印刷
2025 年 6 月第 1 版第 1 次印刷
184mm×260mm · 9.25 印张 · 232 千字
标准书号：ISBN 978-7-111-78035-9
定价：99.00 元

电话服务　　　　　　　网络服务
客服电话：010-88361066　机　工　官　网：www.cmpbook.com
　　　　　010-88379833　机　工　官　博：weibo.com/cmp1952
　　　　　010-68326294　金　书　网：www.golden-book.com
封底无防伪标均为盗版　机工教育服务网：www.cmpedu.com

前言 PREFACE

随着我国成为汽车大国，能源、污染、交通等问题也日益严重，电动汽车的发展已势在必行，其市场蕴含了巨大潜力，有关电动汽车的设计开发也已迫在眉睫。电动汽车车架作为非承载式电动汽车最重要的承载部件，其承载形式较传统燃油车发生了明显的改变。同时，车架在车辆行驶过程中所受载荷工况复杂，其结构的设计是匹配包含多个相关基础性能的系统性设计，是一个多目标协同设计的过程，而不是某单一功能的设计与优化。车架的设计开发往往要同时满足强度、耐久、NVH、质量控制等性能的要求。因此，针对电动汽车车架的设计开发，如何高效、快速地响应市场，需要有新的思路和方法。

本书基于某主机厂电动皮卡车项目，结合多体动力学与有限元分析法，对车架的载荷获取方法以及结构性能展开深入研究，并基于车架结构性能的分析，对车架多性能匹配的优化策略进行研究，建立适用于电动汽车车架的多目标优化方法及流程，为电动汽车车架的开发提供了技术支持和理论依据。

本书较为全面和深入地对电动汽车车架的结构性能与多目标优化方法进行了分析和探索，对电动汽车车架的结构优化建立了综合车架质量、刚度性能、模态性能、多工况强度性能以及疲劳性能的多目标优化体系。在对车架多目标优化的研究中，本书提出针对尺寸较大、形状和连接关系较复杂结构的网格变形控制方法。并构建基于脚本文件的参数化建模方法，实现对求解多性能多模型问题的高效统一性和准确性。

本书提出综合考虑车架质量、自身特性和整车参数等因素的车架质量比较系数的概念和计算方法，利用该系数可以实现对不同结构车架的质量属性优劣的比较和评价。

最后，基于电动汽车车架优化方案的结果，进行样件试制和装车。本书介绍了样件的台架试验和道路耐久试验方法和流程，通过试验结果验证了电动汽车车架优化方案的有效性。

南昌大学黄兴元教授审阅了书稿，提出了许多宝贵建议，在此表示衷心感谢。

特别感谢贾慧芳、朱书林、陈东等人对本书的编撰给予的指导和帮助。

恳请读者对本书的内容提出宝贵意见，并对书中存在的错误及不当之处提出批评和修改建议，以便本书再版修订时参考。

著　者

目录 CONTENTS

前言

第1章 绪论 ········· 1
1.1 新能源汽车行业发展概述 ········· 1
1.2 国内外相关研究现状 ········· 4
1.2.1 车架优化研究 ········· 5
1.2.2 车架性能研究 ········· 6
1.2.3 多目标优化研究 ········· 8
1.3 研究价值分析 ········· 11
1.4 主要内容概述 ········· 11
1.4.1 主要研究内容 ········· 11
1.4.2 主要分析内容 ········· 12

第2章 多体动力学模型的建立与验证 ········· 13
2.1 整车多体动力学模型建立的理论基础 ········· 13
2.2 基础车前悬架多体动力学模型建立与验证 ········· 15
2.2.1 基础车前悬架多体动力学模型的建立 ········· 15
2.2.2 基础车前悬架多体动力学模型的验证 ········· 17
2.3 基础车后悬架多体动力学模型建立与验证 ········· 20
2.3.1 基础车后悬架多体动力学模型的建立 ········· 20
2.3.2 基础车后悬架多体动力学模型的验证 ········· 21
2.4 基础车多体动力学模型建立与验证 ········· 22
2.4.1 基础车车架柔性体的建立 ········· 22
2.4.2 基础车多体动力学模型的建立 ········· 28
2.4.3 基础车多体动力学模型的验证 ········· 29
2.5 电动汽车多体动力学模型的建立 ········· 32
2.5.1 电动汽车动力学模型的建立 ········· 32
2.5.2 电动汽车强度载荷分解多体动力学模型的建立 ········· 33
2.5.3 电动汽车疲劳载荷分解多体动力学模型的建立 ········· 34
2.6 本章小结 ········· 34

第3章 电动汽车车架结构性能的研究 ········· 35

3.1 电动汽车车架模态性能分析 ········· 35
3.2 电动汽车车架刚度性能分析与对比 ········· 36
3.2.1 基础车车架弯曲刚度分析 ········· 37
3.2.2 基础车车架扭转刚度分析 ········· 38
3.2.3 电动汽车车架刚度性能分析 ········· 40
3.3 电动汽车车架强度性能分析 ········· 40
3.3.1 电动汽车车架强度载荷的获取 ········· 40
3.3.2 电动汽车车架强度分析方法 ········· 44
3.3.3 电动汽车车架静态工况强度分析 ········· 48
3.3.4 电动汽车车架制动工况强度分析 ········· 50
3.3.5 电动汽车车架上跳工况强度分析 ········· 52
3.3.6 电动汽车车架转弯工况强度分析 ········· 54
3.3.7 电动汽车车架转弯制动工况强度分析 ········· 56
3.3.8 电动汽车车架后制动工况强度分析 ········· 58
3.3.9 电动汽车车架车轮上抬工况强度分析 ········· 60
3.4 电动汽车车架路谱疲劳性能分析 ········· 62
3.4.1 疲劳累计损失理论 ········· 62
3.4.2 疲劳分析方法 ········· 63
3.4.3 材料疲劳参数的确定 ········· 63
3.4.4 道路谱载荷的采集 ········· 67
3.4.5 疲劳载荷循环次数的确定 ········· 73
3.4.6 电动汽车车架疲劳载荷的获取 ········· 78
3.4.7 电动汽车车架疲劳性能的分析 ········· 81
3.5 本章小结 ········· 82

第4章 电动汽车车架多目标优化 ········· 83

4.1 电动汽车车架参数化建模 ········· 84
4.1.1 网格变形技术 ········· 84
4.1.2 参数化模型的建立 ········· 84
4.2 电动汽车车架多目标优化 ········· 91
4.2.1 试验设计方法 ········· 91
4.2.2 设计变量的选择分析 ········· 94
4.2.3 优化问题的定义 ········· 101
4.2.4 近似模型的建立方法 ········· 102
4.2.5 近似模型的误差分析 ········· 105
4.2.6 多目标优化分析 ········· 108
4.3 电动汽车车架优化前后性能对比分析 ········· 111

4.3.1 模态性能对比分析 ········· 111
4.3.2 刚度性能对比分析 ········· 112
4.3.3 强度性能对比分析 ········· 113
4.3.4 疲劳性能对比分析 ········· 116
4.3.5 质量属性对比分析 ········· 117
4.4 本章小结 ········· 118

第5章 电动汽车车架试验验证 ········· 119
5.1 车架台架试验验证 ········· 119
5.1.1 模态试验 ········· 119
5.1.2 刚度试验 ········· 120
5.2 整车道路耐久试验验证 ········· 123
5.2.1 试验准备 ········· 123
5.2.2 试验方法 ········· 123
5.2.3 试验结果 ········· 125
5.3 本章小结 ········· 127

第6章 总结与展望 ········· 128
6.1 总结 ········· 128
6.2 主要研究价值 ········· 129
6.3 研究成果的拓展 ········· 129
6.4 未来技术发展分析 ········· 130
6.4.1 模块化车架的设计 ········· 130
6.4.2 新材料的应用 ········· 130
6.4.3 新技术的融合 ········· 131

参考文献 ········· 133

第1章 绪 论

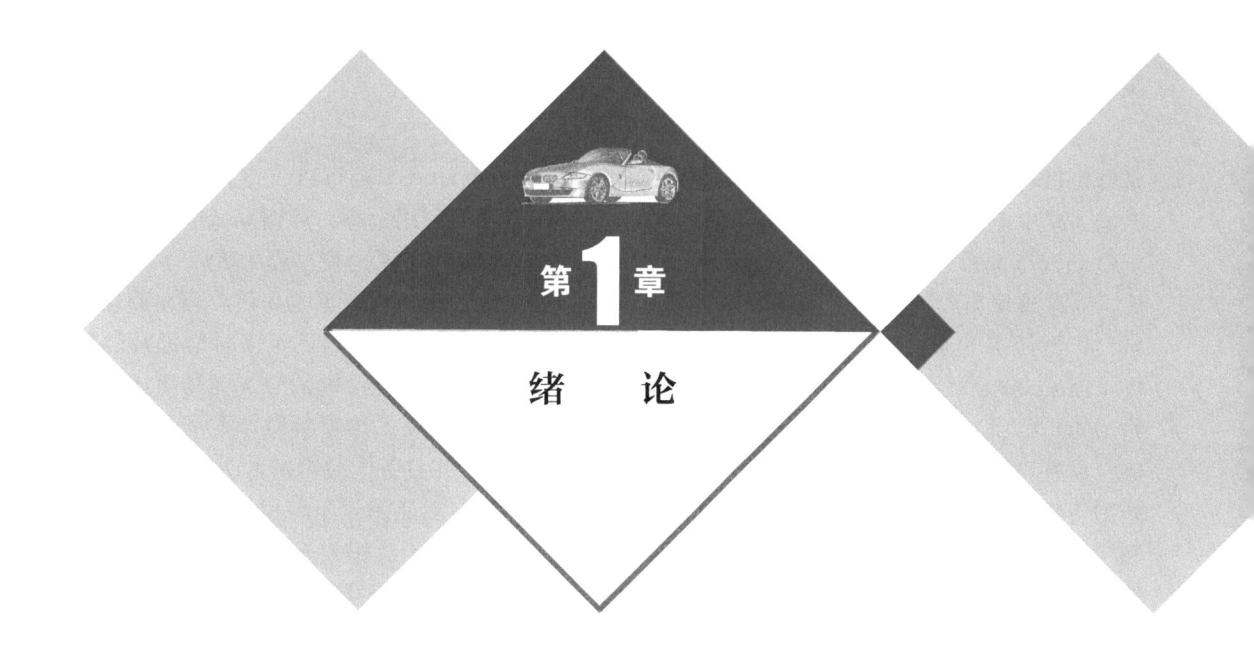

1.1 新能源汽车行业发展概述

"十三五"以来，我国汽车行业由持续多年的高速增长转变为平稳增长。在我国成为汽车大国的背景下，产业发展方向、企业生产模式以及行业竞争格局都在发生深刻的变化[1-2]，最直接的表现就是我国汽车产业已从传统燃油车领域转型升级到电动汽车领域，并已展现出新能源汽车从乘用车传递到商用车的强劲发展势头，产生这种转变的原因与以下几个方面息息相关。

（1）**能源结构的调整**　我国石油消耗量对进口的依赖程度逐年攀升。国家海关发布的数据显示，2023 年，我国的石油消耗总量已经达到了 7.56 亿 t，其中约 5.63 亿 t 的石油依靠进口，我国石油对外的依赖程度已经攀升到了 73%。在石油消耗的总量上，我国已经成为超过美国的石油消耗大国[3]。在石油进口依存度持续上升的情况下，国际石油价格和稳定供给都将直接影响到我国的能源安全、经济安全乃至国家战略安全，随着近年来国际形势日趋紧张，我们需要让能源的来源渠道更加多元化。

中国工程院研究报告指出，2020 年是我国能源结构调整的重要转折点，煤、石油等传统化石能源占比开始大幅下降，而水电、核电等清洁能源开始快速增长。2023 年，我国可再生能源继续保持高质量发展态势，实现了两个"超一半"的历史性突破，其中累计装机占全国发电总装机超过一半，新增装机占全球可再生能源新增装机超过一半，可再生能源装机容量年内已突破 15 亿 kW 大关。而我国汽车成品油消耗量接近石油消费总量的一半，发展电动汽车可减少国家石油资源消耗，是顺应我国能源结构调整的关键环节[4]。

（2）**环境问题的不断凸显**　随着我国国民经济和生活水平的不断提升，汽车产量和保有量都大幅增加，汽车在给人们带来便利的同时，也带来了日益严重的环境问题。这已成为我们国家在发展过程中的头等难题。据相关研究机构统计，2018 年，我国碳排放总量就已达到了 100 亿 t，是全世界碳排放最多的国家。我国单位国内生产总值能耗为世界平均水平的 2 倍，人均碳排放量超过世界平均水平的 40%[5]。传统燃油车消耗能源的同时，排出的尾气也是污染大气的主要因素之一，加剧了环境问题的恶化。据统计，电动汽车的温室气体排放量比传统燃油车要少得多。相比于内燃机，新能源汽车的动力系统具有更高的能量转换效率。电动汽车的动力系统可以将电能更有效地转换为机械能，而氢燃料电池电动汽车则可以直接将化学能转换为电能，减少能量转换过程中的能量损失，有助于提高能源的利用效率，从而降低能源消耗。由于电动汽车低排放的特点，大力推广电动汽车可大幅度减少车辆行驶过程中大气污染物的排放，对改善城市空气质量、保证人体健康、形成经济良性发展，均有重要作用。而在商用车领域，广泛使用的柴油机，在柴油燃烧时易炭化形成碳烟，也就是我们近年来时常提及的颗粒物（Particulate Matter，PM）中的一类。同时在高温状态下，燃烧室内的空气极易生成氮氧化物（NO_x），而NO_x在世界卫生组织的报告里被标注为能够引发人体呼吸道严重炎症的有毒气体，具有致癌性，因此商用车的应用一直受到社会的限制。并且各国纷纷出台严格的环保法规，限制传统燃油车的排放。这些法规的实施，推动车企加快向新能源汽车转型，以满足市场需求和法规要求。为实现社会经济的可持续发展，开发商用电动汽车及相关技术势在必行[6]。另外，新能源汽车采用电机驱动，其具有噪声小的特点，相较于传统燃油车的噪声污染减少明显。在城市交通拥堵的情况下，新能源汽车的运行噪声更低，减少了对居民生活的干扰，提升了城市生活的环境品质。

（3）政策激励的影响　据中国汽车工业协会统计，2023年，我国汽车产销累计完成3016.1万辆和3009.4万辆，同比分别增长11.6%和12%，产销量创历史新高，实现两位数较高增长率。商用车市场企稳回升，产销回归400万辆；新能源汽车继续保持快速增长，产销突破900万辆，市场占有率超过30%，成为引领全球汽车产业转型的重要力量。根据工信部2017年发布的《汽车产业中长期发展规划》[7]和中国汽车工程学会组织编写的《节能与新能源汽车技术路线图》，到2025年，汽车产销规模将达到3500万辆，其中新能源汽车占比将达到20%以上；到2030年，汽车产销规模将达到3800万辆，其中新能源汽车占比40%以上。2023年7月21日，国家发展改革委、工业和信息化部等部门印发了《关于促进汽车消费的若干措施》，要求进一步稳定和扩大汽车消费，优化汽车购买使用管理制度和市场环境，更大力度促进新能源汽车持续健康发展，预计2024—2029年，我国新能源汽车市场规模将由13139.7亿元增长至29361.3亿元，年复合增速为14.34%，仍有较大发展空间。预计到2050年，新能源汽车将占我国汽车总保有量的50%，具体新能源汽车发展战略路线图见表1-1。《中共中央国务院关于加快经济社会发展全面绿色转型的意见》中也提到，推动城市公共服务车辆电动化替代，加快淘汰老旧运输工具，推进零排放货运。2024年的政府工作报告中有5处提及"新能源汽车"的内容，产业的高质量发展被寄予厚望。作为发展新质生产力的重要着力点，新能源汽车产业的发展靠销量评判远远不够，技术创新、产品质量、市场竞争力、完善基础设施才是长期衡量维度。而电动汽车是新能源汽车里的主力军，在新能源汽车中的占比达到90%以上，是我国汽车产业高质量发展的重要方向，将进入快速发展通道[8]。

表1-1　新能源汽车发展战略路线图

时间阶段	2017—2020年	2020—2030年	2030—2050年
发展驱动力	减排为主驱动力，以降低PM2.5为主	节能为主驱动力，PM2.5有所缓解	减少CO_2排放为重点
发展战略	公交车、出租车、物流运输车的推广，小型电动汽车推广应用	电动汽车大规模应用，氢燃料和燃料电池的使用量上升	氢燃料和燃料电池大规模推广，生物质燃料的使用量上升
新能源汽车占汽车总保有量的比例	2%以上	20%以上	50%

（4）**市场需求的增加** 随着全国各大城市对传统燃油车的限行、对电动汽车上路的政策支持以及城市快递物流运输全面电动化的推进，将给电动汽车的市场需求带来前所未有的机遇。2018年1月，国务院颁布的《国务院办公厅关于推进电子商务与快递物流协同发展的意见》[9]指出，鼓励快递物流领域加快推广使用电动汽车，逐步提高电动汽车使用比例。随着我国商用车行业进入到高质量发展新阶段，其产业链体系也愈发完整、完善，并推动新产品、新技术不断实现突破。目前，新能源技术在商用车领域的运用规模正不断扩大，在城市物流、货运、公交等领域应用前景广阔。预计到2030年，新能源商用车的市场渗透率将达到20%。中国汽车工业协会数据显示，2023年，我国新能源商用车销量为3.5万辆，同比增长6.1%。与此同时，皮卡、轻卡等商用车型进城的政策在全国多个城市已开始制定，电动商用车由于拥有更清洁的排放，在城市中行驶并不会带来额外的排放和污染压力，将成为商用车进城的先行者。而欧洲计划在2030年前，将重型车辆的二氧化碳排放量相比2019年减少45%。因此，预计重型车辆领域电动车型将保持持续较快增长，这将助力欧洲市场实现上述减碳目标。由此可见，在未来商用车的发展过程中，新能源一定会成为商用车领域中独特的发展动力。电动汽车发展潜力巨大，电动汽车的市场需求将会迎来大的爆发，这使得电动汽车相关的设计开发迫在眉睫[10]。

但是在电动汽车相关技术发展和制造设备方面，还面临着不少问题[11]。经过前期市场调研发现，问题主要包括以下几个方面[12]：一是由于装载了大容量动力电池，整车装备质量仍较高，整车能耗也较高，间接影响了承载性及经济性；二是电动汽车车型种类繁多，整体性能差距较大，产品质量参差不齐，缺乏有效的设计开发方法；三是由于电动汽车单一车型产销量较小，整车开发成本仍较高，亟须通用性开发，以节约整车成本[13]。研究表明，整车质量与电动汽车主要性能的关系如图1-1所示，车架质量每减少10kg，可以使得新能源汽车的续驶里程提升0.8%，或动力电池容量减少0.6%，动力电池成本可以减少500元左右。采用将已有车型为基础开发车型，预计制造环节节省开模费用2000万元左右，单项可以为企业节省相关设计开发费用300万元左右，相关试验费用200万元左右，折合到单车成本可以节省约3000元/台，可以为降低产品售价、提高产品的市场竞争力带来显著效果。据市场机构的调查研究，在同等情况下，车辆售价每降低1%，平均可以提高销量1.3%[14-15]。因此合理的车架结构设计、更好的质量控制变得十分必要。并且缩短企业多个产品线的开发周期和开发成本，对经济效益的提升有着巨大的现实意义[16]。

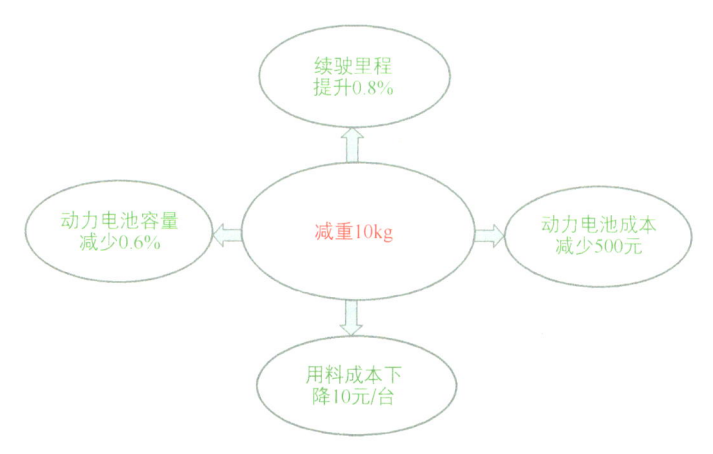

图1-1 电动汽车整车质量与主要性能的关系示意图

电动汽车的车架作为非承载式车身最重要的承载部件，占整车约10%的质量，是电动汽车质量最重的部件之一。车架性能的好坏，直接影响到用户对整车品质的体验，但目前对其性能和结构设计的研究成果还不够丰富。由于新能源汽车的动力传动系统较传统燃油车发生了巨大变化，而作为承载新动力系统的车架也需重新适应电动汽车的性能需求，与传统燃油车相比，虽然电动商用车省去了发动机、排气系统、油箱、尿素箱、散热器等传统部件，但增加了电池包、电机等质量更重的零件，相同载重量的两者相比，电动汽车的质量要比传统燃油车的质量高300~400kg，增幅达12%左右。由于电动汽车车架承载的结构、质量和其承载质量的分布与传统燃油车相比都发生了较大的改变，因此对电动汽车车架的性能也提出了更高的要求。目前，国外企业对电动汽车相关技术的开发仍处于保密阶段，我国车企对电动商用车的开发大多还是遵循传统燃油车的开发经验，针对电动汽车车架的开发也还是按照传统燃油车的开发思路，新设计方法的研究还较少，一般沿用传统燃油车的开发策略，具体策略如图1-2所示。设计人员根据车辆总质量、货物载重量以及车辆行驶工况，采用其工程经验来对车架进行设计，然后用试验来验证车架的各种性能。虽然试验方法真实可靠，但是必须在样车完成后进行，试验周期长，费用也高，并且受众多随机因素的影响，一旦发现问题，还需要进行重新设计，往往也只能依靠技术人员的经验来进行设计修改，缺乏理论指导，很难找到问题根源，并且会增加额外成本[17]。

图 1-2 传统燃油车开发策略示意图

为此，本书以电动汽车车架作为研究案例，依托于我国某车企的电动皮卡车开发项目，对电动汽车车架结构性能与多目标协同优化方法进行研究分析。

1.2 国内外相关研究现状

电动汽车车架的设计属于电动汽车整车设计的一部分，而电动汽车的设计开发还包括动力电池、电机、整车控制系统、车身以及底盘等方面，它们之间既是相互独立的研究领域，但也相辅相成，其中前三者习惯上被称为"三电系统"，"三电系统"是目前国内外研究的热点领域[18-26]。在结构设计方面，电动汽车较传统燃油车在工作原理上发生了巨大变化，由此带来了结构设计的改变。相比于整车底盘系统，电动汽车和传统燃油车几乎没有明显区别，两者基本可以实现从传统燃油车到电动汽车的替换。所以在电动汽车底盘结构方面，研究较少。但在其他方面，电动汽车动力源从发动机变成了动力电池，而动力电池体积大、质量大、安全性要求高，因此对电池包结构的合理设计变得十分重要，是研究人员重点关注的结构件[27-31]。动力源的变化、传动系统的改变、排气系统的取消，最受影响的是车身结构，而传统燃油车的车身设计受制于安全、质量等性能的限制，并不能完全移植到电动汽车上，因此电动汽车车身结构的设计也是研究人员研究的热点问题[32-34]。

对于非承载式电动汽车，车架是整车最重要的承载部件，"三电系统"、车身以及传动系统等关键部件都依托于车架承载，车架已成为学者关注的重点部件。

1.2.1 车架优化研究

在车架的设计和开发过程中,车架不同的性能要求都需要统筹考虑进去,往往在设计中只提升或优化某一个性能,可能会导致其他性能不能满足要求,这些性能之间的关系,既相互耦合,又相互矛盾,所以通过合理的结构设计和新材料的选择,以实现车架性能的优化改进,使这些性能同时达到设计要求是研究人员需要解决的问题[35-37]。通常在工程领域内对零部件采用的优化手段主要包括:先进材料的应用[38-43],如采用铝合金、镁铝合金或高强度钢,在保证零部件性能的同时,进行轻量化的设计;通过采用激光拼焊板或柔性轧制等先进生产制造工艺[44-46],实现对零部件性能的提升;在零部件设计开发的前期依据不同的分析工况进行结构的拓扑优化[47-52],以实现在开发前期对产品质量的控制;通过调整板件厚度进行尺寸优化[53-59],获得结构性能和质量相匹配的设计方案;通过形状优化[60-66]改变零部件的受力方式,而获得更加合理的结构形状。这些优化方法在不同领域得到了广泛的应用,并取得了良好效果。类似的,国内外研究人员利用不同的优化方法,对车架的优化做了大量研究工作。

在传统燃油车领域中,非承载式车辆的车架优化设计一直都是研究的重点,相关优化方法也已应用成熟,值得研究借鉴。单喜乐[64]以某重型汽车车架结构为对象,选取车架纵横梁和加强板厚度作为设计变量,以车架质量和疲劳寿命为目标,进行了多目标的优化分析,分析结果表明,在疲劳寿命变化不大的前提下,质量减少4.4%,实现了疲劳寿命和轻量化之间的性能匹配。胡镕等人[65]针对某商用车新开发车架刚度不满足设计要求的问题,通过灵敏度分析,找到对车架刚度影响较大的部件,提出了增截面与增加内部加强件的改进方案,在使刚度得到明显提升的同时,只增加质量3.1kg,优化方案平衡了车架刚度和质量的关系。辛勇等人[66]对某SUV车型的车架提出采用钢铝混合的车架方案,并针对该方案存在刚度和模态减弱的问题,基于多目标形貌优化方法对部件进行优化改进,优化后的钢铝混合车架在保证刚度和模态符合设计标准的条件下,实现了减重6.7kg,该改进方案使得车架刚度、模态、质量获得了良好的性能。郭立新等人[67]提出了二次拓扑优化的方法,结合车架的拓扑优化模型,基于7种典型行驶工况获得初始拓扑结构,再对初始拓扑结构进行二次局部拓扑优化,最后拓扑结果显示可以减重约30kg,同时验证了刚度、强度及模态性能。蒋金星等人[68]利用折中规划法,以多工况下的刚度和一阶振动频率为目标函数,进行多目标拓扑优化。根据优化结构构建了新的车架模型,对比发现,拓扑优化后的车架刚度和频率都有显著提高。张文甲[69]采用铝合金材料,对半挂车车架进行全新开发,并对该方案存在车架局部失效风险点的问题,提出了优化方案。分别通过拓扑优化和材料厚度优化,降低了车架的最大应力,总质量减小了3%,使得车架的刚度、强度和质量同时达到了设计要求。王哲阳等人[70]在全铝车架轻量化设计过程中,提出基于CVDA序贯采样法构建近似模型,对比其他3种采样法的近似模型精度发现,在同样数量的采样点条件下,CVDA序贯采样法具有更高的预测精度,并且在此基础上完成了铝合金车架刚度、模态和质量的优化,优化效果明显。贾泰华[71]为了减小车架质量,将泡沫铝夹心板材料应用于车架的优化设计,并对新设计方案进行了有限元仿真,虽然新方案较钢材车架方案在刚度性能方面有所下降,但整体质量减小了24.5%。在对刚度要求不高的情况下,该方案为车架轻量化的设计提供了优化方案。马骁骁[72]对区间不确定性条件下的大吨位自卸车车架疲劳可靠性问题进行了深入的研究,并基于区间疲劳可靠性评价指标对车架接头进行了抗疲劳离散结构优化,为板制结构件的车架疲劳性能分析与优化提供了新的思路和方法。Lu等人[73]对巴士车架采用了多材料的拓扑优化方案，在此基础上通过车架横截面的尺寸优化，实现了以车架静刚度和模态为约束，质量最小的目标。Ren等人[74]利用商业软件ABAQUS对自卸车车架的固有振动频率和动态模式进行了分析，并以此提出了车架动态特性的优化方法，为车架的优化设计提供了必要的理论依据。Liang J Y等人[75]针对皮卡车车架的扭转刚度，采用了尺寸、形状和增加加强板3种优化方案进行优化，比较分析了3种优化方案各自对车架扭转刚度的影响，并将这3种方案进行两两组合分析不同的刚度增加目标应当采用的最佳方案，研究成果为提高车架刚度和实现最优质量的设计提供了指导。

在电动汽车发展的趋势下，为应对车架结构设计的变化，研究人员也对车架的优化做了大量探索工作。吉志勇[76]对电动物流车车架进行了正向设计，基于车架的拓扑分析和灵敏度分析法，通过优化车架的厚度尺寸，获得了满足车架性能的设计方案，并实现了减重11.2%的目标，为电动物流车车架设计开发提供了参考。宋燕利等人[77]以纯电动轻卡车架为研究对象，基于正交试验法分析的材料对车架性能影响的结论，提出了钢铝复合材料的车架设计方案，通过尺寸优化，在满足刚度性能、提高第四阶频率从而避开共振频率范围的前提下，实现了减重7.2%的目标。杨卓[78]对低速纯电动汽车车架，提出了钢铝混合结构的设计方案，并进行了结构优化，优化后的车架结构最大应变下降了5%，整个车架的质量减小26%。任可美[79]对纯电动城市客车车架以轻量化为目标进行了设计，通过有限元分析，获得的设计方案使车架质量减轻13.5%，并满足了强度和模态要求。杨春兰等人[80]对研发的新型电动汽车车架进行了结构分析及优化设计，通过对薄弱位置的结构重新设计，提升了车架的强度和刚度。吴兵[81]基于某纯电动客车车架进行研究，重点解决现有车架的设计缺陷和开裂等强度不足的问题，运用超高强度钢（QStE700TM），从而减少部件的材料，实现了车架的轻量化设计，并满足车架的强度和刚度要求。

综上所述，学者对不同类型车辆车架的优化设计方法进行了研究，相关研究成果可为电动汽车车架的设计优化提供参考。但目前对于电动汽车车架优化的研究面还不够宽泛，对电动汽车车架的结构优化鲜有优秀的设计实例。目前研究者采用的优化方法主要基于尺寸优化或拓扑优化的策略，没有最大限度地挖掘车架性能的潜力，存在一定的设计局限性。并且对车架性能的优化目标比较单一，大多研究者只是针对车架的某几个性能进行研究，对车架性能的分析不够全面，在优化某些性能的同时，对其他性能往往是优化完某个性能后，再来验算是否达到要求，没有找到统筹全部性能的方法，容易进行重复性工作，优化的效率不高。基于以上研究分析，本书将研究的重点放在了电动汽车车架的结构性能与优化上，探索采用新的分析方法以弥补目前电动汽车设计开发中的不足。

1.2.2 车架性能研究

目前对车架性能的研究主要包括以下几个方面：车架的强度、刚度、模态、疲劳以及轻量化水平等方面。无论是传统车型还是电动车型，车架在开发过程中都需要考虑到在某些极端工况下抗破坏的能力，例如，在重载的情况下抗变形的能力；长时间长里程工作不失效的能力；较小的质量降低能耗的能力。对这些性能的研究需要有合理的工况定义、分析方法和评价标准，如何真实有效地反映车架性能，为结构优化提供数据参考，一直是车架开发过程中重点讨论的方向之一。

陈无畏等人[82]针对某皮卡车特定状态下异常振动的问题，基于试验获得的车架模态分布，通过分析提出了模态性能的匹配策略,该策略认为通常工程中要求邻阶模态频率应错开 3Hz 以上,同时车架低阶模态频率应避开 26Hz,并依此策略对车架模态性能进行了优化。张凯成等人[83]以某重型商用车车架为研究对象,基于钢铝混合材料的车架设计方案,进行了车架模态和强度性能分析,定义了弯曲、扭转、转向和制动 4 种典型的强度计算工况,并基于强度工况的分析结果优化了车架板厚,减小了 5.6% 的车架质量。王凯等人[84]对铝合金车架设计采用的满载时弯曲、弯扭联合、加速、紧急制动和紧急转弯 5 种典型工况进行有限元仿真,阐明了 5 种强度工况的具体定义方法,分析了所定义的强度工况对车架强度性能的影响。孙辉等人[85]建立了刚柔耦合整车数字样机及虚拟台架试验模型,提取了整车多工况下车架连接点处的载荷作为边界输入条件,采用惯性释放的方法,对车架强度进行了分析,并以分析结果为依据对高应力区域进行了结构优化,通过试验验证了该方法的有效性。A Siraj 等人[86]定义了弯曲、扭转以及弯曲扭转组合 3 种载荷工况的加载方式,基于这 3 种载荷工况,阐述了不同材料对重型货车车架静态结构的影响。臧晓蕾等人[87]针对车架疲劳性能,采用了全局应力方法进行分析,结合疲劳分析软件定义的车架材料的 S-N 曲线,以及随机路面下整车动力学仿真分析得到的载荷谱,预测了车架可能出现损伤失效的位置。丁芳[88]基于车架有限元模型,采用满载弯曲工况和扭转工况及相应的边界条件,对其刚度特性和强度特性进行校核分析,并且采用 Block Lanczos 算法对车架进行计算,得出了该车架的前十阶固有频率和固有振型。刘俊等人[89]对某重型商用车车架的疲劳性能进行了分析,基于六分力仪采集了多路况的车轮轮心处六分力,并建立了多体动力学模型将轮心六分力分解,得到了车架与悬架接附处的载荷谱,运用该载荷谱实现了对车架的疲劳寿命估计,分析结果表明车架疲劳性能满足要求。Z Q Gu 等人[90]利用 Adams 软件建立了整车的动力学模型,估算了车架在模拟道路上不同机动状态下的受力历程,并将动力模型得到的循环载荷输入车架的有限元模型中,以计算车架疲劳寿命,结果表明车架的疲劳寿命风险位置与车架故障的观测结果相吻合。胡楷等人[91]针对车架疲劳性能的预测,提出把模糊理论中的隶属函数引入其疲劳寿命估算,提出了模糊 Miner 方法。通过动力学分析得到各工况下车架的载荷谱,该方法比较分析了模糊 Miner 方法与采用传统 Miner 方法的分析精度,结论表明模糊 Miner 方法更贴近实际情况。A N Savkin[92]对车架振动载荷和动态应力的实验和理论进行了研究,基于混凝土道路,光滑的鹅卵石道路和特殊鹅卵石道路载荷,在 FRUND 软件中使用多体动力学模型计算车架疲劳寿命。Liang J Y 等人[93]为了对车架质量进行评价,结合车架质量和刚度性能,提出了质量效率的概念,并将这一概念运用到车架的轻量化分析过程中。阳清泉等人[94]采用 C 级路面谱作为输入获得了车架动态外载荷谱,结合车架材料的 S-N 曲线,分析了车架的疲劳寿命。在此基础上,进一步运用 SEAM_weld 方法计算了车架焊缝疲劳寿命,为车架的疲劳分析提供了方法。王青春等人[95]为了便于确定轻量化的目标,在考虑车架弯曲刚度的前提下,提出了评价车架轻量化水平的方法和计算公式,为了更直接地反映轻量化前后的效果,定义了表征轻量化效果的指标。

从上述研究成果来看,目前对车架性能的研究各有侧重点,对车架性能研究的方法也不尽相同,这对本书车架的研究具有一定的启发作用,但对车架性能完整的、成体系的研究还鲜有报道。另外,对于强度和疲劳性能的分析工况,多为特定的静态工况,对工况的定义比较单一,考虑的工况复杂性还不够,并没有完全反映车架在实际工作中的使用工况。对于车架疲劳,现有分析方法已较为成熟,但在设计初期,在没有样车进行道路谱载荷采集的情况下,如何获得真实路况下的载荷时间历程,从而进行车架疲劳预测分析的相关研究较少。

1.2.3 多目标优化研究

多目标优化设计也称多性能优化，是一种探索某系统内不同性能相互作用和耦合关系的复杂系统设计方法论，以使系统的综合性能达到最优。其基本原理是充分考虑各目标之间的相互影响和耦合作用，并利用多目标之间的相互作用所产生的协同效应，实现系统内不同目标的并行设计，最终获得系统性能的整体最优解[96-97]。多目标优化理论在发展初期，主要应用在航天航空领域，但随着计算机辅助技术的迅猛发展，该方法也逐渐在工程机械、汽车、船舶等领域得到了广泛的应用，对产品开发周期的缩短、设计品质的提升有着显著作用，是现代工业产品开发技术的必然趋势[98]。

在多目标优化理论的实践应用过程中，还面临着两个方面的难点：一方面，如何使定制的设计变量能最大限度地协同各性能相互影响？另一方面，如何能保证我们得到的最优设计方案是可靠的？对于这两个问题，工程应用中可以简化成如何有效参数化和如何制定优化策略的问题。以下将对这两个问题，结合目前相关研究成果进行分析，为车架的优化提供设计经验和思路。

（1）参数化技术 零件设计模型要能够快速实现"设计—验算—修正"的循环过程，这就希望零件模型具有易于修改的柔性。参数化设计方法就是将模型中的定量信息变量化，使之成为任意调整的结构参数。对于零件结构设计来说，能够参数化的元素，主要是零件厚度尺寸的参数化和零件形状尺寸的参数化，而厚度尺寸的参数化实现起来相对简单，参数化的逻辑也无非就是变厚或变薄。但形状尺寸参数化的定义比较复杂，需要考虑的结构形状变化也较多，是目前重点关注的参数化类型，基于隐式参数化建模技术和网格变形技术的参数化是被研究者广泛采用的两种参数化手段。两者最根本的区别在于，前者是对几何模型进行参数化，后者是对有限元单元网格进行参数化。

对隐式参数化建模技术来说，基于SFE-concept软件为代表的参数化建模方法，在汽车领域应用较多。季枫[99]针对白车身，利用隐式参数化软件SFE-concept分别建立了发动机舱、地板和侧围等车身几何结构，组成参数化白车身3D实体模型，并通过仿真分析和试验对标，验证了参化模型的准确性。湛璇[100]基于SFE-concept支持的隐式参数化建模方法，对车身前端子模块进行了参数化结构设计，对参数化模型进行变量的录制，实现了形状、尺寸协同优化，大幅提高了车身结构碰撞性能并达到了轻量化的目标。Wang C Q[101]利用SFE-concept建立了白车身结构的参数化模型，对车身结构件的厚度与截面形状进行优化，在保证白车身刚度、模态和碰撞安全性能满足设计目标的条件下，白车身前端质量减小5.8kg，减重率达7.6%。蔡珂芳[102]基于SFE技术，对钢制白车身进行了参数化建模，并通过试验和仿真对标，验证了隐式参数化白车身模型的准确性，为后续的多目标优化提供了模型支撑。同时还完成了26个有效参数变量的优化，使得地板减重34.4%，白车身轻量化系数减小11.5%。唐辉等人[103]采用SFE技术，构建了白车身和覆盖件的全参模型，并基于模态和刚度进行厚度灵敏度分析，实现了车身结构的优化，在设计阶段前期为快速获得整车满足结构刚度、NVH性能、耐撞性和轻量化等要求的车身结构提供了方法。S. Hunkeler等人[104]对乘用车前纵梁结构进行了隐式参数化建模，结合稳健性优化理论，以质量为目标优化了前纵梁结构，并改善了前纵梁防撞性能，达到了预期的优化效果。吕天佟等人[105]借助SFE-concept，建立了某轿车白车身隐式全参数化模型，在此基础上对白车身结构进行了优化，优化后在保证车身刚度、模态以及碰撞性能基本不变的情况下，实现了车身减重24.17kg。

针对网格变形技术来说,在多个工程领域,国内外均有学者运用该技术进行结构形状优化,并已取得了较好的优化效果。Hu X 等人[106]结合网格变形技术和近似模型等方法对车身空气动力学性能进行多目标优化设计,优化后车身空气动力学性能改善了 13.23%,有效地改善了车辆操控稳定性能。张亮等人[107]对高速列车头型气动进行了优化设计,结合网格变形和 CFD 技术,获得的优化方案可以减小列车的整车气动阻力 2.8%,并能减小尾车气动升力 25.9%。陈立立等人[108]采用自由网格变形技术实现对跨声速翼型表面形状的参数化,并通过优化分析,最后获得的设计方案能使升阻比增加 57.2%。化斌斌等人[109]对转管机枪枪架采用了网格变形技术和近似模型技术进行多目标的优化,通过建立虚拟样机模型,计算得到新的结构形状,对比分析发现,优化后的枪架能有效抑制机枪系统在高低方向的振动,并提高射击密集度。Liu W[110]基于网格变形技术对汽车钣金件的冲压模面进行了优化,通过建立参数化模型,结合有限元分析与多目标遗传算法,获得了冲压模面的最优设计方案。Fang G J[111]将网格变形技术引入白车身的形状优化中,提出基于近似模型的多目标形状优化方法,在满足其余性能达到要求的前提下,对白车身弯曲刚度和质量进行优化,为白车身基于网格变形技术的优化提供了方案。朱剑峰等人[112]建立了副车架结构的有限元模型,利用 Morphe 软件对副车架有限元模型的各个横梁和纵梁的截面宽度、高度和各梁之间的搭接宽度等 13 个形状尺寸,通过网格变形进行了参数化,优化后减重 1.4kg。汪怡平等人[113]在汽车气动优化设计中,针对车身曲面造型难于参数化等问题,将自由变形(Free Form Deformation,FFD)技术引入汽车气动减阻优化设计中,为减阻优化设计提供了一种快速、有效的参数化方法。张帅[114]利用网格变形技术,定义了组装式车轮在 8 种分析工况下参数化模型中的 21 个设计变量,对车轮的形状结构进行优化后,在满足车轮性能要求的同时,达到了轻量化的目的。蒋荣超[115]基于网格变形技术,利用自由变形和基于控制块的变形方法,建立了下控制臂和扭转梁的参数化模型,结合优化算法,对结构形状进行了优化,实现了下控制臂质量减小 20.0%,扭转梁横梁质量减小 15.9%。

通过对以上文献的总结对比,两种参数化技术都具有各自的特点,其中的共同点是都能快速高效地实现模型的参数化建模,但不同点也很鲜明,两者的具体差异见表 1-2,经过对两者差异的总结对比,可以更好地选择适合电动汽车车架参数化的技术方案,为后续优化工作提供技术支持。

表 1-2 两种参数化技术对比

参数化技术	隐式参数化建模技术	网格变形技术
两者区别	参数化对象多为几何模型	参数化对象多为有限元模型
	多用于零件设计概念开发阶段	多用于零件设计详细开发阶段
	模型的形状较为简化,部分几何特征不会被保留,多用于计算模态、刚度等对几何特征要求不高的结构特性	模型形状比较准确,局部特征可以很好地保留,多用于计算强度、疲劳等对几何特征敏感的结构特性
	由于生成的是几何模型,在几何模型的基础上进行有限元优化分析,所以参数化的范围可以较大	由于是直接在有限元模型的基础上参数化的,大范围的网格变形会造成网格失效、计算失败,所以参数化范围较小
	需要先产生几何变形,再生成有限元模型,计算效率较低	变形后的有限元模型,直接可以进行计算,计算效率较高

(2)多目标优化策略 多目标优化策略的设计针对不同的优化对象,学者们通常会采用不同的技术路线、不同的数学模型、不同的求解算法和不同的最优方案选择方法,通过对优化策

略的合理设计，可以准确、高效地获得参数化变量的最优解。在不同的工程领域中，国内外学者对这一问题均有深入研究。

国外方面，Wang 等人[116]基于多目标优化方法和理论，分别对白车身的非安全件、正碰安全件和侧碰安全件进行了结构优化，并在车身其他性能基本不变的条件下，实现了白车身质量减小 7.63%。Kiani M 等人[117]以车身碰撞性能和 NVH 性能为研究目标，基于径向基代理模型，采用了不同优化算法进行比较分析，为车身结构的优化提供了可供参考的优化策略。Christian A 等人[118]对航空飞机机翼的气动特性提出了多目标优化框架，通过运用不同的局部和全局代理模型的优化策略，提高了飞机机翼总体性能。Shojaeefard M H 等人[119]基于改进的非支配排序遗传算法，结合多准则决策的优化策略，对自然吸气三缸点火发动机相关参数进行多目标优化，使得发动机相关性能得到了明显提升。Khalkhali A 等人[120]对薄壁梁结构进行多目标优化设计，采用 NSGA-II 优化算法获得最优解集，并通过 NIP 和 TOPSIS 方法对非劣解集进行筛选排序，从而获得最优方案，该优化策略实现了薄壁结构件的质量和碰撞力等性能指标的协同优化。Korta 等人[121]采用自适应遗传算法对车身结构进行优化，优化后车身的强度、空气动力学和 NVH 性能都有所提高。Gao D 等人[122]通过拉丁超立方法进行试验设计采样，采用 Kriging 近似模型和粒子群算法，对某乘用车车身进行碰撞性能的多目标优化设计，优化后在质量略有降低的情况下，B 柱下端加速度降低了 18.6%，优化效果明显。Lei F 等人[123]结合多目标优化理论，研究了在保持车辆动力性和平顺性的同时，以提高车辆性能和降低能量消耗为目标，提出了一种确定车辆最优水平的约束能量方法，最终方案实现了轻量化与电机效率的提升。Xiong F[124]基于正交实验设计、响应面代理模型和 NSGA-II 多目标遗传优化算法的优化策略，对泡沫铝填充吸能盒进行轻量化与抗撞性多目标确定性优化设计，优化设计前后吸能盒质量减小了 1.1%，多角度冲击综合吸能量提高了 10.2%，多角度冲击最大碰撞力提高了 7.7%，实现了轻量化和抗撞性能的提升。Kamada M 等人[125]采用 Kriging 代理模型来辅助遗传算法的优化策略，对汽车空调中鼓风机的总压效率和声压进行了多目标优化，优化结果表明，优化后的风机机组采用高弦距比的多叶片风机，可以减少总压效率的损失，该优化方案已在商用车上得到了实际应用。

在我国，卢放[126]对白车身的多目标优化制订了相应的优化策略，在实验设计的基础上筛选了设计变量，根据对比响应面方法（RSM）、神经网络（RBF）方法、Kriging 方法，建立了基于神经网络的白车身刚度及侧碰近似模型，最后采用自适应模拟退火算法，达到了白车身减重 15.7kg 的效果。段利斌[127]对变厚度前纵梁优化的问题，提出了自己的多目标优化策略，利用最优拉丁抽样方法，进行了样本取样，然后利用 ε（支持向量机回归）建立的高精度近似模型，并结合人工蜂群算法对前纵梁的厚度分布进行了优化，对提高整车耐撞性能明显有效，同时减小了结构质量。王岩等人[128]对某 SUV 白车身，采用了通过 Hammersley 采样获取样本点，径向基函数建立近似模型，并结合多目标遗传算法获取变量的最优解的优化策略，实现了白车身各部件的厚度优化，在保证车身质量变化不大的情况下，扭转刚度提升 45.3%，弯曲刚度提升 45.4%。田启华等人[129]针对产品开发任务调度的问题，提出了以产品开发时间和成本为目标的多目标优化模型，采用了 NSGA-II 遗传算法得到最优解集，并利用模糊优选法对该解集进行选优，该优化策略为产品开发任务调度提供了最优的执行方案。刘越等人[130]结合径向基神经网络代理模型和粒子群优化算法，对电动汽车车架的板厚进行了多目标优化，在保证车架刚度、强度和一阶模态频率满足要求的前提下，车架减重 27.6kg。

通过上述对参数化技术和多目标优化策略的研究可以看出，在机械工程领域多目标优化方法应用广泛，为今后电动汽车车架的多目标优化提供了一定的思路，但如何合理高效地实现车架的尺寸和形状参数化方法，以及制定全面综合车架性能的优化策略，目前研究者们还没有给出清晰的答案。

1.3 研究价值分析

通过以上背景分析和对文献的研究总结，本书的研究价值主要体现在以下几个方面：

1）为电动汽车车架性能分析提供高效、准确的研究方法。可以在试验验证之前，为预测车架各性能指标存在的难点，探索新的分析思路。

2）通过结合多类型设计变量的技术手段，最大程度发挥结构优化的潜能，对车架优化过程中面临的质量、模态、刚度、强度及疲劳性能匹配和协同等问题，提供系统性的解决方法。

3）目前广泛应用的多目标优化方法，为电动汽车车架的设计开发提供了非常好的思路，但如何实现适用于电动汽车车架优化的技术路线还没有明确的方法可循。本书结合多目标优化相关理论分析，对车架多性能目标优化技术路径的实现提供参考。

综上所述，本书将多目标优化引入到电动汽车车架设计中，构建电动汽车车架性能分析和多目标优化的研究体系，最终的研究结论可以指导电动汽车车架的设计与开发，为电动汽车车架的开发提供技术支持和理论依据，对电动汽车车架系统的结构设计具有重要的学术价值和广阔的应用前景。

1.4 主要内容概述

1.4.1 主要研究内容

为了使电动汽车车架具备更好的性能，同时达到成本控制与质量控制的目的，这就使得车架设计不再是一个单一功能的设计，而是包含多个相关基础性能的系统性设计，车架的设计需同时满足新能源车型对强度、耐久、刚度、模态、质量等性能的需要。将各种性能要求统筹考虑，通过合理的结构设计，获得满足性能要求的车架开发方案。

因此，本书将结合多体动力学与有限元法，对车架的载荷获取方法以及上述结构性能展开深入研究，并基于车架结构性能的分析，对车架多性能匹配的优化策略进行研究，建立适用于电动汽车车架优化的多目标优化方法及流程。本书主要研究内容如下：

1）基于已有基础车车架结构，通过多体动力学仿真软件 ADAMS/CAR 和有限元软件 HYPERMESH 建立基础车车架的多体动力学模型及有限元模型。通过试验对标，验证多体动力学模型和有限元模型建模方法的可靠性。

2）总结各模型的建模方法和标准，完成对电动汽车车架多体动力学模型和有限元模型的建立，并对电动汽车车架刚度和模态性能进行研究。

3）通过对电动汽车整车的受力分析，研究获取电动汽车车架强度载荷的方法，实现对车架强度载荷的分解，完成电动汽车车架强度性能的分析。

4）基于基础车实车，采集耐久强化路面的道路谱载荷，研究用于预测电动汽车车架疲劳性能的载荷获取方法，实现对电动汽车车架疲劳性能的分析。

5）研究针对车架多性能优化的参数化策略以及实现方法，结合多目标优化理论，进行车架结构性能的优化，获得满足设计要求的车架设计方案，并对比分析优化后车架结构对各性能的影响。

6）通过电动汽车车架样件的台架试验及电动汽车样车的整车道路耐久试验，验证优化方案的可行性。

1.4.2 主要分析内容

为完成本书的研究工作，具体的技术路线图如图1-3所示。首先对建立好的车架有限元模型进行实验对标，保证有限元模型的准确性，在此基础上实现基础车整车刚柔耦合动力学模型的建立。通过多体动力学模型的仿真分析与试验对比，验证多体动力学建模方法的有效性，并采用同样的建模方法完成电动汽车刚柔混合动力学模型的搭建。结合多体动力学模型，基于典型强度工况分解得到车架的强度分析载荷，再根据基础车的路谱实验采集六分力载荷，迭代计算出适用于电动汽车车架所需的疲劳分析载荷，进行电动汽车车架的强度、疲劳、刚度以及模态的仿真分析，为后续的优化分析做好前期准备。然后，通过尺寸变量和形状变量对建立好的有限元模型进行参数化。针对形状变量采用建立车架有限元模型控制体的方法控制网格节点的变形，以此解决网格变形技术在形状变量优化过程中由于变形量大而造成计算失效的问题。最后，在完成优化所需的样本采集基础上，建立多个近似模型，对不同的性能响应选择合适的近似模型，以尺寸变量和形状变量为设计变量，通过构建优化问题的数学模型，采用带精英策略的多目标遗传算法，进行强度、疲劳、刚度、模态、质量等多项性能指标的优化分析，最终获得对于电动汽车车架的最佳设计方案。

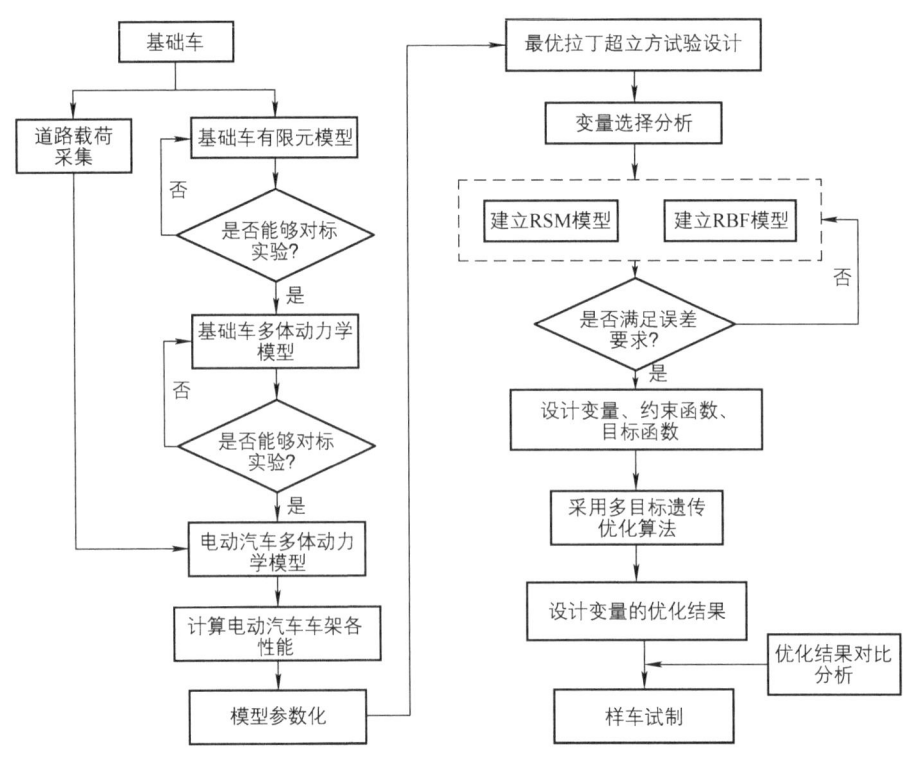

图1-3 技术路线图

第 2 章 多体动力学模型的建立与验证

电动汽车与传统燃油车有着类似的底盘悬架结构,并且两者车架的各外联点位置完全相同。同时,在无电动汽车实车的条件下,可以通过对传统燃油车整车多体动力学模型和建模方法的验证,来保证电动汽车整车动力学模型的准确性。因此本章将某传统燃油车作为基础车,以该基础车的整车多体动力学模型的建模方法为基础,建立电动汽车的整车多体动力学模型,为电动汽车车架的强度与疲劳载荷的获取提供动力学模型基础。多体动力学模型建立的总体技术路线如图 2-1 所示。

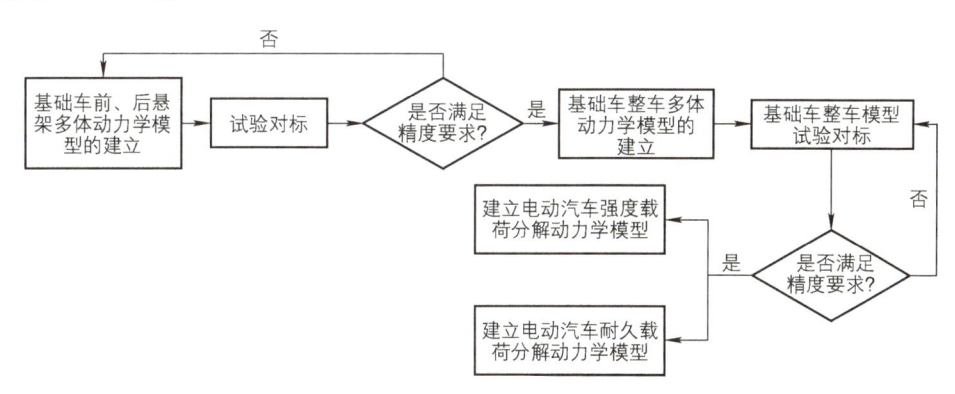

图 2-1 多体动力学模型建立的总体技术路线图

由企业提供的基础车作为本书检验整车多体动力学模型准确性及道路载荷数据采集的试验样车,实车如图 2-2 所示。

2.1 整车多体动力学模型建立的理论基础

多体系统主要是指由多个部件通过相应的运动副连接组成的复杂机械系统。通常根据系统中的物体在运动过程中是否会产生比较大的弹性变形,将多体系统分为刚体系统、柔性体系统及刚柔耦合多体系统。对于系统中物体弹性变形小的情况,可以

图 2-2 基础车实物图

作为多刚体系统来分析[131]。对于系统中既有弹性变形小的情况，也有弹性变形大的情况，则采用刚柔耦合多体系统来分析。多体系统动力学是在经典力学基础上产生和发展起来的一个重要分支。常用的多体系统动力学建模方法有拉格朗日法、牛顿－欧拉法和凯恩方法、图论理论、Kane理论和变分理论等[132]。随着计算机技术的发展，在20世纪80年代，形成了以ADAMS和DADS为代表的多体动力学分析软件。

在ADAMS中，刚体系统构件任一点的广义坐标位置及方位欧拉角可表示为

$$\boldsymbol{q} = [x, y, z, \varphi, \theta, \phi]^T \quad (2\text{-}1)$$

采用拉格朗日乘子法建立的多刚体系统动力学方程为

$$\frac{d}{dt}\left(\frac{\partial \boldsymbol{T}}{\partial \dot{\boldsymbol{q}}}\right)^T - \left(\frac{\partial \boldsymbol{T}}{\partial \boldsymbol{q}}\right)^T + f_q^T \boldsymbol{\rho} + g_{\dot{q}}^T \boldsymbol{\mu} = \boldsymbol{Q} \quad (2\text{-}2)$$

完整约束方程为

$$f[\boldsymbol{q}, t] = 0 \quad (2\text{-}3)$$

非完整约束方程为

$$g[\boldsymbol{q}, \dot{\boldsymbol{q}}, t] = 0 \quad (2\text{-}4)$$

式中，$\boldsymbol{q}$是系统广义坐标及方位矩阵，用来描述刚体质心的笛卡儿坐标及其方位的欧拉角；$\dot{\boldsymbol{q}}$是系统广义速度矩阵；$\boldsymbol{Q}$是系统广义力矩阵；$\boldsymbol{\rho}$和$\boldsymbol{\mu}$分别是完整约束下的拉格朗日乘子矩阵和非完整约束下的拉格朗日乘子矩阵。$\boldsymbol{T}$表示系统动能，其方程可表示为

$$\boldsymbol{T} = [\dot{\boldsymbol{q}}^T \boldsymbol{M} \dot{\boldsymbol{q}}]/2 \quad (2\text{-}5)$$

式中，$\boldsymbol{M}$是系统质量矩阵。

柔性多体系统动力学在基于多刚体系统动力学理论基础上，考虑结构自身的变形。针对刚柔耦合系统，还必须考虑柔性件与刚体的耦合作用。柔性多体系统主要借鉴有限元建模及有限元分析理论，将柔性件看作是由有限个离散单元节点组成的集合，综合考虑具有较大弹性变形构件自身局部区域的变形对整个系统的影响。因此，柔性多体系统动力学的本质还是基于多刚体系统动力学理论，同时融合了有限元理论。

柔性体任一点的广义坐标可定义为

$$\boldsymbol{\xi} = [x, y, z, \phi, \theta, \varphi, q_{i,m}]^T = [X, \psi, \boldsymbol{q}]^T \quad (2\text{-}6)$$

式中，$X = (x, y, z)$是局部坐标系在总体坐标系中的位置；$\psi = (\varphi, \theta, \phi)$是局部坐标系在总体坐标系中欧拉角；$q_{i,m}$是柔性体节点$i$的第$m$阶模态振幅的振型分量；$\boldsymbol{q}$是$q_{i,m}$的矢量表达，即模态振幅向量。

系统内任一点的位置向量可以表示为

$$\gamma_p = X + A(s_p + \boldsymbol{\phi}_p \boldsymbol{q}) \quad (2\text{-}7)$$

式中，A为转换矩阵；s_p为节点p在物体坐标系中原始的方位；$\boldsymbol{\phi}_p$为模态矩阵子块。

将式（2-5）对时间求导得到该点的速度为

$$v_p = \dot{x} - A(sp + \boldsymbol{\phi}_p \boldsymbol{q} B \dot{\psi}) + A\boldsymbol{\phi}_p \dot{\boldsymbol{q}} \quad (2\text{-}8)$$

式中，B 为欧拉角的时间导数与角速度向量之间的转换矩阵。

系统的动能表示为

$$T = \frac{1}{2}\dot{\xi}^{\mathrm{T}} M \dot{\xi} \quad (2\text{-}9)$$

系统的势能表示为

$$V = \frac{1}{2}\dot{\xi}^{\mathrm{T}} K \dot{\xi} \quad (2\text{-}10)$$

将式（2-9）及式（2-10）代入拉格朗日方程，可建立柔性多体系统动力学方程为

$$M\ddot{\xi} + \dot{M}\dot{\xi} - \frac{1}{2}\left(\frac{\partial M}{\partial \xi}\dot{\xi}\right)^{\mathrm{T}}\dot{\xi} + K\xi + G + C\dot{\xi} + \left(\frac{\partial \Omega}{\partial \xi}\right)^{\mathrm{T}}\lambda = Q \quad (2\text{-}11)$$

式中，K 和 C 分别是柔性体的模态刚度矩阵和模态阻尼矩阵；G 是柔性体重力；λ 为约束方程的拉格朗日乘子。

2.2 基础车前悬架多体动力学模型建立与验证

2.2.1 基础车前悬架多体动力学模型的建立

本书所研究基础车的前悬架为双横臂独立悬架，其结构主要由上控制臂、下控制臂、弹簧与减振器总成、转向节、缓冲块及橡胶衬套等零部件构成。上、下控制臂通过衬套与车架连接，控制臂外端通过球铰与转向节连接，弹簧与减振器总成下端同下控制臂衬套连接，上端与车架连接。其中衬套刚度、弹簧刚度及减振器阻尼力特性曲线通过实测获得，建模过程根据实测数据进行拟合。上、下控制臂采用刚性体建立，并创建各个部件的连接关系属性文件（衬套刚度、减振器、弹簧等特性文件），通过上述前悬架结构形式，完成双横臂独立悬架的建模。

其中，衬套作为弹性元件在受力达到设计极限时，衬套特性呈现出非线性，因此衬套刚度特性不能以线性刚度简化处理，而需通过对衬套刚度进行测试，获得其各向刚度的非线性特征，为衬套模型的建立提供刚度特性参数。以测试下摆臂前衬套径向刚度为例，采用 MTS 衬套测力机进行测试，如图 2-3a 所示。在衬套径向缓慢加载至 20000N，测试并记录加载力与位移关系，图 2-3b 所示为下摆臂前衬套径向刚度测试结果及其拟合曲线，其他方向的衬套刚度采用类似的试验获得，作为衬套建模的参数输入。

a) MTS衬套测力机测试示意图　　b) 衬套径向刚度测试结果

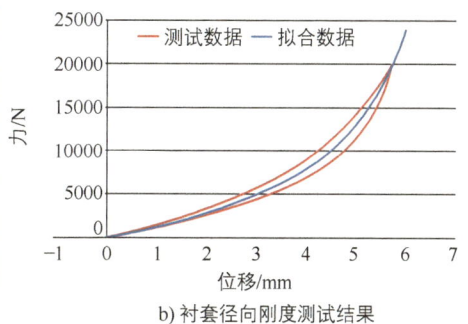

图 2-3　下摆臂前衬套径向刚度测试

弹簧及减振器为主要承受及传递前悬架簧上与簧下质量的部件，对载荷的影响非常大，需对获得的真实弹簧刚度及减振器速度-阻尼力曲线进行拟合，并在ADAMS/CAR中将拟合曲线生成特性文件。其中，减振器速度-阻尼力特性曲线为了满足后续虚拟迭代需要，需测试速度达到2500mm/s以上，以体现减振器在高速情况下的速度-阻尼力特性。将企业提供的测试数据拟合后，得到的弹簧刚度及减振器速度-阻尼力曲线如图2-4所示。

a) 弹簧刚度曲线

b) 减振器速度-阻尼力曲线

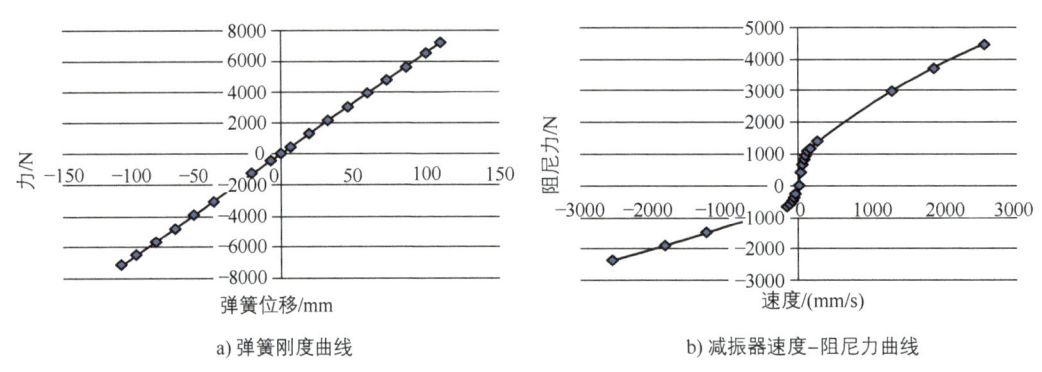

图2-4 前悬架弹簧刚度与减振器速度-阻尼力特性曲线

本书所建立的前悬架系统模型如图2-5a所示。此外，前悬架多体动力学模型还包含转向系统及横向稳定杆模型。在ADAMS/CAR软件中，横向稳定杆以beam梁单元建模，通过稳定杆连杆与下控制臂连接，如图2-5b所示。本书所研究基础车的转向系统为齿轮齿条式转向器，通过转向横拉杆与转向节连接，建立的转向系统模型如图2-5c所示。根据子系统间的拓扑关系，搭建并装配前悬架多体动力学模型。图2-5d所示为搭建的双横臂独立前悬架多体动力学模型。

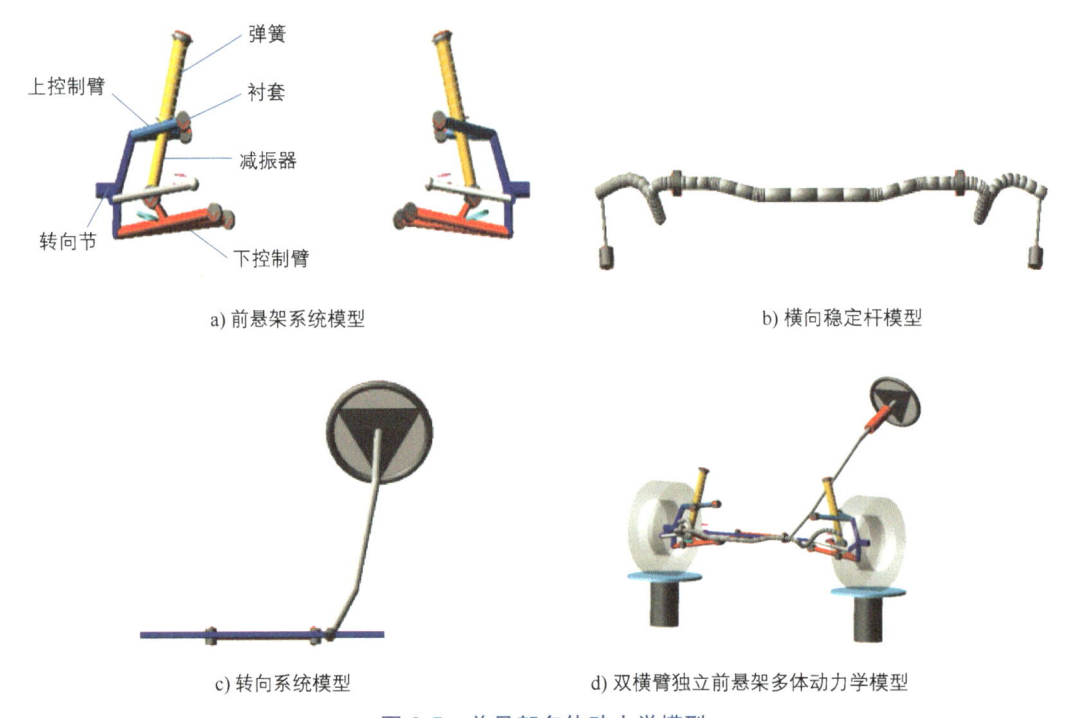

a) 前悬架系统模型

b) 横向稳定杆模型

c) 转向系统模型

d) 双横臂独立前悬架多体动力学模型

图2-5 前悬架多体动力学模型

2.2.2 基础车前悬架多体动力学模型的验证

为了验证搭建的前悬架多体动力学模型是否与实车悬架具有一致的动态特性，对基础车实车前悬架基于 ABD 试验平台，进行了运动学及动力学 K&C 试验，如图 2-6 所示。同时，基于与实车试验一致的 K&C 试验工况，在 ADAMS 软件中对前悬架多体动力学模型模拟仿真，将仿真得到的悬架系统性能参数与实车试验得到的各工况悬架系统性能参数进行对比，以验证所搭建的前悬架多体动力学模型的准确性。

对于前悬架多体动力学模型的动态特性验证，本书重点对前悬架在 K&C 试验中的垂向跳动（平跳）工况和侧倾（反跳）工况进行对标。根据实际测试工况得到基础车前悬架系统运动学参数的变化规律。以左前轮动态特性为例，各工况性能参数对比分析如下。

图 2-6　实车 K&C 试验

（1）垂向跳动（平跳）工况　在左右轮胎接地点处施加 −100～+100mm 的垂向位移，通过试验台传感器获得悬架垂向刚度、前束角、外倾角等性能参数，各性能参数变化曲线如图 2-7 所示，模型仿真与实车测试对标结果显示，左前轮多体动力学模型在垂向刚度仿真测试与实车测试结果比较吻合，在车轮上跳过程中，车轮前束角、外倾角及轮心侧向位移都与实测结果相比误差较小。

a) 左前轮轮心垂向刚度曲线

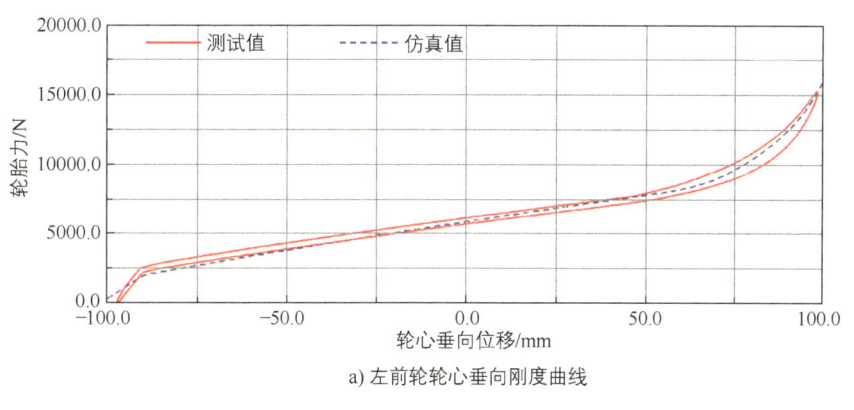

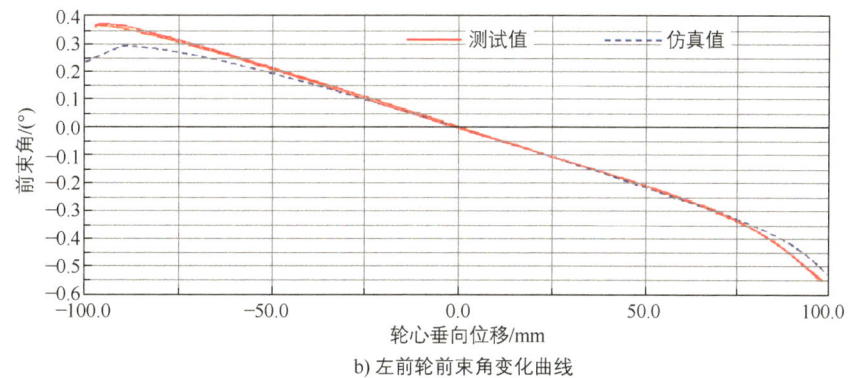

b) 左前轮前束角变化曲线

图 2-7　左前轮垂向跳动（平跳）工况性能参数结果对比

c) 左前轮外倾角变化曲线

d) 左前轮轮心侧向位移变化曲线

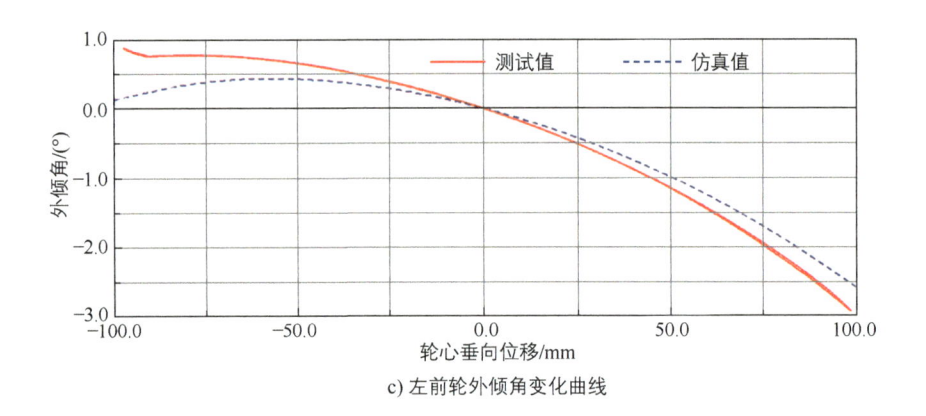

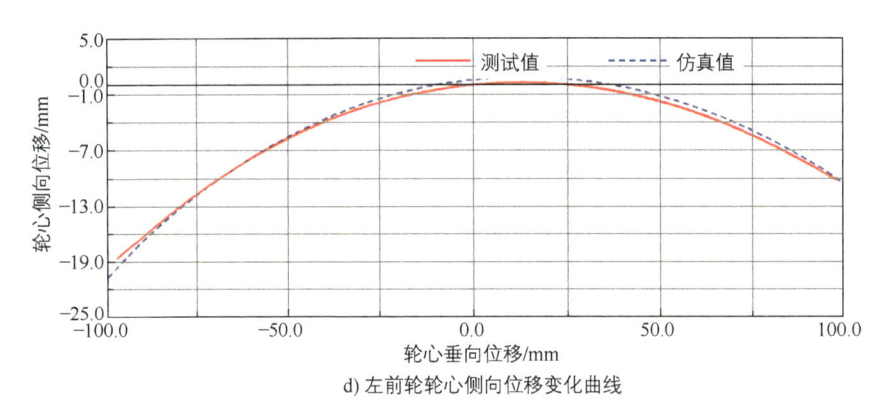

图 2-7　左前轮垂向跳动（平跳）工况性能参数结果对比（续）

（2）侧倾（反跳）工况　侧倾工况是模拟整车在转弯过程中左右轮胎反向跳动的情况，模型左右轮胎加载侧倾角为 $-5°\sim +5°$。加载后获得的多体动力学模型与实车的各性能参数变化曲线如图 2-8 所示，通过对标结果可以看出，左前轮多体动力学模型在侧倾刚度仿真测试与实车测试结果运动趋势相符，轮胎前束角等相关参数变化趋势也与实测结果一致。

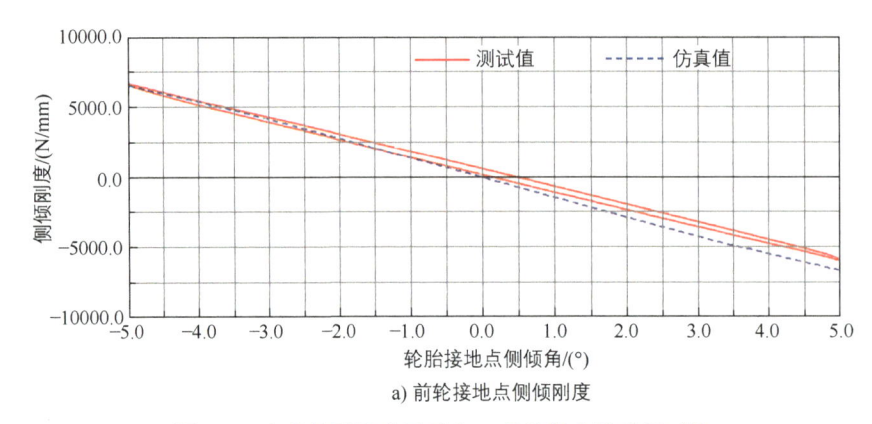

a) 前轮接地点侧倾刚度

图 2-8　左前轮侧倾（反跳）工况性能参数结果对比

b) 前轮轮心处侧倾刚度

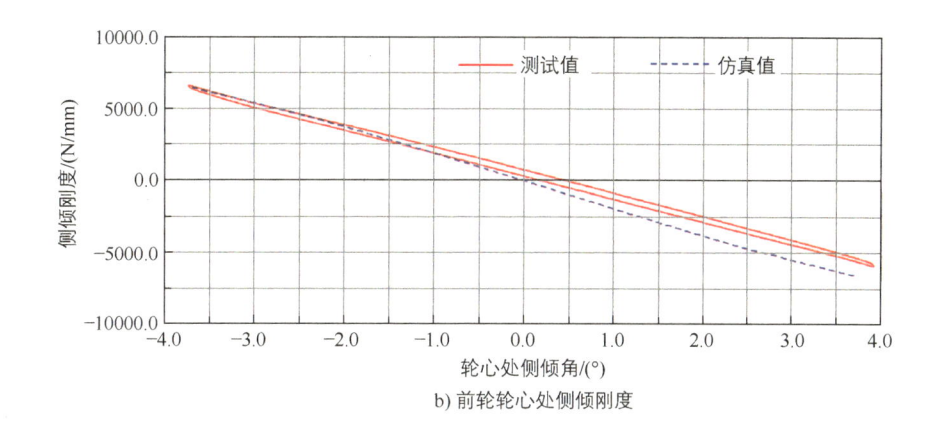

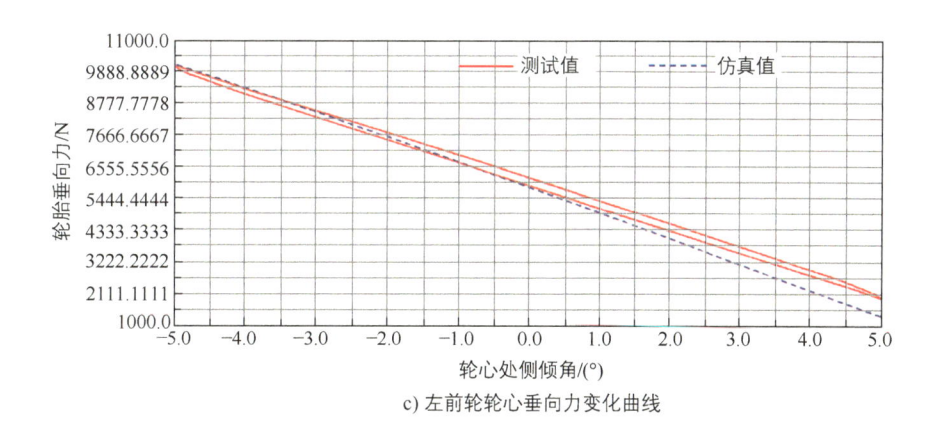

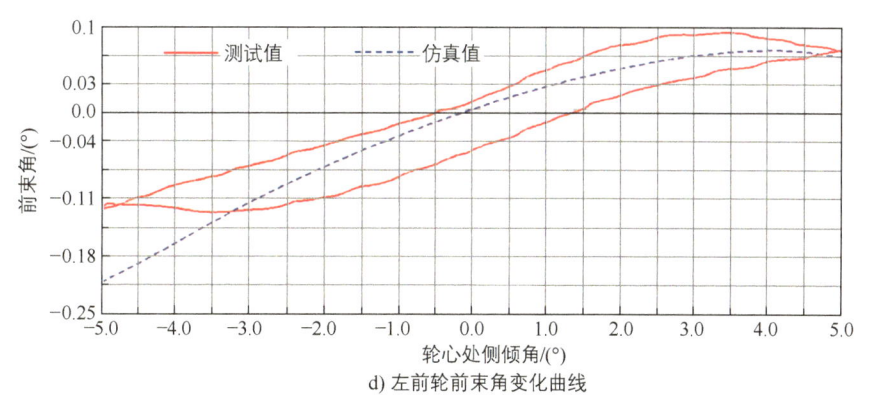

c) 左前轮轮心垂向力变化曲线

d) 左前轮前束角变化曲线

图 2-8 左前轮侧倾（反跳）工况性能参数结果对比（续）

通过以上对基础车前悬架多体动力学模型各工况 K&C 性能与 K&C 测试数据对标的分析来看，搭建的前悬架多体动力学模型与实车状态基本一致，动力学模型各项 K&C 准静态性能特征能够满足前悬架多体动力学的仿真分析要求。

2.3 基础车后悬架多体动力学模型建立与验证

2.3.1 基础车后悬架多体动力学模型的建立

本书所研究基础车的后悬架为非独立悬架，其结构主要由车桥、板簧、减振器、缓冲块及橡胶衬套等零部件构成。同一个车桥上的左、右车轮安装在同一根刚性车轴上，该刚性车轴通过悬架（导向机构和弹性元件）与车架相连。钢板弹簧下端面通过 U 形螺栓与车桥进行连接，上端前卷耳及后摆耳通过衬套与车架连接，减振器上端连接车架，下端安装在车桥上。与前悬架系统一样，后悬架减振器速度-阻尼力曲线需通过测试获取真实的特性曲线。本书采用的后悬架减振器速度-阻尼力曲线如图 2-9 所示，后悬架的橡胶衬套属性与前悬架采用的橡胶衬套属性一致。

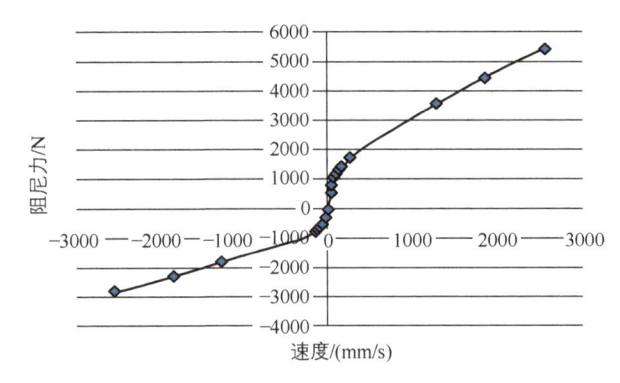

图 2-9 后悬架减振器速度-阻尼力曲线

基础车采用 5 片钢板弹簧，其刚度为 118N/mm，自由状态弧高为 123mm，通过 ADAMS/CAR 中 leaftool 工具建立后钢板弹簧模型，如图 2-10a 所示。基础车所用后桥模型如图 2-10b 所示。结合后悬架拓扑关系搭建的钢板弹簧式非独立后悬架多体动力学模型，如图 2-10c 所示。

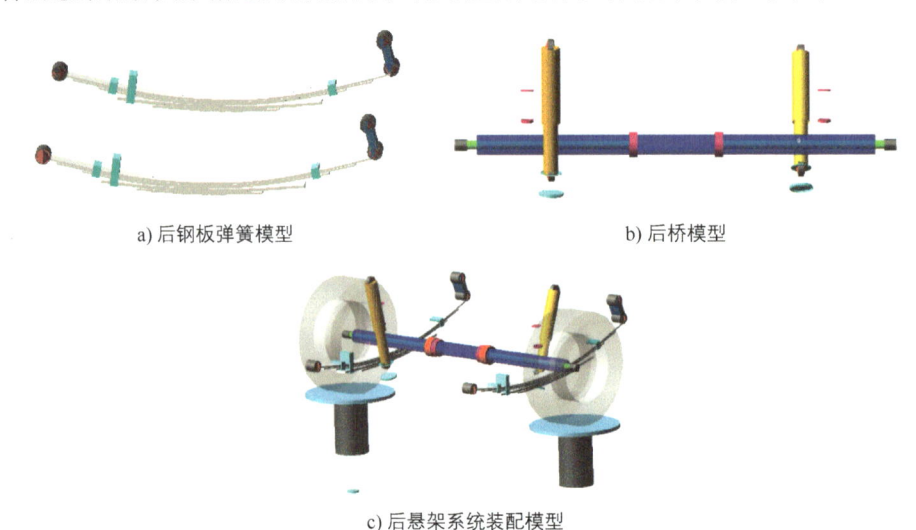

a) 后钢板弹簧模型　　　　b) 后桥模型

c) 后悬架系统装配模型

图 2-10 钢板弹簧式非独立后悬架多体动力学模型

2.3.2 基础车后悬架多体动力学模型的验证

为了检验所建后悬架多体动力学模型的准确性,基于前悬架相同的工况,对后悬架的K&C特性进行仿真分析,并与K&C台架试验结果进行对比。以左后轮为例,针对后悬架仿真与试验的对比分析如下。

(1)垂向跳动(平跳)工况 由于后悬架为桥式非独立悬架,与独立前悬架系统不同,前束角及外倾角特征不明显,对整车性能不是主要的影响参数,因此,后悬垂向跳动工况重点对比了左后轮心垂向刚度及纵向位移变化曲线,如图2-11所示,从对比结果来看,后悬架多体动力学模型垂向跳动工况各性能参数指标与试验结果基本一致。

a) 左后轮心垂向刚度曲线

b) 左后轮心纵向位移变化曲线

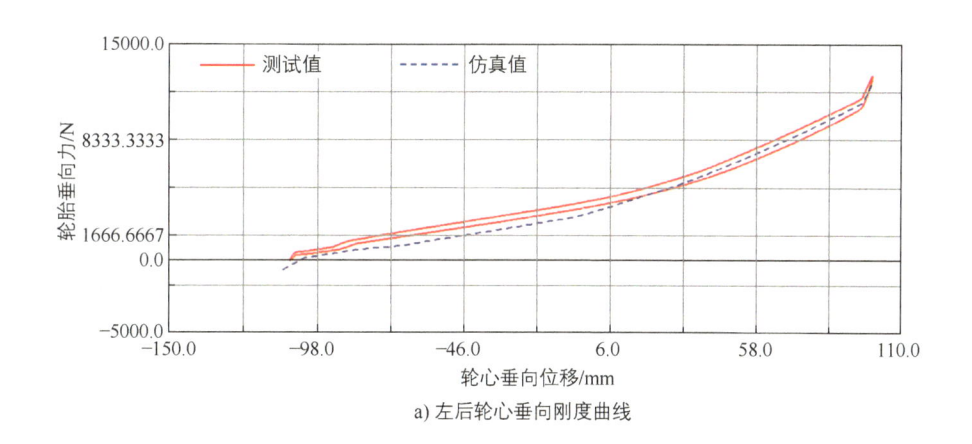

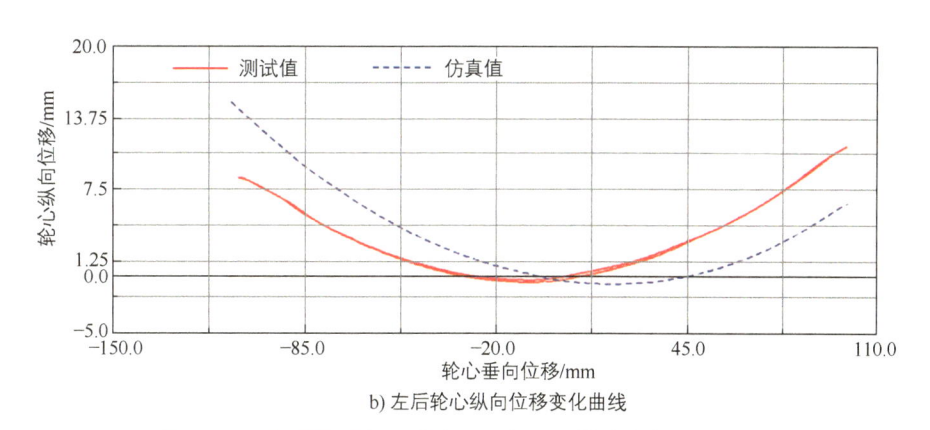

图 2-11 左后轮垂向跳动(平跳)工况性能参数结果对比

(2)侧倾(反跳)工况 采用与前悬架相同的测试和分析方法,实车与多体动力学模型的对比结果如图2-12所示,从图2-12中可以看出,仿真结果与实车测试结果具有较高的一致性。

通过以上后悬架多体动力学模型各工况K&C性能与K&C测试数据对标的分析来看,所建立的后悬架多体动力学模型具有较高的精度,后悬架多体动力学模型各性能参数能准确地反映实车状态。

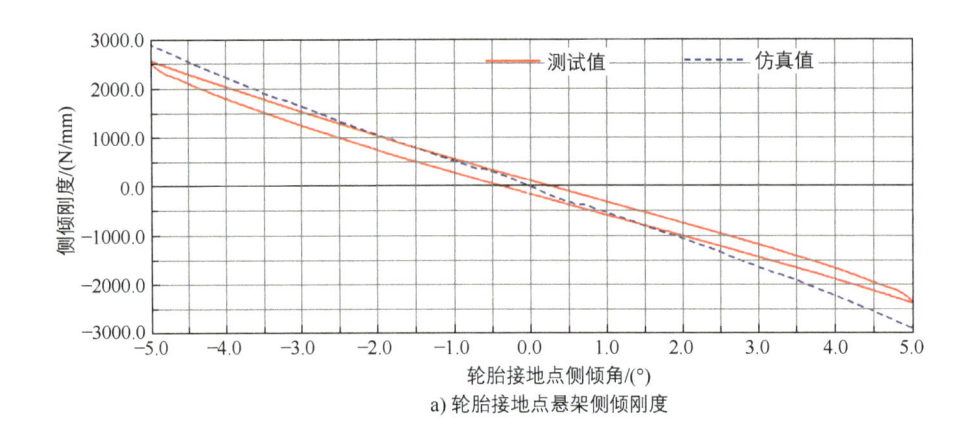

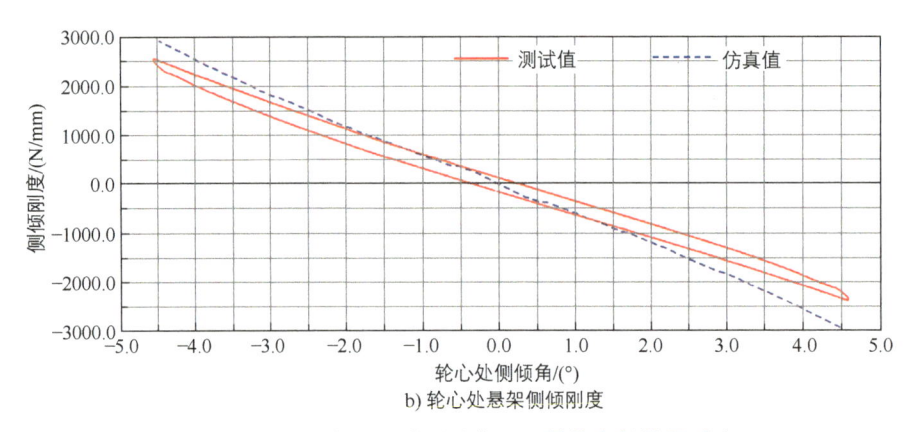

图 2-12　左后轮侧倾（反跳）工况性能参数结果对比

2.4 基础车多体动力学模型建立与验证

在搭建整车多体动力学模型过程中，以车架作为研究对象，需考虑到车架在实际行驶路面结构变形比较明显，而车架的变形对整车载荷及性能影响比较大。因此，车架与悬架的多体动力学建模方法有所不同，不能简单地对车架进行刚性化处理，而需对车架进行柔性化建模，并采用刚柔耦合混合建模的方法，建立整车多体动力学模型。因此，在整车多体动力学模型建立之前，应完成车架柔性体的建立。

2.4.1 基础车车架柔性体的建立

车架柔性体的建立，需要以准确的车架有限元模型为前提，在有限元模型的基础上实现车架的柔性化处理[133]。

（1）基础车有限元模型的建立　基础车的车架结构主要由内外纵梁、8 根横梁以及其加强板和其他零部件组成，车架总长 5.12m，宽 1.2m，车架是前窄后宽的布局，其各个零部件均为钣金结构，车辆的行驶方向为 $-X$ 向，由主驾驶指向副驾驶方向为 $+Y$ 向，由地面指向车辆顶棚为 $+Z$ 向。将以上信息导入至有限元前处理软件 Hypermesh 中，为抽取各个零部件的中性面，并尽量提高分析精确度，首先应对各个中性面进行几何清理和简化，包括修补缺失面、简化对车架性能影响较小的零部件，去除直径小于 5mm 的孔，直径大于 8mm 的孔采用双数节点划分，各个零部件的翻边保留至少两排网格单元，尽量保留其轮廓线。然后，采用 8mm 的壳单元对各个零部件的中性面进行网格划分，保证大部分网格为四边形单元，允许使用少量三角形单元，网格单元质量标准见表 2-1，以此对畸形单元进行合并、分割和调整，确保无重复和叠加的单元，使其网格质量达到最优。纵梁、横梁、加强板及各个零部件之间是通过焊缝和螺栓连接的，为了尽量减少分析误差，避免出现应力集中的现象，同时为了确保仿真时节点力和节点位移的正确传递，被连接单元的每个节点应该具有相同的自由度，因此焊缝连接应采用均匀对齐的四边形壳单元模拟，各个零部件的螺栓连接则采用一个梁单元结合两个刚性单元模拟，并且在螺栓孔周围采用偶数节点数的规整四边形壳单元。

表 2-1　有限元网格单元质量标准

最小尺寸	最大尺寸	长宽比	翘曲角	雅可比	扭曲度
>3mm	<12mm	<5	<20°	>0.5	<60°

基础车车架的内纵梁前段、外纵梁前段、悬置支架、减振器内板、下摆臂支架、驾驶室支架、货箱支架等的材料均采用 QSTE460，外纵梁中段、第一横梁、第二横梁、第三横梁上板、第四横梁、第五横梁、第六横梁、第七横梁和第八横梁等的材料均采用 B420L，内纵梁中段和第三横梁下板等的材料采用 B510L，内纵梁加强板的材料采用 WL440。各个材料属性见表 2-2，根据表 2-2 及各个材料的厚度建立各向同性的材料属性，并赋予给各个零部件。

表 2-2　车架材料属性

材料牌号	密度 /(t/mm^3)	弹性模量 /MPa	泊松比
QSTE460	7.85×10^{-9}	200000	0.30
B420L	7.85×10^{-9}	200000	0.29
B510L	7.85×10^{-9}	199000	0.28
WL440	7.85×10^{-9}	210000	0.30

基于上述有限元模型建模方法和标准，基础车车架经过抽中性面、几何处理、简化、网格单元划分、焊缝与螺栓模拟连接、网格质量检查与赋予材料属性后，建立的有限元模型如图 2-13 所示。其中单元总数为 191005 个，节点总数为 195716 个。

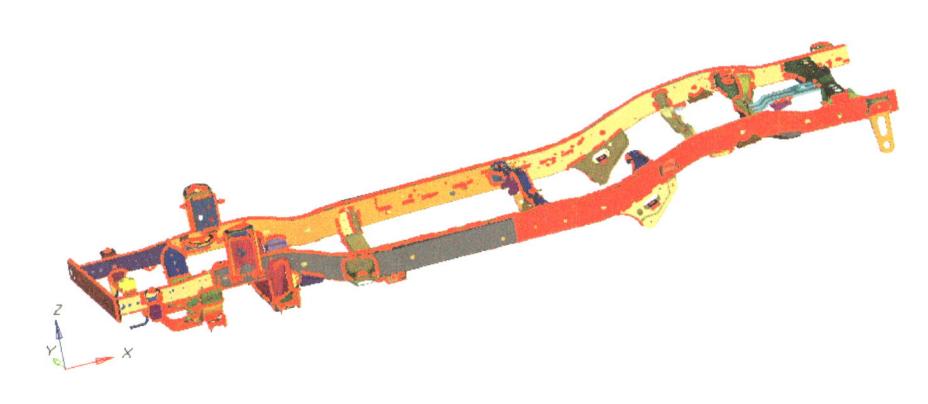

图 2-13　基础车车架有限元模型

对车辆结构件模态性能进行分析与验证，是判断结构件有限元模型是否准确的主要手段。

因此，为了检验基于本建模方法和标准所建立的基础车车架有限元模型的准确性，对车架有限元模型进行模态性能仿真和对车架实物进行试验分析。

（2）基础车车架模态性能分析 通过对车架进行模态性能分析，可以获取车架的动态特性（固有频率及其振型），确定其在一定频率范围内的各阶模态振动性能。根据达朗贝尔理论，将惯性力加载至车架载荷，建立其动力学方程，即

$$[M]\{\ddot{x}\}+[C]\{\dot{x}\}+[K]\{x\}=\{F_p\} \quad (2\text{-}12)$$

式中，$[M]$ 为车架的质量矩阵；$[C]$ 为车架的阻尼矩阵；$[K]$ 为车架的刚度矩阵；$\{x\}$ 为车架的节点位移矩阵；$\{\dot{x}\}$ 为车架的节点速度矩阵；$\{\ddot{x}\}$ 为车架的节点加速度矩阵；F_p 为车架的载荷激励矩阵。

对车架进行模态性能分析时，其外部载荷对结果几乎没有影响，并且小阻尼对车架的模态性能影响较小，因此对车架进行模态性能分析时，可忽略阻尼和外部载荷，将式（2-12）简化后可以得到无阻尼的车架运动方程，即

$$[M]\{\ddot{x}\}+[K]\{x\}=0 \quad (2\text{-}13)$$

由于弹性体结构的振动可以简化成一系列振动累加而成，式（2-13）中的 $\{x\}$ 假设为

$$\{x\}=\{u\}\cos\omega t \quad (2\text{-}14)$$

式中，$\{u\}$ 为位移 $\{x\}$ 振幅的列向量；ω 为车架的固有频率。将式（2-14）代入式（2-13），可以得到其特征值方程组，即

$$[K]\{u\}-\omega^2[M]\{u\}=0 \quad (2\text{-}15)$$

当车架发生振动时，其节点的振幅不全为零，因此式（2-15）可简化为

$$\left|[K]-\omega^2[M]\right|=0 \quad (2\text{-}16)$$

车架的质量矩阵和刚度矩阵均为 n 阶方阵，n 为车架节点的自由度，因此式（2-14）有 n 个实数根 $\omega_i^2(i=1,2,\cdots n)$。$\omega_i$ 是车架第 i 阶固有频率，u_i 是其对应频率振型的位移量。

基于上述模态性能分析理论，并结合基础车车架有限元模型，采用 MSC 公司开发的 Nastran 求解器对其进行自由模态分析。车架扭转、弯曲模态频率与车架扭转、弯曲刚度特性密切相关，所以重点关注车架扭转及弯曲模态固有频率。图 2-14 所示为基础车车架的模态振型结果图。由图 2-14 可知，基础车车架的第 1 阶扭转模态频率为 26.5Hz，1 阶垂向弯曲模态频率为 33.7Hz，1 阶侧向模态频率为 38.6Hz，其振型表现为 1 阶侧向弯曲；第 2 阶扭转模态频率为 53.5Hz，第 2 阶侧向弯曲频率为 62.4Hz，第 2 阶垂向弯曲频率为 73.04Hz。

（3）基础车车架模态试验验证 通过对车架进行模态试验，可以验证基础车车架有限元模型及模态分析结果的准确性。车架的模态试验需要将车架置于自由状态，试验中应采用弹性橡胶拉索将车架吊起，使其处于平衡自由状态，并确保车架刚体模态低于5Hz，本书所描述的车架自由模态试验是在通过国家 CANS（国家实验室合格评定委员会）认证的江西省汽车噪声与振动重点实验室内进行的。试验设备包含 LMSTest.Lab13.0 测试软件、LMS 数据采集器、DELL 笔记本计算机、PCB 公司的 356A16 型模态振动传感器 4 个、ICP 力锤、网线及 BNC 线。相关试验设备实物如图 2-15～图 2-17 所示。

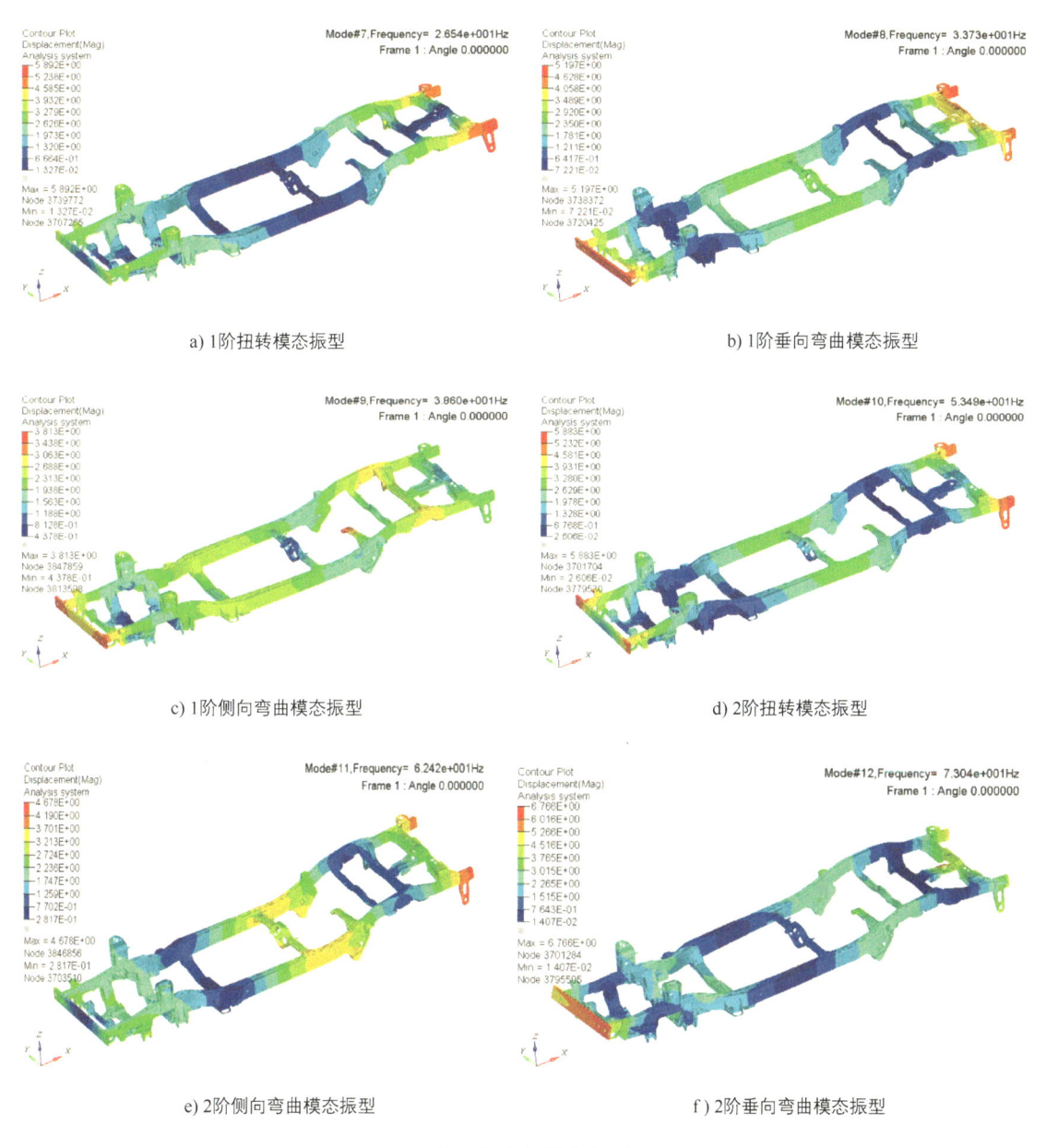

第 2 章　多体动力学模型的建立与验证

a) 1阶扭转模态振型

b) 1阶垂向弯曲模态振型

c) 1阶侧向弯曲模态振型

d) 2阶扭转模态振型

e) 2阶侧向弯曲模态振型

f) 2阶垂向弯曲模态振型

图 2-14　基础车车架模态振型结果图

图 2-15　采集器及笔记本计算机 　　图 2-16　力锤实物图 　　图 2-17　试验用振动传感器

利用弹性橡胶拉索将基础车车架悬挂于试验台架上，使其达到自由状态。在模态试验前，需建立车架模态试验模型，所建立的车架模态试验模型应该能够反映车架的整体结构形状和关键部分。在车架左右纵梁分别布置 16 个测点，车架每个横梁分别布置 3 个测点，模态试验过程中总共布置了 59 个测试点，量取测点坐标后，建立车架模态试验的几何模型，如图 2-18 所示。

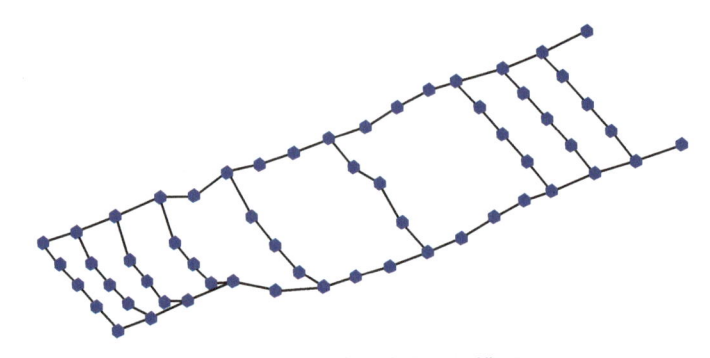

图 2-18 车架模态试验几何模型图

为了准确识别车架的模态试验振型，并确保试验的准确性，加速度传感器应避免布置于模态振型的节点处，可结合车架模态仿真分析结果振型图，尽量布置在振动明显的位置处。在测试过程中，由于传感器实际数量的限制，并且随着锤击位置不同，远离敲击位置的传感器无法获得明显的响应，因此需要移动传感器的位置，图 2-19 所示为传感器布置示意图。图 2-20 所示为车架在进行自由模态试验时，车架用橡胶拉索吊起后的示意图。

图 2-19 基础车车架传感器布置示意图 　　图 2-20 基础车车架模态试验图

通过测试软件 Test.Lab13A 中的测试模块，建立车架模型后，将力锤输入的通道定义为参考通道，激励点方向要与参考方向一致，其他为传感器对应的通道，定义传感器类型并将传感器三向与整车三向关联起来。将模型中的坐标点与通道的对应点关联起来。其后完成分析带宽和分析频率的定义，在此基础上进行各通道传感器量程定义。期间进行多次锤击，尽量保持所施加力的大小基本一致，以保证系统能确定一个合适的量程范围。对于分析带宽的定义，需通过两次锤击的同时观察频带范围内激励点谱并分析其趋势，来确定带宽是否合适。对激励信号及响应信号进行加窗，最后再利用锤击进行测试。

基于移动力锤法对基础车车架进行模态试验，试验采用多点输入激励多点输出响应的自由模态试验方法，试验过程中纵梁上的点激励 Y、Z 向，横梁上的点激励 X、Z 向，并且每次激励时尽量使激励力大小保持一致，每个测点单向激励 5 次，同时查看激励与响应的相互关系，保证相干系数接近 1，以保证激励信号有效。根据加速度传感器所测的各点频响函数，叠加计算出车架的综合频响函数曲线，如图 2-21 所示。由图 2-21 可知，试验所得车架频响函数前 6 个峰值所对应的频率分别为 25.6Hz、33.1Hz、37.3Hz、52.1Hz、59.8Hz 和 73.0Hz。

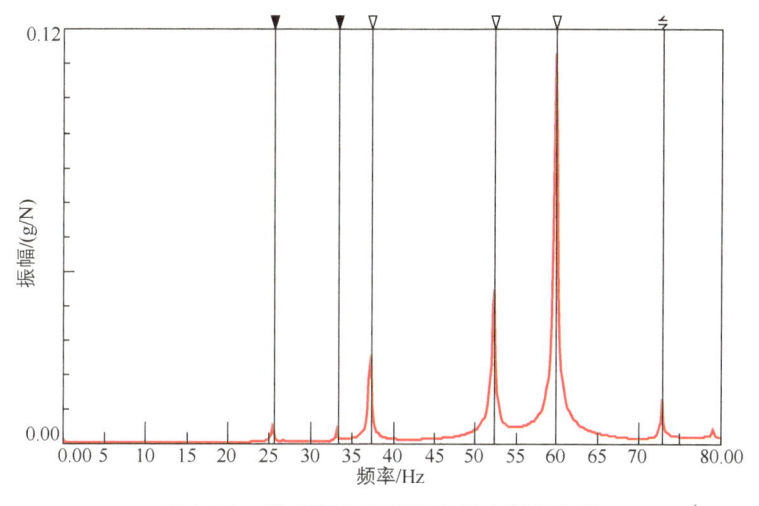

图 2-21 基础车车架的综合频响函数曲线

根据试验所得频响函数，基于最小二乘法，即可得出频响函数稳态图，根据频响函数稳态图，计算得到车架模态振型图。试验所得的车架前 4 阶模态振型图如图 2-22 所示。由图 2-22 可知，基础车车架的前 4 阶模态试验振型分别为 1 阶扭转、垂向弯曲、侧向弯曲和 2 阶扭转，与有限元模态分析的振型基本保持一致。

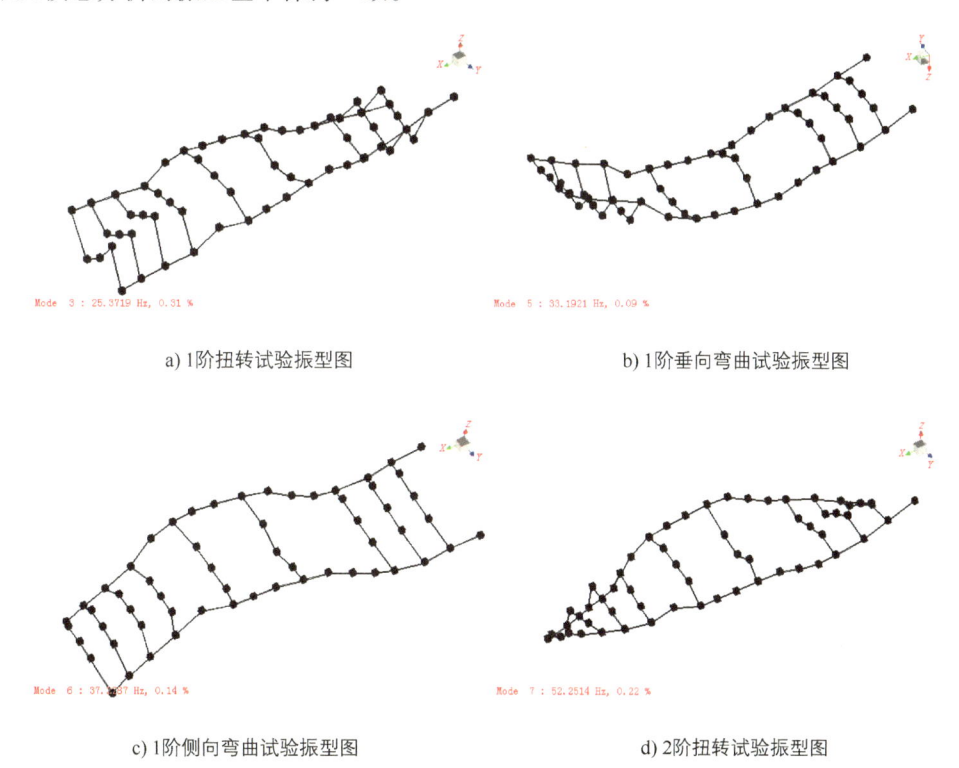

a) 1阶扭转试验振型图　　　　　　　b) 1阶垂向弯曲试验振型图

c) 1阶侧向弯曲试验振型图　　　　　d) 2阶扭转试验振型图

图 2-22 基础车车架模态试验振型图

表 2-3 为基础车车架扭转、弯曲模态频率仿真值与试验值对比。由表 2-3 可知,相同振型下,基础车车架的扭转、弯曲模态频率仿真值的误差均在 5% 以内,误差较小。因此基于本书的有限元建模方法建立的基础车车架模型具有较高的准确度和可靠性,为车架的柔性体建立提供了有力保障。

表 2-3 基础车车架前 6 阶模态频率仿真值与试验值对比

阶数	模态振型	模态频率仿真值 /Hz	模态频率试验值 /Hz	误差(%)
第 1 阶	1 阶扭转	26.5	25.6	3.5
第 2 阶	1 阶垂向弯曲	33.7	33.1	1.8
第 3 阶	1 阶侧向弯曲	38.6	37.3	3.5
第 4 阶	2 阶扭转	53.5	52.1	2.7
第 5 阶	2 阶侧向弯曲	62.4	59.8	4.3
第 6 阶	2 阶垂向弯曲	73.0	73.0	0

(4)基础车车架柔性体的建立 通过上述获得的基础车车架有限元模型,创建基于 Nastran 有限元求解器的车架模态中性文件(MNF 文件)求解的计算文本,计算文本的参数设置见表 2-4。求解后得到包含车架有限元模型的模态,质量,节点位移及应力应变等信息的中性文件。将中性文件导入至软件 ADAMS/CAR 中,即可建立基础车车架的柔性体模型。

表 2-4 计算文本参数设置

参数名称	参数值
ADAMSMNF FLEXBODY	YES
SOL	103
ASET	外联点编号,123456
METHOD	EIGRL 的编号
PARAM	GRDPNT,0
PARAM	AUTOQSET,YES

2.4.2 基础车多体动力学模型的建立

本章前部分内容建立了基础车前悬架和后悬架多体动力学模型,并验证了两者的准确性,同时对车架进行了柔性化处理。而完整的整车动力学模型还包括车身、制动、传动、轮胎等子系统。

在 ADAMS/CAR 中通过定义车身质量、质心坐标、转动惯量等参数,以刚性体的方式进行建模。制动系统通过制动力矩函数等参数的定义,在 ADAMS/CAR 中完成建立。同时,在 ADAMS/CAR 中定义发动机动力特性曲线和特性参数以及传动系统的传动比等参数,建立动力总成动力学刚性模型。

轮胎作为传递路面载荷激励的主要路径,在多体动力学模型中,对整车受力分析有重要影响[134]。本书采用 PAC 轮胎模型进行分析,PAC 轮胎模型是基于魔术公式进行建模,见式(2-17)。

轮胎纵向力、侧向力、回正力矩、翻转力矩及阻力矩试验数据都可以通过该公式进行拟合，因此有"魔术公式"之称。

$$Y(x) = D \times \sin(C \times \arctan(Bx - E \times (Bx - \arctan(Bx)))) \tag{2-17}$$

式中，$Y(x)$ 可以表示纵向力、侧向力或回正力矩，自变量 x 根据不同情况分别表示轮胎的侧偏角或纵向滑移率，系数 B、C、D、E 由轮胎的垂直载荷和外倾角确定得到。

根据各子系统的拓扑关系，在 ADAMS/CAR 中通过通信器将各子系统进行装配连接。搭建的基础车整车多体动力学模型，如图 2-23 所示。

图 2-23　基础车整车多体动力学模型

2.4.3　基础车多体动力学模型的验证

通过对基础车整车操纵稳定性能的分析对标，可以很好地验证搭建的整车动力学模型动态特性是否与实车状态一致。根据国家标准 GB/T 6323—2014《汽车操纵稳定性试验方法》中整车的稳态回转工况及转向回正工况对操稳性能进行对标。

（1）稳态回转工况对标　稳态回转工况主要考察整车横摆角速度、侧倾角及侧向加速度等相关动态参数的变化规律。要求驾驶人以最低稳定速度沿所画圆周行驶，待安装于汽车纵向对称面上的车速传感器在半圈内都能对准地面所画圆周时，固定转向盘不动。然后，汽车起步缓缓连续而均匀地加速（纵向加速度不超过 $0.25\mathrm{m/s^2}$），直至汽车的侧向加速度达到 $6.5\mathrm{m/s^2}$。记录整个过程中各性能参数的变化曲线，如图 2-24 所示。

由图 2-24 对标结果可知，可以验证基础车多体动力学模型在动态过程中横摆角速度、侧倾角及滑移角等性能参数变化趋势与实车测试相吻合。

（2）转向回正工况对标　转向回正工况主要考察转向盘转角、侧向加速度及转向盘转矩等动态参数随时间的变化情况。在转向回正测试过程中，调整转向盘转角，使汽车沿半径为（15±1）m 的圆周行驶，调整车速，使侧向加速度达到（4±0.2）$\mathrm{m/s^2}$，固定转向盘转角，稳定车速并开始记录，待 3s 后，驾驶人松开转向盘并标记转向盘位置，记录松手后 4s 汽车运动过程中动态参数的变化，如图 2-25 所示。

由图 2-25 对标结果可知，模型仿真的转向盘转矩、侧向加速度等参数变化趋势与实测结果基本一致。

a) 横摆角速度VS侧向加速度

b) 侧倾角VS侧向加速度

c) 速度VS侧向加速度

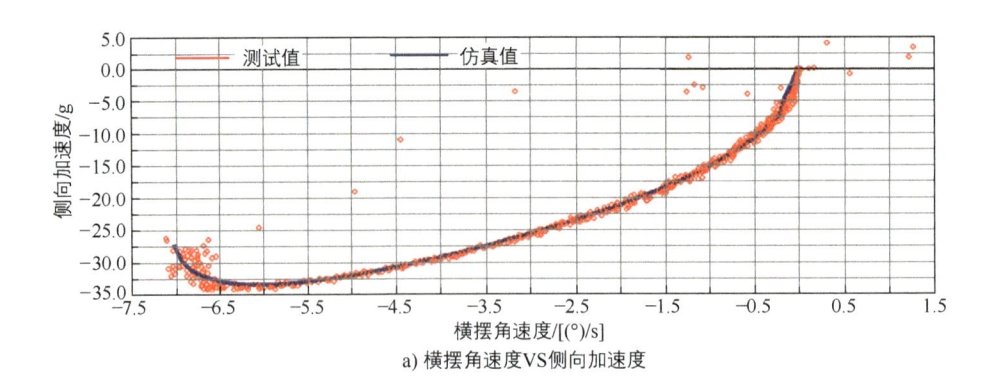

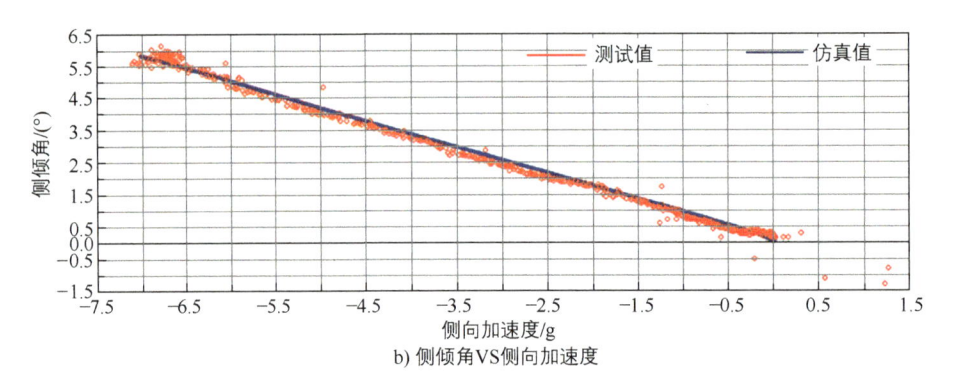

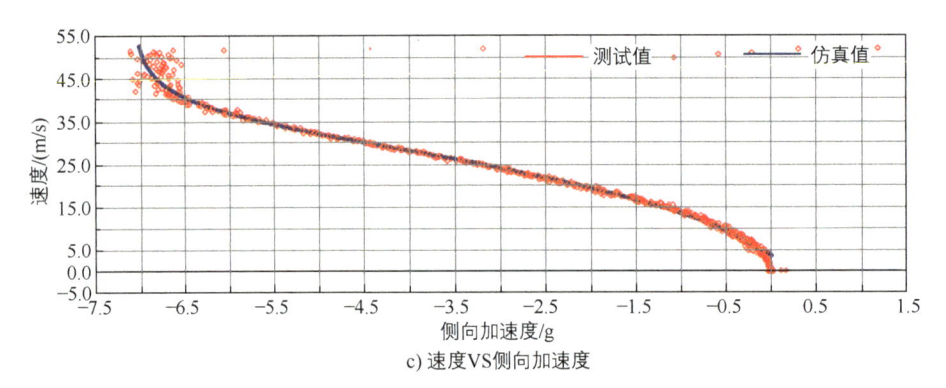

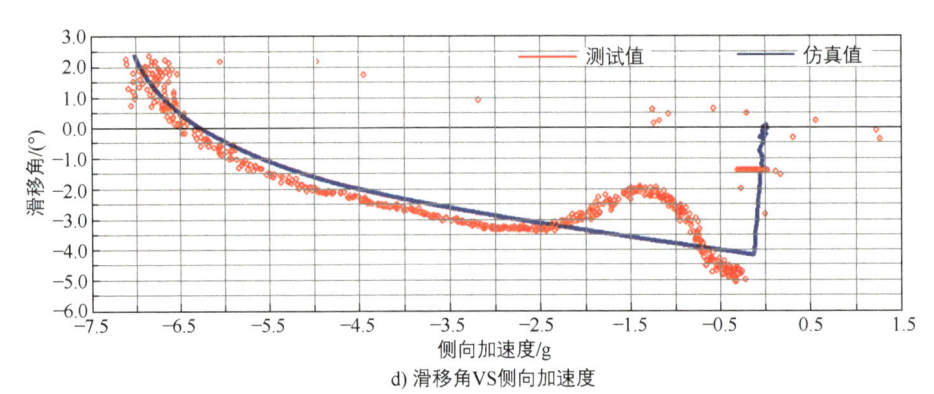

d) 滑移角VS侧向加速度

图 2-24　整车稳态回转工况性能对比

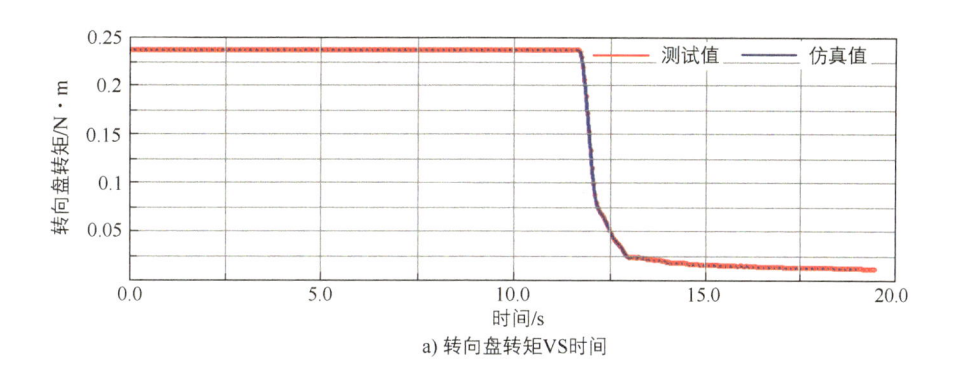

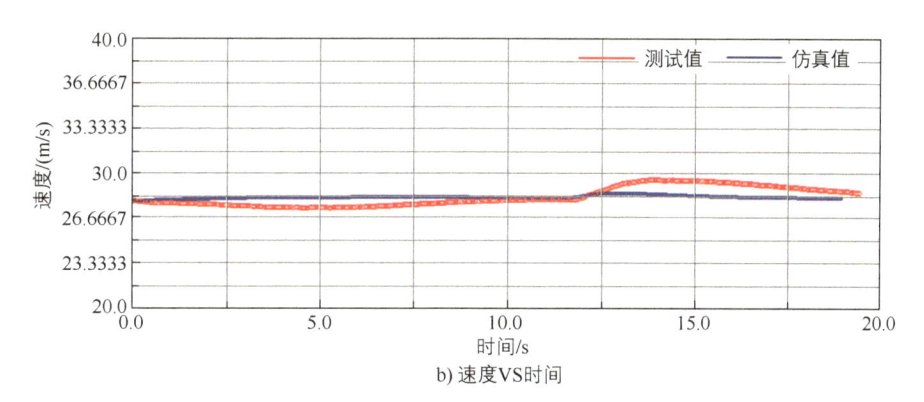

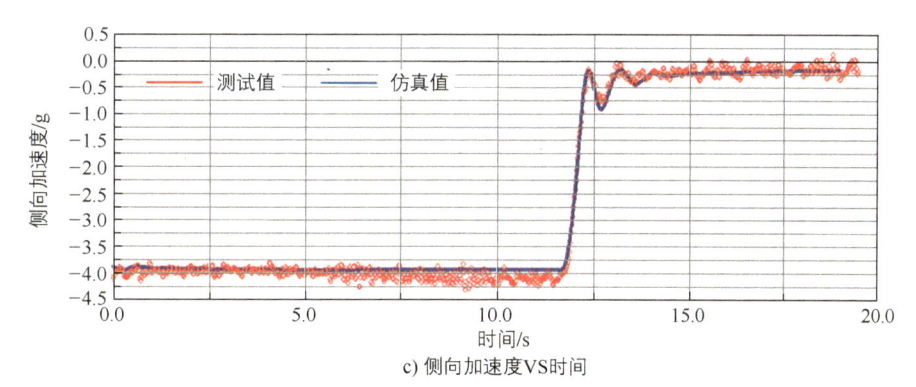

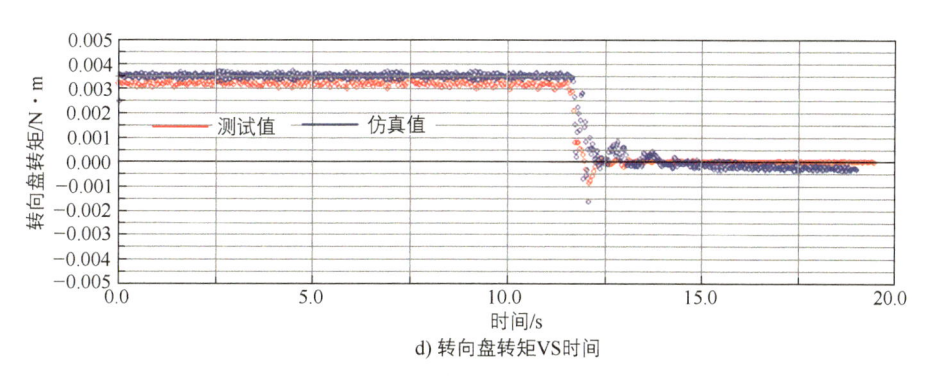

图 2-25 整车转向回正工况性能对比

通过对整车多体动力学模型稳态回转工况及转向回正工况性能分析与测试数据的对标结果来看，搭建的整车多体动力学模型动态性能与实车状态基本一致，模型各项动态性能特征能准确反映实车状态。因此，采用上述多体动力学模型的建模方法能有效保障多体动力学模型的精度。

2.5 电动汽车多体动力学模型的建立

2.5.1 电动汽车动力学模型的建立

基于上述对基础车各子系统及整车多体动力学的建立，可以很好地反映实车的整车动力学特性。因此，可以采用与基础车多体动力学模型相同的建模方法，进行电动汽车多体动力学模型的建立，从而保证电动汽车多体动力学模型具有较高的可信度。

电动汽车悬架多体动力学模型可直接沿用基础车的悬架多体动力学模型，并且电动汽车车架基于基础车车架结构变更而来，车架的外连点位置、悬架刚度、弹性元件等参数保持不变。将基础车车架柔性体替换成电动汽车车架柔性体，更新动力总成子系统，其中电池包、控制器等结构在 ADAMS/CAR 中通过定义质量、质心坐标和转动惯量等参数，以刚性体替代。其他子系统与基础车保持不变，在 ADAMS/CAR 中将各子系统重新进行装配连接，即可获得电动汽车整车多体动力学模型。本小节主要对电动汽车车架柔性化过程中，其有限元模型的建立进行详细说明。

基于基础车车架进行重新开发设计电动汽车车架，根据电动汽车的承载结构特点及布置要求对基础车车架进行设计变更，以满足电动车车架的结构要求。主要的结构设计变化在于：将第四横梁前移400mm，以便于安装前电池包，并取消油箱支架；将第三横梁总成由原先的焊接形式改成螺栓连接方式，以便于装配；将备胎支架取消，以便于安装后电池包；依据电池包布置需求重新设计第五、第六、第七和第八横梁结构及相对位置，造成车架整体向后增长，并新增第九横梁保证车架整体的弯扭刚度；在第八横梁与第九横梁之间增加一根后电池包支架保护圆管，以防止后电池包发生碰撞失效风险，两者具体的结构差异对比如图 2-26 所示，图 2-26 中红色部分为电动汽车车架，黑色部分为基础车车架。两者的材料型号分布相同。

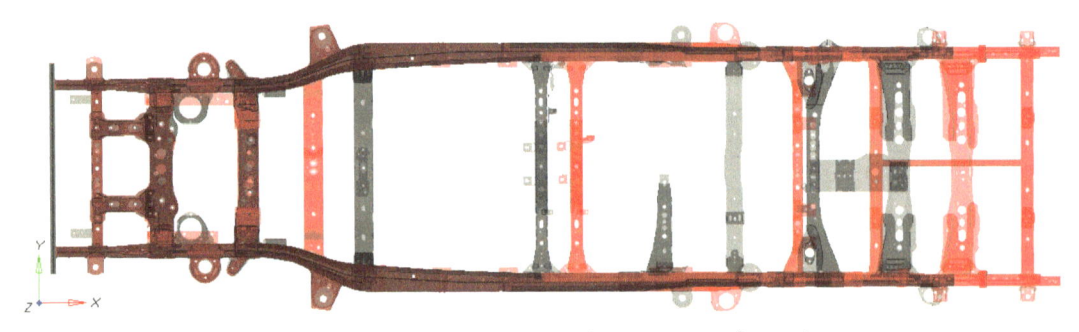

图 2-26 基础车车架与电动汽车车架结构差异对比示意图

采用与基础车车架相同的有限元建模方法和标准，建立电动汽车车架有限元模型。由于车架的模态、刚度性能是车架自身的特征属性，在后续的有限元分析时，不需要考虑车架所承载的电池包、控制器等部件的质量，由此建立的电动汽车车架有限元模型如图 2-27a 所示。而在对电动汽车车架柔性化以及后续的强度、疲劳性能分析时,又需要考虑这些附件质量对车架综合受力的影响。为此建立的有限元模型如图 2-27b 所示。

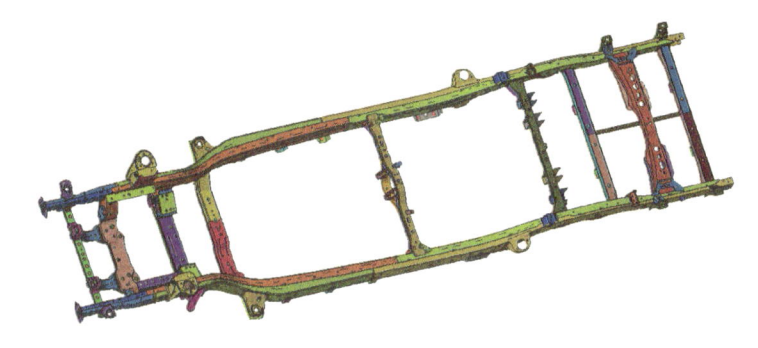

a) 不带附件配重的有限元模型

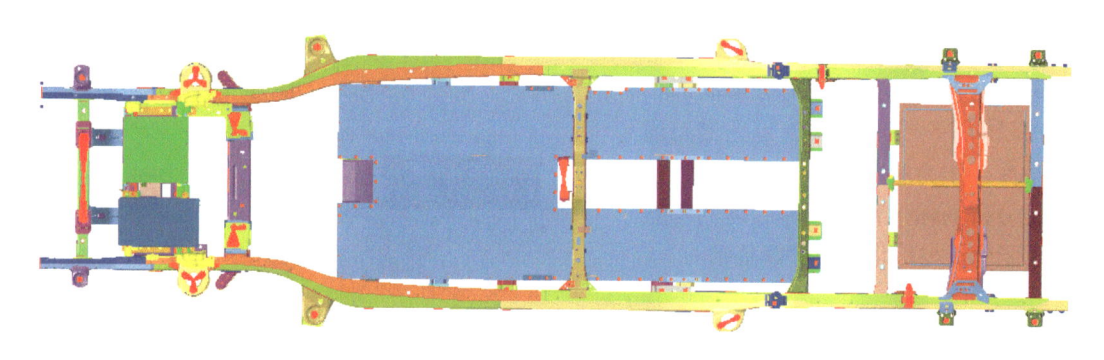

b) 带附件配重的有限元模型

图 2-27 电动汽车车架有限元模型

为了获取电动汽车车架的强度和疲劳载荷,还需在电动汽车多体动力学模型的基础上进行修正,获得适用于电动汽车车架强度载荷分解以及电动汽车车架疲劳载荷分解的多体动力学模型。两个模型基本一致,主要区别在于,由于获得载荷类型的不同,对整车模型装配试验台选择的类型以及对轮胎模型的修正方式不同。但轮胎模型的性能参数不变,因此不影响轮胎的动态特性。

2.5.2 电动汽车强度载荷分解多体动力学模型的建立

通过对电动汽车整车多体动力学模型进行工况加载,可以分解得到车架的受力状态。将用于强度载荷分解的轮胎模型在整车轮胎模型的基础上,创建轮胎接地点处的三向力坐标,并在 ADAMS/CAR 中将电动汽车整车多体动力学模型装配于四立柱试验台上,如图 2-28 所示。

利用车架强度载荷分解的电动汽车整车多体动力学模型和相关的整车强度工况,可分解得到不同工况下对应的车架强度载荷,作为车

图 2-28 强度载荷分解的电动汽车多体动力学模型

架强度性能有限元分析的载荷输入。为后续的车架强度性能分析与优化提供支撑,本书后面的内容将对此展开详细分析。

2.5.3 电动汽车疲劳载荷分解多体动力学模型的建立

在车架疲劳载荷分解的电动汽车多体动力学模型中,基于电动汽车多体动力学模型,搭建了适用于疲劳载荷虚拟迭代的试验台。与四立柱试验台不同的是,由于在采用整车无约束的方法时,如果将实际采集到的轮心力加载到多体动力学模型上进行计算,会导致多体动力学模型的不收敛[135]。因此,需采用虚拟迭代试验台在多体动力学模型的轮胎接地点处,施加垂向位移激励信号,将位移信号作为迭代信号进行求解,以保证模型的收敛性。并在整车多体动力学模型的轮心处建立六分力信号,后续可直接在多体动力学模型的轮心处加载实际采集到的轮心力,但不加载采集的垂向力。垂向力信号被虚拟迭代试验台的垂向位移激励取代。建立的车架疲劳载荷分解的电动汽车多体动力学模型如图 2-29 所示。

搭建电动汽车疲劳载荷分解动力学模型的目的是分解得到车架道路谱路面耐久载荷,作为电动汽车车架耐久性能有限元分析的输入载荷。为后续的车架耐久性能分析与优化工作做好基础。

图 2-29 车架疲劳载荷分解的电动汽车多体动力学模型

2.6 本章小结

本章首先阐述了整车多体动力学建模的相关理论。利用多体动力学仿真软件 ADAMS/CAR 建立了基础车前悬架、后悬架及整车多体动力学模型。在建立基础车整车多体动力学模型的过程中,对基础车车架进行了有限元建模,通过模态试验验证了有限元模型的准确性,并在此基础上实现了对基础车车架的柔性化处理。通过对多体动力学模型仿真与实车 K&C 试验及操纵稳定性试验进行对比分析,验证了基础车多体动力学模型的准确性,并保证了建模方法的有效性。其次,采用同样的多体动力学建模方法以及前、后悬架模型,并结合电动汽车车架有限元模型,完成了对电动汽车多体动力学模型的建立。最后,为了实现基于电动汽车多体动力学模型对车架强度载荷和疲劳载荷的分解,搭建了用于电动汽车车架强度载荷与疲劳载荷分解的多体动力学模型,为后续的研究工作奠定了模型基础。

第3章 电动汽车车架结构性能的研究

电动非承载式汽车车架作为电动汽车的重要部件,由于其在工作时承受了大部分整车部件的质量,因此车架将产生一定程度的弯曲与扭转变形。并且,来自不平路面的激励也将通过轮胎、减振器、钢板弹簧等部件传递到车架上。在车辆实际行驶过程中,车架所需的性能包括模态性能、刚度性能、强度性能和疲劳性能,这些性能对整车的安全性、操纵稳定性、舒适性和可靠性具有重要影响。因此,车架必须拥有良好的结构性能,其性能的好坏直接影响整车综合品质的优劣。本章将基于第2章建立的有限元模型和多体动力学模型,完成对电动汽车车架各个性能的有限元分析。分析结论将为后续的电动汽车车架结构优化工作打下基础,电动汽车车架的各性能仿真值将为优化分析提供参考。

3.1 电动汽车车架模态性能分析

采用基础车的模态性能分析方法,基于电动汽车车架有限元模型,对其进行自由模态性能分析,提取车架弯曲扭转模态固有频率。电动汽车车架的模态频率及振型如图3-1所示,其中电动汽车车架的第1阶扭转模态频率为28.3Hz,电动汽车车架的第1阶垂向弯曲模态频率为35.6Hz,电动汽车车架的第1阶横向弯曲模态频率为40.3Hz,电动汽车车架的第2阶横向弯曲模态频率为56.2Hz,电动汽车车架的第2阶扭转模态频率为68.9Hz,电动汽车车架的第2阶垂向弯曲模态频率为81.6Hz。电动汽车车架前6阶模态频率及其振型见表3-1。

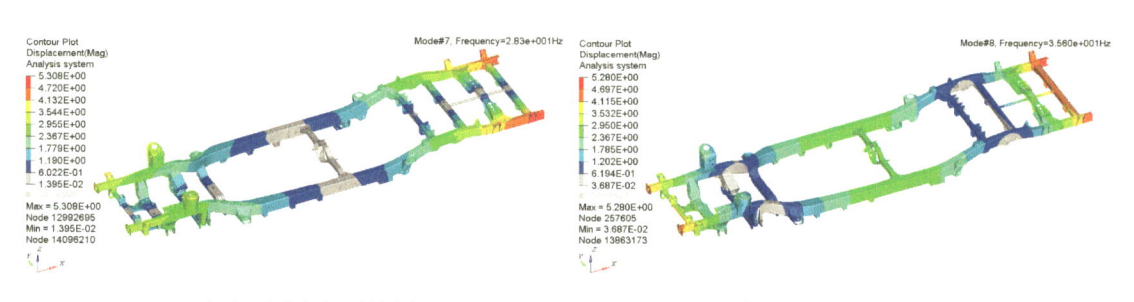

a) 电动汽车车架第1阶模态振型　　　　b) 电动汽车车架第2阶模态振型

图3-1　电动汽车车架模态频率及振型图

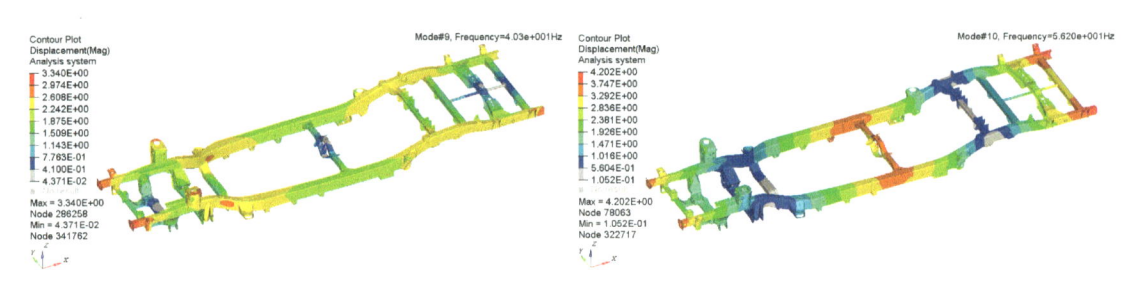

c) 电动汽车车架第3阶模态振型　　　　　　　d) 电动汽车车架第4阶模态振型

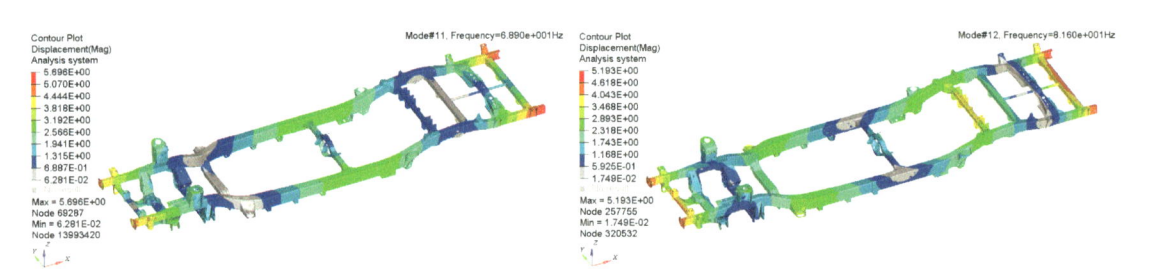

e) 电动汽车车架第5阶模态振型　　　　　　　f) 电动汽车车架第6阶模态振型

图 3-1　电动汽车车架模态频率及振型图（续）

表 3-1　电动汽车车架前 6 阶模态频率及其振型表述

阶数	模态频率 /Hz	振型表述	最大振幅 /mm
第1阶	28.3	1 阶扭转	5.31
第2阶	35.6	1 阶 Z 向弯曲	5.28
第3阶	40.3	1 阶 Y 向弯曲	3.34
第4阶	56.2	2 阶 Y 向弯曲	4.20
第5阶	68.9	2 阶扭转	5.70
第6阶	81.6	2 阶 Z 向弯曲	5.19

通过分析电动汽车车架的模态振型图可知，其主振型均比较光滑，没有发生突变，并且其前 6 阶固有频率均大于不平路面的激励频率（25Hz），能够有效避免发生共振风险，因此电动汽车车架的模态性能符合动态特性设计要求。

3.2　电动汽车车架刚度性能分析与对比

当车辆行驶在颠簸的路面上时，车架将会受到负载产生的垂向力而使其处于弯曲变形状态，其弯曲刚度性能即为车架抵抗垂向弯曲变形的能力。车架的弯曲刚度性能越强，其抗弯曲能力越高，车辆的平顺性就越好。当车辆行驶在凹凸不平的路面上时，车架将会处于扭转变形状态，其扭转刚度性能即为车架抵抗绕纵向扭转变形的能力。车架的扭转刚度性能越强，其抗扭能力越高，车辆的操纵稳定性越好。因此，基于车架有限元模型，对车架刚度进行分析十分重要。但对于车架刚度性能的评判目前没有统一的标准，行业内通常采用的评价方式是以基础车或标杆车车架刚度为参照进行对比。由于本书所使用的基础车已取得较好的销量，因此本书选择该基础车车架作为参照比对。

3.2.1 基础车车架弯曲刚度分析

基础车车架弯曲刚度有限元分析的边界与约束条件如图 3-2 所示，约束其左侧前悬架弹簧支座 Y、Z 方向的平动自由度和右侧前悬架弹簧支座 Z 方向的平动自由度，约束左侧后钢板弹簧支座中心投影到车架纵梁左侧 X、Y、Z 方向的平动自由度及其右侧后钢板弹簧支座中心投影到车架纵梁左侧 X、Z 方向的自动自由度。在前减振器支座与后弹簧支座的 X 向中点所对应左 / 右纵梁处 46mm（与后续试验的工装件长度相当）乘以车架宽度的区域，左 / 右侧分别施加垂向载荷 2224N，使车架既能产生足够的刚度变形，又不至于因载荷过大而产生塑性变形。在对车架弯曲刚度进行仿真分析时所施加的约束边界和加载方式，应与后续试验载荷边界保持一致。该方法能使弯曲刚度分析具有较高的准确性与合理性。

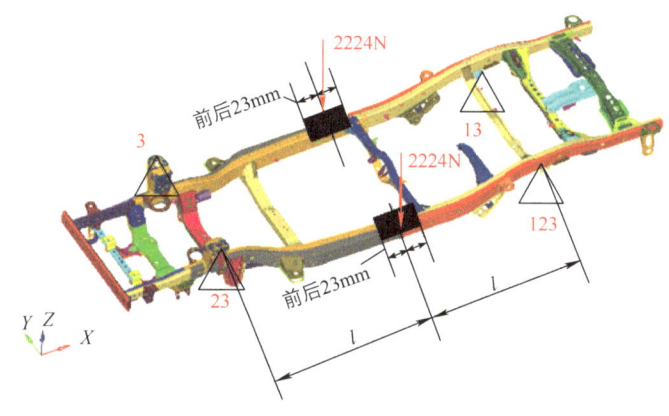

图 3-2 车架弯曲刚度约束加载示意图

在车架弯曲刚度仿真分析中，对仿真分析结果进行后处理计算时，以车架纵梁加载力正对纵梁下沿点为中心检测点，沿着 X 方向向前每隔 60mm 取 4 个点，沿着 X 方向向后每隔 60mm 取 3 个点，一共取 8 个点作为检测点，如图 3-3 所示。计算时分别取左右侧 8 个点位移最大值作为车架侧纵梁的位移值，然后根据左右侧的位移，计算力作用下车架产生的平均位移，再根据式（3-1），计算车架的弯曲刚度。

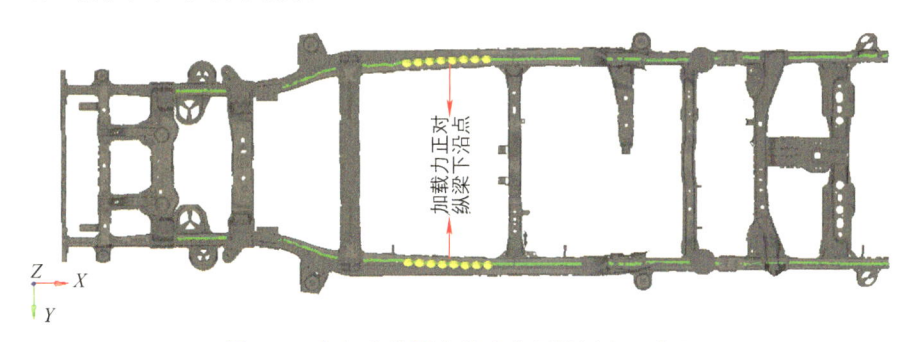

图 3-3 车架弯曲刚度仿真分析检测点示意图

弯曲刚度计算公式为

$$K_b = \frac{F}{d} \qquad (3\text{-}1)$$

式中，K_b 为车架弯曲刚度；F 为作用于车架纵梁的力；d 为车架左右侧纵梁检测点的最大垂向位移平均值。

基于上述边界条件，利用 Nastran 求解器对基础车车架的弯曲变形进行仿真分析，分析结果如图 3-4 所示。

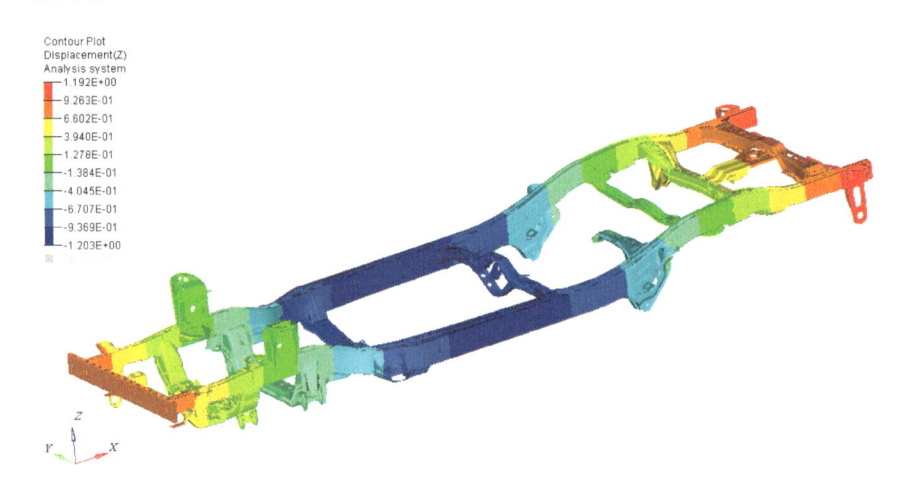

图 3-4 基础车车架弯曲变形仿真分析结果图

对仿真分析结果后处理，得到车架纵梁的 Z 向位移平均值为 1.09mm，通过式（3-1）对基础车车架进行弯曲刚度计算，其弯曲刚度仿真值为 4080.7N/mm。

3.2.2 基础车车架扭转刚度分析

车架刚度分析边界及载荷施加如图 3-5 所示。约束第一横梁中心 Z 向平动自由度，约束左侧后钢板弹簧支座中心投影到车架纵梁左侧 X、Y、Z 方向的平动自由度及其右侧后钢板弹簧支座中心投影到车架纵梁左侧 X、Z 方向的自动自由度。在前左/右减振器支座处施加 Z 向大小相等，方向相反的力，保证施加的力乘以两点之间的距离所得的力矩等于 3389.54N·m。所施加的力应保证使车架能够产生一定的扭转变形，而不至于由于扭转过小导致后续读取数据产生较大的误差，力矩应与后续试验所加载的力矩一致，以利于后续仿真分析结果与试验测试的对标。

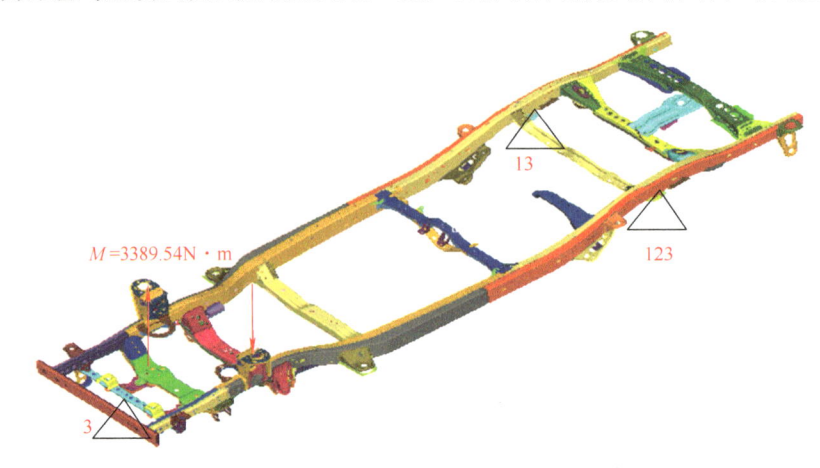

图 3-5 基础车车架扭转刚度约束加载示意图

在对车架扭转刚度仿真分析结果进行后处理计算时,取前减振器对应纵梁下沿中心点产生的垂向位移,以及后钢板弹簧前后支座中心所对应纵梁下沿中心点产生的垂向位移为检测点,检测点位置如图 3-6 所示。

图 3-6 车架扭转刚度仿真分析结果检测点示意图

根据几何定理可知,当角度较小时,存在等式 $\varphi = \tan\varphi$,因此计算扭转刚度的公式可以表示为

$$K_t = \frac{T}{\varphi_t} = \frac{T}{\frac{|Z_1|+|Z_2|}{Y_1} - \frac{|Z_3|+|Z_4|}{Y_2}} \quad (3\text{-}2)$$

式中,K_t 为车架的扭转刚度;φ_t 为车架的扭转角;T 为作用于车架前减振器中心的力矩;Z_1 为前左减振器支座中心对应的左侧纵梁下沿中心处的 Z 向位移;Z_2 为前右减振器支座中心对应的右侧纵梁下沿中心处的 Z 向位移;Z_3 为后左钢板弹簧中心对应的后纵梁下沿中心处的 Z 向位移;Z_4 为后右钢板弹簧中心对应的后纵梁下沿中心处的 Z 向位移;Y_1 为前左/右减振器支座中心对应的前纵梁处的 Y 向距离;Y_2 为后左/右钢板弹簧中心对应的后纵梁处的 Y 向距离。

基于上述边界条件,利用 Nastran 求解器对基础车车架的扭转刚度进行仿真分析,分析结果如图 3-7 所示。

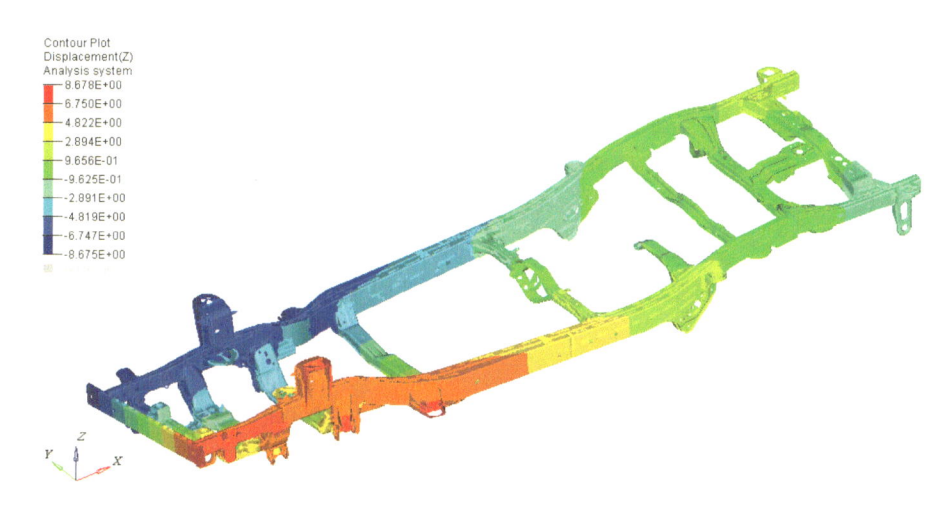

图 3-7 基础车车架扭转刚度仿真分析结果图

对结果进行后处理后，得到 Z_1 为 5.84mm，Z_2 为 –5.82mm，Z_3 为 0.126mm，Z_4 为 –0.125mm，Y_1 为 767.87mm，Y_2 为 1061.026mm，利用式（3-2）即可计算出基础车车架的扭转刚度为 226.67kN·m/rad。

3.2.3 电动汽车车架刚度性能分析

电动汽车车架的弯曲、扭转刚度分析的约束边界、载荷施加均与基础车车架刚度分析工况一致。基于电动汽车车架有限元模型，求解后得到的电动汽车车架弯曲刚度位移云图如图 3-8 所示，电动汽车车架扭转刚度位移云图如图 3-9 所示。电动汽车车架弯曲、扭转刚度后处理选取检测点的方法及计算方法同前述基础车车架的方法一致。通过式（3-1）和（3-2），计算得到电动汽车车架的弯曲刚度为 3706.6N/mm，相对于基础车车架弯曲刚度下降了 9.1%，电动汽车扭转刚度为 207.71kN·m/rad，相对于基础车车架扭转刚度，电动汽车车架扭转刚度下降了 8.36%。与基础车车架刚度相比，电动汽车车架的弯曲、扭转刚度下降均在 10% 以内，电动汽车车架刚度性能下降较小，在可接受范围之内。

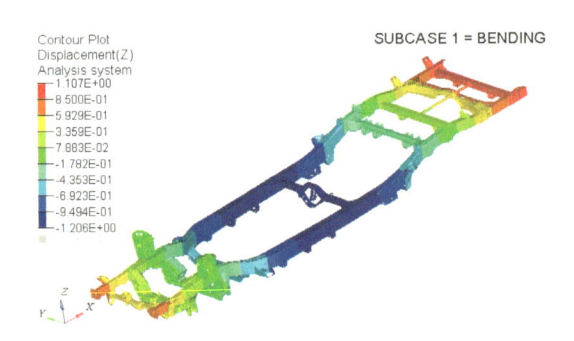

图 3-8 电动汽车车架弯曲刚度位移云图　　　图 3-9 电动汽车车架扭转刚度位移云图

3.3 电动汽车车架强度性能分析

3.3.1 电动汽车车架强度载荷的获取

电动汽车在不同的路面上行驶时，车架的变形状态不同，受力也比较复杂。引起车架强度失效的极限工况主要有制动工况、转弯工况、转弯制动工况、上跳工况、上抬工况及扭曲工况等。在工程应用中，不同的企业和研究人员对车架强度工况的定义也有差异。强度工况定义的标准对车架的设计开发起着关键性作用，合理的强度工况定义可以为车架的强度性能分析和优化打下坚实的基础。

本书对电动汽车车架的典型工况的定义，主要包括以下几种工况：①静态工况，考察车架在满载静止状态下的整体性能；②上跳 3.5g 工况，考察车架在车辆满载过坑洼路时的整体抗变形能力；③制动 1.2g 工况，考察车架在车辆满载时的整体纵向强度性能；④转弯 1.2g 工况，考察车架在车辆满载时的侧向强度性能；⑤转弯 0.74g + 制动 0.74g 工况，考察车架在车辆满载时的纵向和横向综合强度性能；⑥后制动 1.0g 工况，考察车架后端在车辆满载时的负纵向强度性能；⑦左前右后车轮上抬 120mm 工况，考察车架在车辆满载时及车架整体受扭转时的强度性能。

目前大多数强度载荷提取的方法采用准静态分析法以及重力场加载法,但这两种方法对于工程应用均不能完全反映实车在各典型工况中各零部件的受力形式,有一定的局限性。因此本书基于整车在典型工况中实际受力形式,通过载荷分解获取车架的强度载荷。该方法在获取整车在典型工况中受外力大小的基础上,结合 ADAMS 多体动力学模型求解车架各外连点上力的大小。其中制动工况、转弯工况、转弯制动工况可以通过力学理论和电动汽车满载状态下相关设计参数,便可计算得到整车所受外力,即加载于电动汽车多体动力学模型中轮胎接地点处的力,电动汽车整车设计参数见表3-2。而其他工况可直接在电动汽车多体动力学模型中加载,无须计算整车在轮胎接地点的外力大小。因此,本节重点研究分析整车所受外力的大小,为车架强度载荷的提取提供数据支持。

表 3-2 电动汽车整车设计参数

项　目	参数	项　目	参数
满载前轴荷 /kg	1352	前轮距 /mm	1570
满载后轴荷 /kg	1935	后轮距 /mm	1570
满载总质量 /kg	3287	轴距 /mm	3085
整车质心高度 /mm	737	质心距前轴距离 /mm	2252.6

(1) 制动工况力学分析　整车在制动工况中主要受来自地面的纵向摩擦力。如图 3-10 所示,整车在静止状态时,整车质量等于前后轴荷之和,即

$$Mg = F_{zf} + F_{zr} \tag{3-3}$$

式中,M 为整车质量;g 为重力加速度;F_{zf} 为前轴荷垂向力;F_{zr} 为后轴荷垂向力。由力矩平衡原理可得到质心与前轴荷的关系,b 为整车质心距后轴的距离,L 为整车轴距,则有

$$Mgb = F_{zf}L \tag{3-4}$$

制动工况下整车受力如图 3-11 所示,整车质心发生前移,前后轴发生质量为 Δm 的转移,后轴荷 $\Delta G = \Delta m \cdot g$ 转移到前轴,质心处产生与前、后制动力相平衡的惯性力 Ma_x,可得整车纵向平衡关系为

$$Ma_x = F_{xf} + F_{zf} \tag{3-5}$$

此时,由于轴荷转移,垂向力平衡关系可变为

$$Mg = (F_{zf} + \Delta G) + (F_{zr} - \Delta G) \tag{3-6}$$

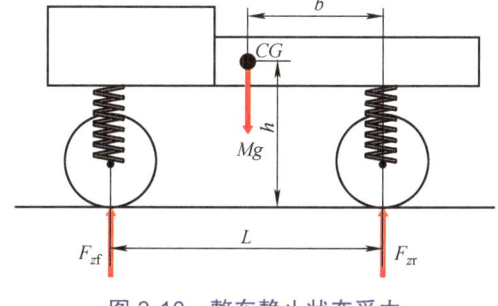

图 3-10　整车静止状态受力

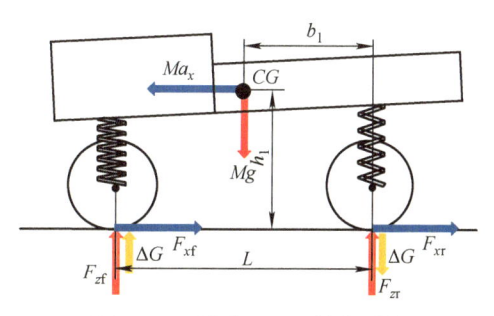

图 3-11　制动工况下整车受力

当没有制动力时，原有的平衡状态仍然保持不变，其力学关系与整车静止状态相同。通过力与力矩平衡关系，并基于式（3-3）及式（3-4）可得出前后轮胎在制动过程中产生的轴荷转移 ΔG 的公式为

$$\begin{cases} Mgb + Ma_xh = F_{zf}L + \Delta GL \\ Mgb = F_{zf}L \end{cases} \quad (3-7)$$

由式（3-7），可求得 Δm，h 表示整车质心高度。

$$\Delta m = Ma_x\left(\frac{h}{L}\right)/g = \frac{Ma_xh}{gL} \quad (3-8)$$

假设前轴在静止状态下左右轴荷相等（实际整车设计过程中左右轴荷也是相近的），可得到在制动加速度为 a_x 的情况下，前轴荷轮胎所受纵向力为

$$F_{xf} = \left(\frac{F_{zf}}{g} + \Delta m\right)a_x = \left(\frac{F_{zf}}{g} + \frac{Ma_xh}{gL}\right)a_x \quad (3-9)$$

由于整车在制动时，总质量不变，轴荷由后轴转移到前轴，后轴荷变小，此时，后轴轮胎所受的纵向力为

$$F_{xr} = \left(\frac{F_{zr}}{g} - \Delta m\right)a_x = \left(\frac{F_{zr}}{g} - \frac{Ma_xh}{gL}\right)a_x \quad (3-10)$$

基于以上公式，将表 3-2 中电动汽车整车设计参数代入，可求得假设整车在做 1.2g 制动加速度时，前后轮胎所受的纵向力：前轮单边纵向受力 F_{xf} = 12416.8N，后轮单边纵向受力 F_{xr} = 6910.8N。

将计算得到的车轮所受的纵向力，施加在电动汽车多体动力学模型车轮接地点处，整车将根据施加的纵向力进行动态平衡仿真求解，仿真分析纵向力加载示意图如图 3-12 所示。通过后处理可知，整车质心处产生了 1.21g 的纵向加速度，输出结果如图 3-13 所示，与设定的整车制动加速度 1.2g 几乎相同。根据仿真验证结果，说明整车在制动工况下，电动汽车整车受力理论计算的准确性。

图 3-12 整车制动工况仿真分析纵向力加载示意图

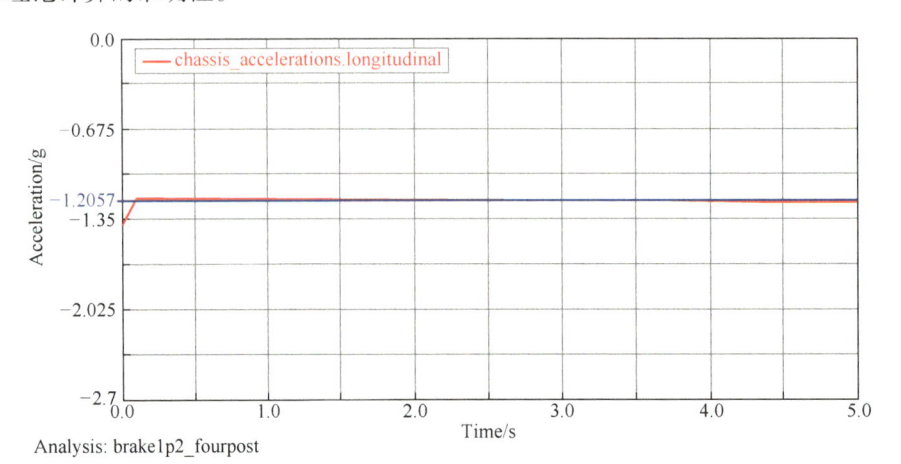

图 3-13 后处理整车质心纵向加速度输出结果

（2）转弯工况的力学分析　整车在转弯过程中，后悬架受力示意图如图3-14所示。整车质心的偏移主要发生在左右车轮方向上，轴荷的转移主要体现在左右车轮之间。

与制动工况同理，通过力与力矩平衡，可计算得出在转弯向心加速度的 y 向分量为 a_y 的情况下，左右轮轴荷转移质量为（以前轮为例）

$$\Delta m = \frac{M a_y h}{g\left(L_F + \dfrac{L_R Z_F}{b}\right)} \quad (3\text{-}11)$$

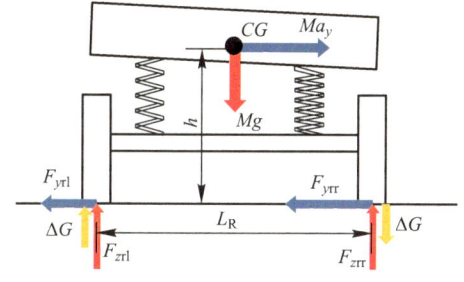

图3-14　转弯工况后悬架受力示意图

式中，L_R 为后轮距；L_F 为前轮距；Z_F 为质心距前轴的距离；b 为质心距后轴的距离。假设整车向右转弯，则左右车轮在制动过程中产生的侧向力为

$$F_{yfl} = \left(\frac{F_{zf}}{2g} + \Delta m\right) a_y = \left(\frac{F_{zf}}{2g} + \frac{M a_y h}{g\left(L_F + \dfrac{L_R Z_F}{b}\right)}\right) a_y \quad (3\text{-}12)$$

式中，F_{yfl} 为左前车轮所受的侧向力。在右转弯过程中，轴荷由右前车轮转移至左前车轮，则右前车轮所受的侧向力为

$$F_{yfr} = \left(\frac{F_{zf}}{2g} - \Delta m\right) a_y = \left(\frac{F_{zf}}{2g} - \frac{M a_y h}{g\left(L_F + \dfrac{L_R Z_F}{b}\right)}\right) a_y \quad (3\text{-}13)$$

式中，F_{yfr} 为右前车轮所受的侧向力。同理可得，左后车轮在转弯工况所受的侧向力为

$$F_{yrl} = \left(\frac{F_{zr}}{2g} + \Delta m\right) a_y = \left(\frac{F_{zr}}{2g} + \frac{M a_y h}{g\left(L_R + \dfrac{L_F b}{Z_F}\right)}\right) a_y \quad (3\text{-}14)$$

右后车轮在转弯工况所受的侧向力为

$$F_{yrr} = \left(\frac{F_{zr}}{2g} - \Delta m\right) a_y = \left(\frac{F_{zr}}{2g} - \frac{M a_y h}{g\left(L_R + \dfrac{L_F b}{Z_F}\right)}\right) a_y \quad (3\text{-}15)$$

通过以上公式及表3-2可求得，车轮在以 $a_y = 1g$ 加速度转弯时，左前轮侧向力 F_{yfl} = 9914.1N，右前轮侧向力 F_{yfr} = 3335.5N，左后轮侧向力 F_{yrl} = 18383.2N，右后轮侧向力 F_{yrr} = 579.8N。

将计算得到的车轮所受的侧向力，施加在多体动力学模型车轮接地点处，整车将根据施加的侧向力进行动态平衡仿真求解，仿真分析侧向力加载示意图如图3-15所示。通过后处理可知，整车质心处产生了1.0g的侧向加速度，输出结果如图3-16所示。根据仿真验证结果，说明整车在转弯工况下，电动汽车整车受力理论推导的准确性。

图 3-15 整车转弯工况仿真分析侧向力加载示意图

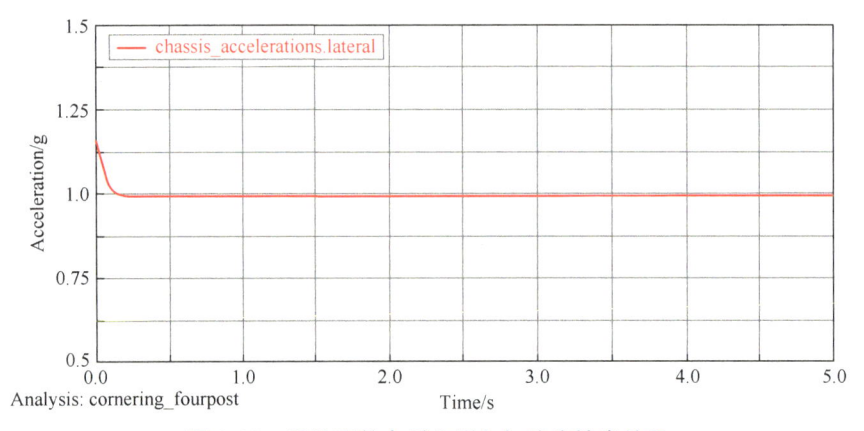

图 3-16 后处理整车质心侧向加速度输出结果

上述公式基于力学理论，从理想状态推导得出轴荷转移量，整车的仿真结果也仅从理想状态进行分析得出，并没有考虑到该工况下整车结构之间相互作用以及风阻等实际情况对轴荷转移质量的影响。因此本书引入了"轴荷影响系数"的概念，用符号 λ 表示。根据上文计算推导，在实际对强度载荷开展分解过程中，应以 $\Delta G_{new} = \lambda \cdot \Delta G$ 作为轴荷的输入条件进行电动汽车车架强度载荷的求解，λ 的取值范围为 1.0~1.1，在后续的整车受力计算过程中取 $\lambda = 1.03$。

（3）转弯制动工况的力学分析　车辆的转弯制动工况即为上述转弯工况及制动工况的复合工况，车轮受力的计算为两个工况各方向上力的叠加。根据上述的强度载荷分解方法，即可获得车架各个外连点位置处的力和力矩，这种方法比较准确地反映了实车在制动、转弯及转弯制动工况的受力情况。可以准确获取各安装点的载荷。

上文定义的强度典型工况基本能反映车架在极限状态下的受力和强度性能。本书以这些工况为依据，采用多体动力学模型获取的强度工况载荷，分别对电动汽车车架进行多强度工况的分析，以获取其不同强度工况下的强度性能，并对其进行风险预判。

3.3.2　电动汽车车架强度分析方法

车辆在行驶过程中，车架一直处于运动状态，车架的约束和边界条件难以定义，采用约束车架某些连接点的方式施加载荷，会造成车架受力状态与实际情况不符。而惯性释放法基于加载惯性力来平衡外部载荷，使其达到平衡，再对其求解应力分布。惯性释放法的力平衡方程可表示为

$$\{F\} + M\{\ddot{\sigma}\} = 0 \quad (3\text{-}16)$$

式中，$\{F\}$ 为有限元单元节点的外载荷矩阵；$\{\ddot{\sigma}\}$ 为有限元单元节点加速度矩阵；M 为质量矩阵。通过求解式（3-16）即可得到各个节点上为保持平衡所需的节点加速度和惯性力，再把节点的惯性力作为外部载荷加载到节点上，由此构造一个自平衡力系。由于外部载荷均由各个节点的加速度载荷开展平衡，其约束点的制动反力均为零，可降低约束点对应力结果的影响，提升计算精度，获取更合理的应力结果。如果将惯性载荷视作一种外部载荷，则系统在恒定加速度状态下，其外部载荷不变，其惯性载荷也不会变，即达到静力平衡状态。

对于单元节点数为 n 的车架有限元模型，在各个方向的合载荷可表示为

$$F_\text{H} = \begin{bmatrix} F_x & F_y & F_z & M_x & M_y & M_z \end{bmatrix}^\text{T} = \begin{bmatrix} \sum_{i=1}^{n} f_{x,i} \\ \sum_{i=1}^{n} f_{y,i} \\ \sum_{i=1}^{n} f_{z,i} \\ \sum_{i=1}^{n} m_{x,i} \\ \sum_{i=1}^{n} m_{y,i} \\ \sum_{i=1}^{n} m_{z,i} \end{bmatrix} \quad (3\text{-}17)$$

式中，f 为载荷集中力；m 为载荷力矩；i 为第 i 个节点；x、y 和 z 为载荷方向。以结构重心为目标，则外部载荷在重心位置的等效载荷为

$$F_\text{HC} = \begin{bmatrix} F_\text{t} \\ M_\text{r} \end{bmatrix} \quad (3\text{-}18)$$

式中，F_t 为集中力载荷；M_r 为集中力矩；F_t 与原载荷中的集中力相同，表示为

$$F_\text{t} = \begin{bmatrix} F_{\text{t},x} \\ F_{\text{t},y} \\ F_{\text{t},z} \end{bmatrix} = \begin{bmatrix} \sum_{i=1}^{n} f_{x,i} \\ \sum_{i=1}^{n} f_{y,i} \\ \sum_{i=1}^{n} f_{z,i} \end{bmatrix} \quad (3\text{-}19)$$

集中力矩 M_r 分为两部分，一部分为原载荷中的力矩，另一部分为原载荷中的集中力相对结构重心产生的力矩，见式（3-20）。

$$\boldsymbol{M}_\mathrm{r} = \begin{bmatrix} M_x \\ M_y \\ M_z \end{bmatrix} = \begin{bmatrix} \sum_{i=1}^{n} m_{x,i} + \sum_{i=1}^{n}(-f_{y,i}\Delta z_i + f_{z,i}\Delta y_i) \\ \sum_{i=1}^{n} m_{y,i} + \sum_{i=1}^{n}(-f_{z,i}\Delta x_i + f_{x,i}\Delta z_i) \\ \sum_{i=1}^{n} m_{z,i} + \sum_{i=1}^{n}(-f_{x,i}\Delta y_i + f_{y,i}\Delta x_i) \end{bmatrix} \quad (3\text{-}20)$$

式中，$\boldsymbol{F}_\mathrm{t}$ 为集中力载荷；Δx_i、Δy_i 和 Δz_i 分别为第 i 个节点距离结构重心的坐标差值。

若结构整体质量为 m，相对重心的结构惯性力矩矩阵为 $\boldsymbol{I}$，则结构整体的平动加速度 $\boldsymbol{a}_\mathrm{t}$ 和转动加速度 $\boldsymbol{a}_\mathrm{r}$ 分别为

$$\boldsymbol{a}_\mathrm{t} = \begin{bmatrix} a_{\mathrm{t},x} \\ a_{\mathrm{t},y} \\ a_{\mathrm{t},z} \end{bmatrix} = \begin{bmatrix} F_{\mathrm{t},x}/m \\ F_{\mathrm{t},y}/m \\ F_{\mathrm{t},x}/m \end{bmatrix} \quad (3\text{-}21)$$

$$\boldsymbol{a}_\mathrm{r} = \begin{bmatrix} a_{\mathrm{r},x} \\ a_{\mathrm{r},y} \\ a_{\mathrm{r},z} \end{bmatrix} = \boldsymbol{I}^{-1} \begin{bmatrix} M_x \\ M_y \\ M_z \end{bmatrix} \quad (3\text{-}22)$$

则第 i 个节点上的加速度向量为

$$\boldsymbol{a}_i = \begin{bmatrix} \boldsymbol{a}_{\mathrm{t},i} \\ \boldsymbol{a}_{\mathrm{r},i} \end{bmatrix} = \begin{bmatrix} \boldsymbol{a}_\mathrm{t} + \boldsymbol{r}_i \times \boldsymbol{a}_\mathrm{r} \\ \boldsymbol{a}_\mathrm{r} \end{bmatrix} = \begin{bmatrix} a_{\mathrm{t},x,i} \\ a_{\mathrm{t},y,i} \\ a_{\mathrm{t},z,i} \\ a_{\mathrm{r},x} \\ a_{\mathrm{r},y} \\ a_{\mathrm{r},z} \end{bmatrix} \quad (3\text{-}23)$$

式中，$\boldsymbol{r}_i$ 为第 i 个节点到重心的坐标矢量。因此，第 i 个节点上的惯性载荷为

$$\boldsymbol{f}_{i,\mathrm{f}} = -\boldsymbol{M}_i \boldsymbol{a}_i \quad (3\text{-}24)$$

式中，$\boldsymbol{M}_i$ 为第 i 个节点相连单元质量矩阵在该节点上的分配累加。第 i 个节点上的合载荷为

$$\boldsymbol{f}_i = [f_{x,i}, f_{y,i}, f_{z,i}, m_{x,i}, m_{y,i}, m_{z,i}]^\mathrm{T} \quad (3\text{-}25)$$

由式（3-16）、（3-17）可得第 i 个节点新的载荷为

$$\boldsymbol{p}_i = \boldsymbol{f}_i + \boldsymbol{f}_{i,\mathrm{f}} \quad (3\text{-}26)$$

车架所受载荷主要通过各个外连点传递，由于不需要定义车架的约束边界，需避免外在条件对车架应力分布的影响。根据各个节点新的载荷，生成结构的新载荷向量，在原结构的基础上施加虚约束便可进行惯性释放分析计算，从而获取更加准确的强度结果。

考察车架的强度性能时，需要兼顾材料的非线性。针对非线性问题，其外部载荷不能一次性加载，而需要采用增量方式，即先给定一个试载荷 $\lambda \boldsymbol{f}^{\mathrm{ext}}$，在外载荷为 $\lambda \boldsymbol{f}^{\mathrm{ext}}$ 的情况下计算材料应变，即

$$f^{\text{int}}(u) = \lambda f^{\text{ext}} \tag{3-27}$$

式中，$f^{\text{int}}(u)$ 为节点内向量；u 为非线性函数；f^{ext} 为外部载荷。

在求解完式（3-27）后再改变 λ，进行下一个载荷增量步的计算直至全部载荷被加上。基于迭代法更改 u 的值计算 $f^{\text{int}}(u)$，进而根据残差的向量判断解的收敛情况，残差的计算见式（3-28）。

$$r = \lambda f^{\text{ext}} - f^{\text{int}}(u) \tag{3-28}$$

因此本书下文将基于 Abaqus 求解软件，采用惯性释放法结合不同工况下车架所受载荷，并依据第四强度理论对电动汽车车架进行多工况强度性能分析。车架的强度性能分析主要包含两方面内容：一是车架在不同工况中所产生的最大 Von Mises 等效应力（以下简称"Mises 应力"）位置，判断车架整体受力是否合理，同时可以作为初步判断最大 Mises 应力位置处是否存在结构失效风险的依据。二是车架整体的等效塑性应变，等效塑性应变的产生与材料性能相关，通过拉伸试验可以获得材料的应力 – 应变曲线。根据该曲线和 Mises 应力可以反映出材料在塑性屈服后的应变状态。车架结构由不同性能的材料组成，材料性能由企业通过 GB/T 228.1—2021《金属材料 拉伸试验 第 1 部分：室温试验方法》测得后提供，各材料应力 – 应变曲线如图 3-17 所示。最大应力位置不一定是产生最大塑性应变的位置，由此可以找到除最大应力位置以外采用其他材料位置可能的失效风险。

a) 材料B510L应力–应变曲线

b) 材料WL440应力–应变曲线

c) 材料B420L应力–应变曲线

d) 材料QSTE460应力–应变曲线

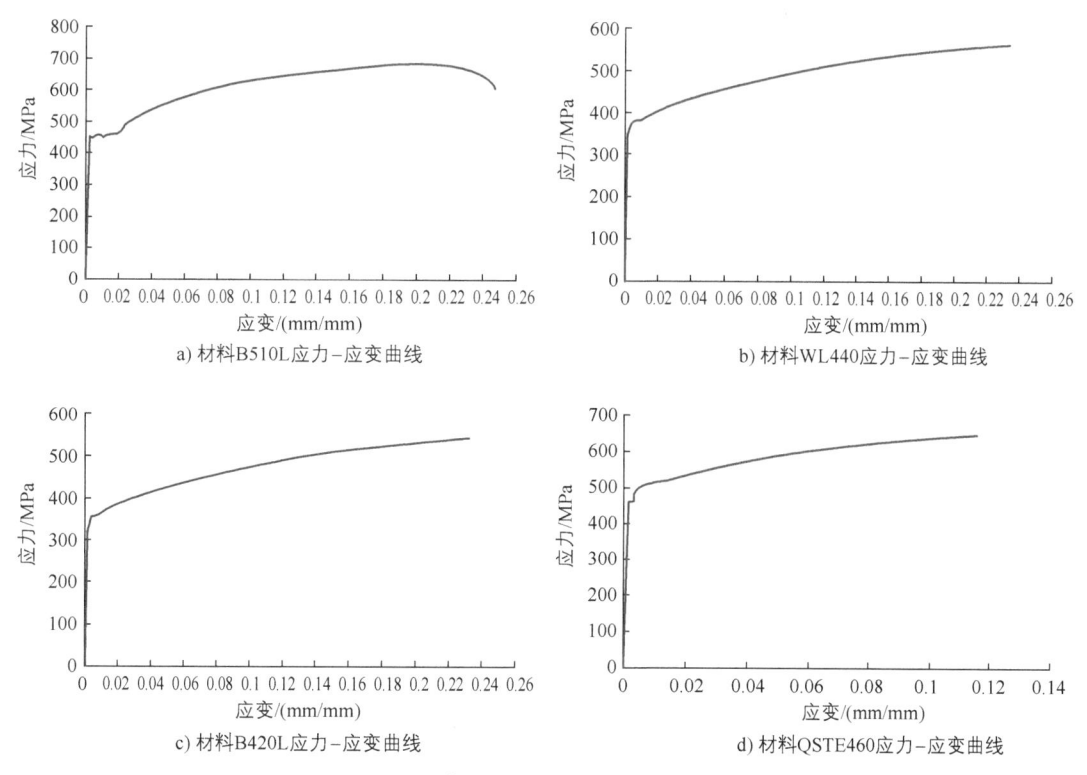

图 3-17　车架各材料的应力 – 应变曲线

对车架强度性能的评判标准为：车架的最大 Mises 应力允许超过材料的屈服强度，但最大等效塑性变形不超过 1%。

3.3.3 电动汽车车架静态工况强度分析

通过对建立的电动汽车强度载荷分解动力学模型进行满载静态工况求解,可以获得电动汽车车架在静态工况时的载荷,见表3-3。其中F_X表示车架外连点在X方向的力,F_Y表示车架外连点在Y方向的力,F_Z表示车架外连点在Z方向的力,力的单位为N。T_X表示车架外连点在X方向的力矩,T_Y表示车架外连点在Y方向的力矩,T_Z表示车架外连点在Z方向的力矩,力矩的单位为N·mm。

表3-3 电动汽车车架在静态工况时的载荷

外连点名称	F_X	F_Y	F_Z	T_X	T_Y	T_Z
上摆臂左前安装点	−43	243	−19	−241	−81	188
上摆臂右前安装点	−43	−201	−18	−4108	−84	428
上摆臂左后安装点	−46	664	−43	−242	68	80
上摆臂右后安装点	−47	−483	−51	−4119	74	425
下摆臂左后安装点	26	−1406	−1516	−181	561	−600
下摆臂右后安装点	38	1205	−1475	−3575	392	458
下摆臂左前安装点	−39	−1182	−2568	44	708	−405
下摆臂右前安装点	−20	1070	−2479	−3401	526	225
前悬架左上跳限位块安装点	0	0	0	0	0	0
前悬架右上跳限位块安装点	0	0	0	0	0	0
横向稳定杆左安装点	7	−5	428	−529	−1	−67
横向稳定杆右安装点	−3	−5	−506	−940	0	328
转向器左安装点	−15	−17	−59	3838	2288	40
转向器右安装点	−29	90	−2	−3668	2579	50
前悬架减振器左上安装点	10	1298	8802	502	235	−35
前悬架减振器右上安装点	4	−1227	8441	−552	180	26
后悬架减振器左上安装点	−19	0	−2	−88	3405	32
后悬架减振器右上安装点	1	0	−10	−50	−758	−9
电机总成前左安装点	20	−27	134	199	1632	−12
电机总成前右安装点	27	20	193	−14	1652	6
电机总成后安装点	−21	2	−1552	23	1593	5
传动轴中间吊挂点	3	−1	−147	0	0	0
车身前左安装点	−101	−107	−1030	−1803	−1283	−10
车身前右安装点	−1	49	−814	2559	−272	7
车身中左安装点	27	−60	−1761	−4849	−1525	−7
车身中右安装点	79	47	−1474	5194	−697	7
车身后左安装点	68	47	−2564	−5866	2609	−25
车身后右安装点	156	−28	−2712	5812	3787	29
货箱前左安装点	−48	24	−1788	1999	−2274	−6

（续）

外连点名称	F_X	F_Y	F_Z	T_X	T_Y	T_Z
货箱前右安装点	24	−154	−1218	1838	−1049	14
货箱中左安装点	49	158	−1775	−4805	663	2
货箱中右安装点	118	−144	−1418	6143	1768	9
货箱后左安装点	2	303	−1836	−6163	−251	4
货箱后右安装点	59	−233	−1593	6891	773	8
钢板弹簧前卷耳左安装点	48	47	5329	−6216	−24924	−773
钢板弹簧前卷耳右安装点	−87	87	4926	−5568	−22442	−673
钢板弹簧后摆耳左安装点	−149	−25	4913	−6487	559	−302
钢板弹簧后摆耳右安装点	−217	−13	4672	−1871	814	−262

静态工况分析的目的在于，通过分析结果可以间接判断有限元模型的准确性和多体动力学模型获取载荷的正确性。基于上述内容，对该电动汽车车架进行静态工况的强度性能分析。图 3-18 所示为电动汽车车架在静态工况时的应力分布云图。由图 3-18 可知，该电动汽车车架在静态工况时的最大 Von Mises 应力（以下简称"最大应力"）为 185.5MPa，其最大应力点位于前减振器处，并低于该处材料的屈服强度。

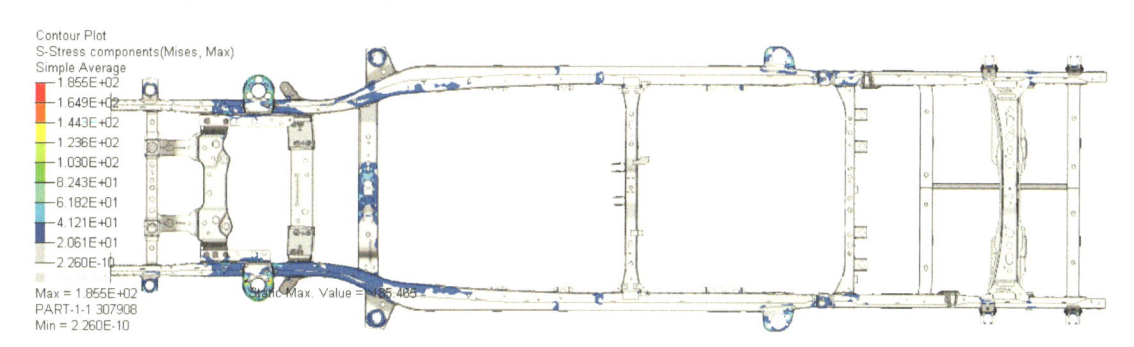

图 3-18　电动汽车车架在静态工况时的应力分布云图

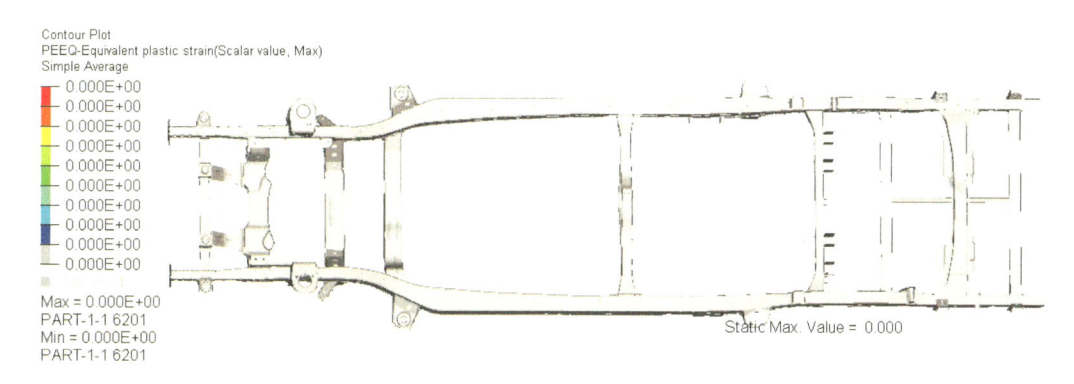

图 3-19 所示为电动汽车车架在静态工况时的等效塑性变形图。由图 3-19 可知，该电动汽车车架在静态工况时完全不产生等效塑性变形，与实际情况相吻合。

图 3-19　电动汽车车架在静态工况时的等效塑性变形图

3.3.4 电动汽车车架制动工况强度分析

通过制动工况下整车受力计算方法及 ΔG_{new} 的取值,获取电动汽车强度载荷分解动力学模型的四轮胎纵向加载力,求解获得电动汽车车架在制动工况时的载荷,具体见表 3-4。基于此车架载荷,电动汽车车架在制动工况时的应力分布云图如图 3-20 所示。该电动汽车车架在制动工况时产生的最大应力为 453.6MPa,其应力集中点位于左前下摆臂的折弯倒角处,并且应力峰值未超过最大应力位置处的材料屈服强度。但由于车辆在制动工况时,整车轴荷重心会向前偏移,导致车架前端的受力偏大,而前端主要受力部位为下摆臂。其纵向强度性能偏弱,安全系数较低。

表 3-4 电动汽车车架在制动工况时的载荷

外连点名称	F_X	F_Y	F_Z	T_X	T_Y	T_Z
上摆臂左前安装点	−3741	5805	−1758	−47451	−18158	−44411
上摆臂右前安装点	−3708	−5794	−1609	44374	−16858	44635
上摆臂左后安装点	−3368	−3825	2239	−39153	13448	30962
上摆臂右后安装点	−3362	3990	2163	35979	12901	−31825
下摆臂左后安装点	4148	17297	−5283	−54845	36219	111675
下摆臂右后安装点	4117	−17297	−4316	49665	29400	−111580
下摆臂左前安装点	15727	−18789	−905	−27538	15452	−38325
下摆臂右前安装点	15532	18640	−1065	24770	16195	37893
前悬架左上跳限位块安装点	−389	−183	2268	−6489	30804	1377
前悬架右上跳限位块安装点	−198	94	1170	3342	15885	−708
横向稳定杆左安装点	−27	4	298	356	1	664
横向稳定杆右安装点	−128	8	−390	−1657	−4	−223
转向器左安装点	13	−35	132	12786	−11096	242
转向器右安装点	135	60	210	−10362	−11261	−759
前悬架减振器左上安装点	−356	1780	12217	2472	−4895	754
前悬架减振器右上安装点	−353	−1739	11972	−2267	−4868	−744
后悬架减振器左上安装点	−17	0	−6	−37	−1042	13
后悬架减振器右上安装点	−15	1	−8	−42	−1858	−8
传动轴中间吊挂点	−183	−1	−144	0	0	1
车身前左安装点	−2189	−302	−770	2553	7242	109
车身前右安装点	−2097	241	−562	−905	8439	−115
车身中左安装点	−2206	−94	−3236	−7980	−4137	44
车身中右安装点	−2168	32	−2948	8551	−3211	−48
车身后左安装点	−2285	4	−1242	−1479	107	7
车身后右安装点	−2214	−62	−1333	1770	1011	−12
货箱前左安装点	−3152	96	−2923	3123	−11847	10

（续）

外连点名称	F_X	F_Y	F_Z	T_X	T_Y	T_Z
货箱前右安装点	−2645	29	−2446	691	−10676	−8
货箱中左安装点	−1562	76	−1362	−2398	−7035	114
货箱中右安装点	−1145	−75	−1029	3574	−5269	−89
货箱后左安装点	−1231	192	−954	−2915	−8537	174
货箱后右安装点	−1011	−149	−718	3002	−6824	−148
钢板弹簧前卷耳左安装点	6064	42	832	−3891	7476	170
钢板弹簧前卷耳右安装点	5957	11	638	−3882	9071	−184
钢板弹簧后摆耳左安装点	−592	13	4741	−462	461	26
钢板弹簧后摆耳右安装点	−576	17	4561	3014	768	405

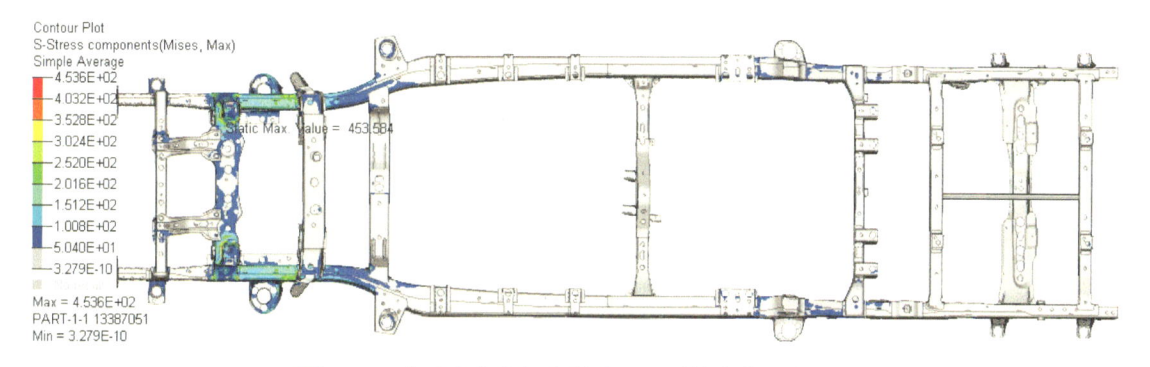

图 3-20　电动汽车车架在制动工况时的应力分布云图

图 3-21 所示为电动汽车车架在制动工况时的等效塑性变形图。由图 3-21 可知，该电动汽车车架在制动工况时的最大塑性应变为 1.2%，最大塑性应变位于第二横梁与纵梁连接支架处，与最大应力产生的位置不同。由于整车轴荷发生前移，并且该连接支架的材料性能相对于周边零部件偏低，因此使车架前端产生比较大的作用力。在制动工况时，车架的最大塑性应变值大于强度性能的评价标准 1%，其前端抗 Y 向弯曲的强度性能不足，可能导致后期疲劳失效，降低车架的稳定性，不满足强度设计要求，后续需要对该工况进行优化。

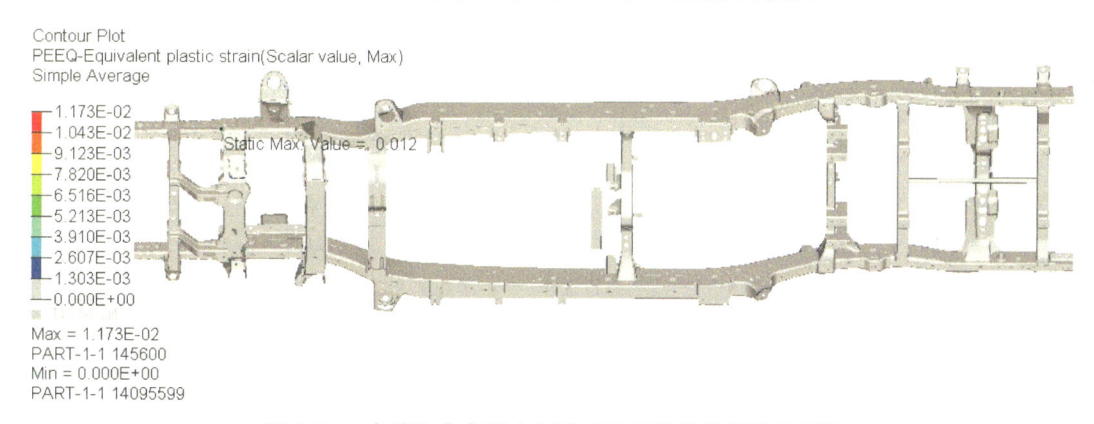

图 3-21　电动汽车车架在制动工况时的等效塑性变形图

3.3.5 电动汽车车架上跳工况强度分析

通过对电动汽车多体动力学模型施加整车重力场加速度 3.5g，计算得出电动汽车车架在上跳工况时的载荷，见表 3-5。基于该载荷及其有限元模型，对该电动汽车车架进行上跳工况的强度性能分析。图 3-22 所示为电动汽车车架在上跳工况时的应力分布云图。由图 3-22 可知，该电动汽车车架在上跳工况时的最大应力为 470.1MPa，其应力峰值略高于材料屈服极限。其应力集中点位于货箱前左安装支架，这是由于车辆在上跳工况时，货箱及其货物的重心上移，对货箱支架产生较大的作用力，致使其应力偏大，应力分布符合实际情况。

表 3-5 电动汽车车架在上跳工况时的载荷

外连点名称	F_X	F_Y	F_Z	T_X	T_Y	T_Z
上摆臂左前安装点	−141	558	−188	−54678	−1214	6875
上摆臂右前安装点	−350	−634	−152	51401	−1411	−5872
上摆臂左后安装点	−152	1451	−293	−54686	−664	6213
上摆臂右后安装点	−306	−580	198	51433	−1424	−5814
下摆臂左后安装点	409	−2073	−11298	−39944	13601	5077
下摆臂右后安装点	150	2564	−8451	40699	9186	6869
下摆臂左前安装点	420	−2370	−4046	−41967	8096	5504
下摆臂右前安装点	195	2627	−3729	39290	5970	6521
前悬架左上跳限位块安装点	−793	−521	15113	−41338	200237	4736
前悬架右上跳限位块安装点	−543	368	10917	29822	144529	−3388
横向稳定杆左安装点	435	41	307	−563	13	1321
横向稳定杆右安装点	−489	7	−327	−1896	0	1641
转向器左安装点	165	398	−783	−546	30587	−1490
转向器右安装点	−367	588	18	−12658	15405	1670
前悬架减振器左上安装点	76	1946	13568	2440	300	−50
前悬架减振器右上安装点	−120	−1829	13323	−2145	860	151
后悬架减振器左上安装点	−754	81	299	−91	26375	406
后悬架减振器右上安装点	−85	165	190	−45	−1888	70
电机总成前左安装点	589	352	−547	1729	−1303	589
电机总成前右安装点	−343	−20	447	616	1060	50
电机总成后安装点	60	−71	−3424	41	6263	1726
传动轴中间吊挂点	506	1343	−111	−31	−4043	−2953
车身前左安装点	1392	305	−1519	−2100	4401	−205
车身前右安装点	−279	132	−2077	7364	957	−90
车身中左安装点	1081	89	−6546	−12865	1865	−71
车身中右安装点	−256	−257	−5578	18620	1019	−50
车身后左安装点	605	455	−13559	−36257	8199	−175

（续）

外连点名称	F_X	F_Y	F_Z	T_X	T_Y	T_Z
车身后右安装点	−597	−34	−12647	37810	8603	−174
货箱前左安装点	2156	454	−7467	2265	3678	−55
货箱前右安装点	2295	−2789	−5078	7041	4789	−18
货箱中左安装点	856	525	−8329	−31176	−2323	59
货箱中右安装点	596	−1835	−5651	25359	−1767	10
货箱后左安装点	749	1817	−7203	−18128	−6709	−17
货箱后右安装点	16	−595	−4444	20648	−9035	−33
钢板弹簧前卷耳左安装点	8343	56	18148	−8371	−83276	−3443
钢板弹簧前卷耳右安装点	5408	343	15663	−1764	−81386	630
钢板弹簧后摆耳左安装点	−12651	−86	13416	−3887	−705	−1894
钢板弹簧后摆耳右安装点	−10546	−71	11892	8427	1267	7422

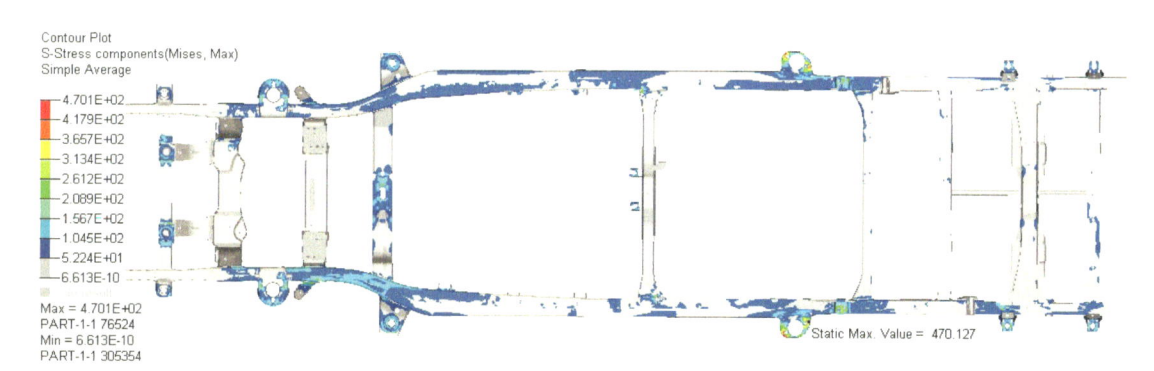

图 3-22 电动汽车车架在上跳工况时的应力分布云图

图 3-23 所示为电动汽车车架在上跳工况时的等效塑性变形图。由图 3-23 可知，该电动汽车车架在上跳工况中的最大等效塑性变形为 0.33%，产生的位置与最大应力产生位置一致。但最大等效塑性变形在可接受范围内，因此其整体垂向的抗弯曲变形能力能够满足设计要求。

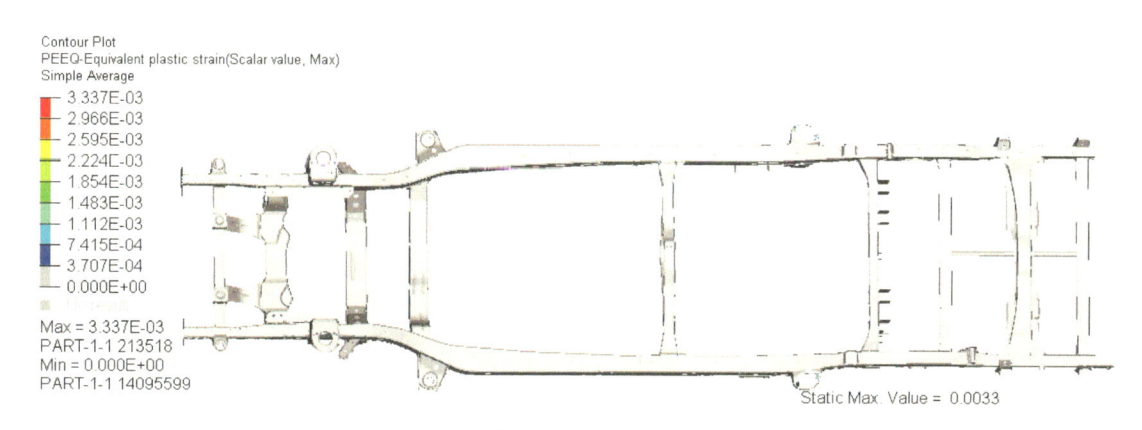

图 3-23 电动汽车车架在上跳工况时的等效塑性变形图

3.3.6 电动汽车车架转弯工况强度分析

根据转弯工况下整车受力计算方法及 ΔG_{new} 的取值。获取电动汽车多体动力学模型的四轮胎侧向加载力，求解获得电动汽车车架在转弯工况时的载荷。以右转弯为例，表3-6为电动汽车车架在转弯工况时的载荷，基于该载荷及其有限元模型，对电动汽车车架进行转弯工况的强度性能分析。图3-24所示为电动汽车车架在转弯工况时的应力分布云图。由图3-24可知，该电动汽车车架在转弯工况时的最大应力为308.2MPa，其应力峰值低于最大应力处材料屈服极限。其应力集中点位于货箱中右支架，这是由于车辆在左转弯工况时，货箱及其货物的重心会向右偏移，致使货箱右支架的受力偏大，车架整体受力比较均匀，与实际工况相符。

表3-6 电动汽车车架在转弯工况时的载荷

外连点名称	F_X	F_Y	F_Z	T_X	T_Y	T_Z
上摆臂左前安装点	−185	−366	125	−20392	−406	409
上摆臂右前安装点	−240	−147	−44	−50561	356	6695
上摆臂左后安装点	−126	−2915	792	−20172	569	3854
上摆臂右后安装点	−333	1091	−780	−50684	−331	5385
下摆臂左后安装点	−585	6639	−1879	−20940	−1957	−8434
下摆臂右后安装点	−361	469	−966	−43432	−2214	−441
下摆臂左前安装点	−1354	7101	−3221	−21228	−4865	−9560
下摆臂右前安装点	−655	−935	−1000	−38628	−2612	−279
前悬架左上跳限位块安装点	0	0	0	0	0	0
前悬架右上跳限位块安装点	0	0	0	0	0	0
横向稳定杆左安装点	−191	21	−7421	−29068	201	5277
横向稳定杆右安装点	−366	−401	−242	−26362	−776	−654
转向器左安装点	86	−924	314	1164	−6223	−1617
转向器右安装点	−47	1448	10481	2124	776	−114
前悬架减振器左上安装点	−98	−502	4033	−2477	70	−2
前悬架减振器右上安装点	−5	16	3	1608	4489	−515
后悬架减振器左上安装点	14	21	−23	1104	−423	209
后悬架减振器右上安装点	−1273	−542	−53	−72	1320	−3445
电机总成前左安装点	−400	−565	178	−303	1596	−942
电机总成前右安装点	−195	−192	−1317	4089	−424	−394
电机总成后安装点	−54	−154	−141	0	−18	15
传动轴中间吊挂点	−1696	−1507	−2049	−920	−7255	12
车身前左安装点	−449	−1563	207	7021	3142	−101
车身前右安装点	−1627	−1655	−3802	−4653	−3337	−41
车身中左安装点	−777	−1713	−453	6821	2601	−6
车身中右安装点	−2059	−2568	−2523	−10207	−6109	−94

（续）

外连点名称	F_X	F_Y	F_Z	T_X	T_Y	T_Z
车身后左安装点	−994	−2674	−1250	−1386	−3403	−59
车身后右安装点	2594	−2607	−1142	1827	7146	−1
货箱前左安装点	4206	−3430	1440	1975	12171	50
货箱前右安装点	1280	−693	−2630	−11060	6833	3
货箱中左安装点	2554	−1716	−1138	874	12932	267
货箱中右安装点	893	−249	−3077	−13492	5994	0
货箱后左安装点	1748	−1307	−1881	2637	12265	333
货箱后右安装点	6753	7790	8077	−122884	−34664	51605
钢板弹簧前卷耳左安装点	−5120	8645	1134	−77276	−924	58144
钢板弹簧前卷耳右安装点	288	2000	5847	142129	944	−24054
钢板弹簧后摆耳左安装点	−245	2675	2817	182807	547	3831
钢板弹簧后摆耳右安装点	319	−960	1170	−1570	−19747	−15779

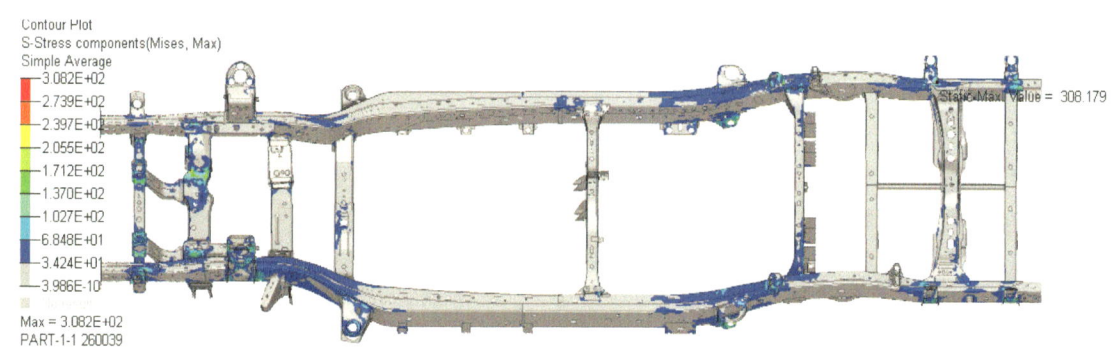

图 3-24 电动汽车车架在转弯工况时的应力分布云图

图 3-25 所示为电动汽车车架在转弯工况时的等效塑性变形图。由图 3-25 可知，电动汽车车架在转弯工况时的最大等效塑性变形可以忽略不计，说明该工况满足强度性能要求。

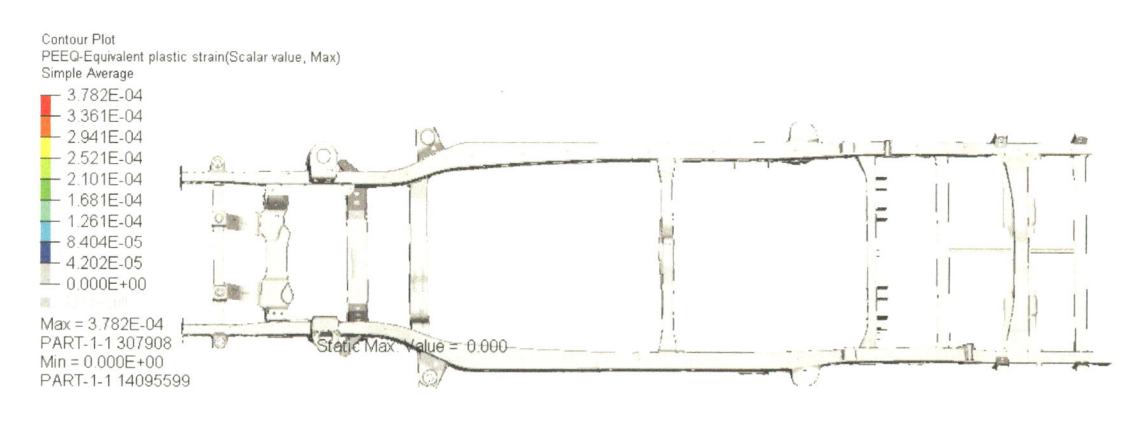

图 3-25 电动汽车车架在转弯工况时的等效塑性变形图

3.3.7 电动汽车车架转弯制动工况强度分析

转弯制动工况作为复合工况,采用与制动和转弯工况相似的计算方法,通过对电动汽车多体动力学模型轮胎处侧向力和纵向力的加载,求解得到电动汽车车架在该工况下的强度载荷,见表 3-7。基于该载荷及其有限元模型,对电动汽车车架进行转弯制动工况的强度性能分析。图 3-26 所示为电动汽车车架在转弯制动工况时的应力分布云图。由图 3-26 可知,该电动汽车车架在转弯制动工况时的最大应力为 459.5MPa,其应力最大值大于最大应力位置处的材料屈服极限。应力集中点位于左前减振器支架,这是由于车辆在转弯制动工况时,整车轴荷向前偏移同时向左偏移,致使车架左前端的受力偏大,其横向与纵向的综合强度特性具有一定的设计风险,容易产生疲劳断裂。

表 3-7 电动汽车车架在转弯制动工况时的载荷

外连点名称	F_X	F_Y	F_Z	T_X	T_Y	T_Z
上摆臂左前安装点	−3511	4586	−1375	−47846	−15014	−34751
上摆臂右前安装点	−740	−1251	116	−15208	15	4990
上摆臂左后安装点	−3047	−6933	3528	−38099	23090	54044
上摆臂右后安装点	−786	941	−110	−15627	−236	781
下摆臂左后安装点	3922	23895	−6809	−63798	40399	134154
下摆臂右后安装点	628	1099	−1358	−13945	518	1858
下摆臂左前安装点	12100	−8699	−2205	−27929	16838	−1632
下摆臂右前安装点	689	3209	−2520	−13590	3083	1550
前悬架左上跳限位块安装点	−518	−275	3170	−9225	42971	2224
前悬架右上跳限位块安装点	0	0	0	0	0	0
横向稳定杆左安装点	212	−6	6466	−25842	−326	3516
横向稳定杆右安装点	−291	−80	−6400	7725	226	1175
转向器左安装点	−499	−1953	443	−17698	2111	−2556
转向器右安装点	385	−2191	−41	−10809	−23577	−2658
前悬架减振器左上安装点	−383	1757	12341	2705	−4778	739
前悬架减振器右上安装点	−150	−1059	7501	−623	−396	−61
后悬架减振器左上安装点	−11	4	−5	560	1045	−182
后悬架减振器右上安装点	−4	6	−5	231	−1290	37
电机总成前左安装点	−1619	−479	−41	−431	1521	−3700
电机总成前右安装点	−841	−404	141	−1011	1606	−988
电机总成后安装点	−309	−117	−1263	1998	−1470	−231
传动轴中间吊挂点	−164	−118	−144	0	−23	11
车身前左安装点	−3191	−1029	−1941	5227	−2341	8
车身前右安装点	−1546	−849	194	8902	4797	−196
车身中左安装点	−2962	−1800	−4621	−5255	−5950	41
车身中右安装点	−2127	−1846	−1168	8908	1040	19

（续）

外连点名称	F_X	F_Y	F_Z	T_X	T_Y	T_Z
车身后左安装点	−3498	−1689	−1201	−5744	−6796	−20
车身后右安装点	−2393	−1786	−1100	−1356	−3442	−48
货箱前左安装点	690	−1889	−1716	3140	1482	9
货箱前右安装点	2319	−2694	344	2440	5483	40
货箱中左安装点	453	−482	−2352	−8342	3442	12
货箱中右安装点	1478	−1201	−1124	2298	8156	149
货箱后左安装点	384	−229	−2634	−11610	2791	9
货箱后右安装点	996	−994	−1653	3463	7397	189
钢板弹簧前卷耳左安装点	14764	3841	4665	−72686	−12210	27280
钢板弹簧前卷耳右安装点	−2375	3312	−150	−12234	17377	32673
钢板弹簧后摆耳左安装点	−451	1379	6466	114965	763	3607
钢板弹簧后摆耳右安装点	−338	1833	3631	134304	720	7902

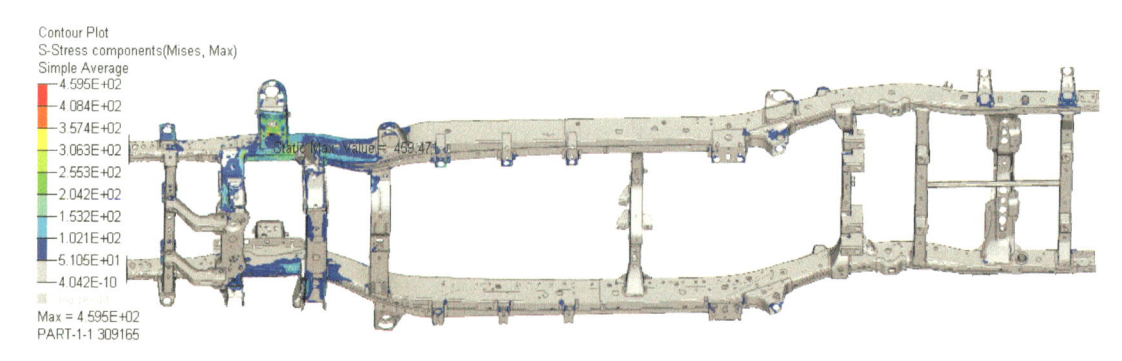

图 3-26 电动汽车车架在转弯制动工况时的应力分布云图

图 3-27 所示为电动汽车车架在转弯制动工况时的等效塑性变形图。由图 3-27 可知，该电动汽车车架在转弯制动工况时的最大塑性应变为 1.21%，位于左前减振器支架外板，与强度应力集中区域相同。这是由于转弯制动时，车架前端的受力较大，减振器支架外板的材料相对于周边件较弱，其最大塑性应变值超过许可值 1%，可能引起后期车架开裂，从而影响整车的安全性和可靠性，存在失效风险，需要在后续工作中对其进行结构优化。

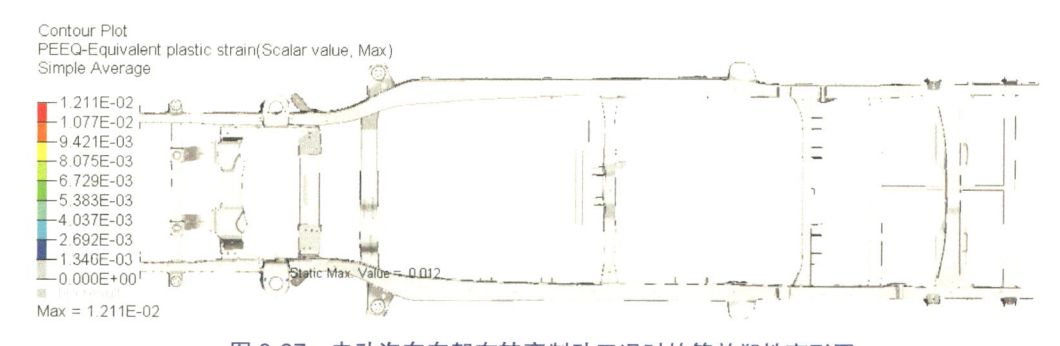

图 3-27 电动汽车车架在转弯制动工况时的等效塑性变形图

3.3.8 电动汽车车架后制动工况强度分析

采用与制动工况相同的计算方法,在后制动工况中电动汽车多体动力学模型的四轮胎纵向加载相反的制动力,分解得到电动汽车车架后制动工况的强度载荷,见表3-8。据此对电动汽车车架进行后制动工况的强度性能分析。图3-28所示为电动汽车车架在后制动工况时的应力分布云图。由图3-28可知,该电动汽车车架在后制动工况时的最大应力为215.5MPa,其应力峰值小于材料屈服极限。其应力集中点位于右纵梁中后段,由于车辆在后制动工况时,整车轴荷会向后偏移,致使车架中后端的受力偏大,同时也满足强度性能设计的要求。

表 3-8 电动汽车车架在后制动工况时的载荷

外连点名称	F_X	F_Y	F_Z	T_X	T_Y	T_Z
上摆臂左前安装点	514	−824	−441	49922	451	−6245
上摆臂右前安装点	518	864	−475	−52009	531	6593
上摆臂左后安装点	541	956	−195	50256	77	−3818
上摆臂右后安装点	543	−828	−242	−52338	133	4207
下摆臂左后安装点	−928	−2692	−1645	43733	−3146	2266
下摆臂右后安装点	−918	2470	−1507	−45343	−2979	−2044
下摆臂左前安装点	−1465	1754	−913	38148	−2538	−3405
下摆臂右前安装点	−1435	−1860	−660	−39836	−2367	3331
前悬架左上跳限位块安装点	0	0	0	0	0	0
前悬架右上跳限位块安装点	0	0	0	0	0	0
横向稳定杆左安装点	51	7	155	−111	−11	−48
横向稳定杆右安装点	54	7	−239	−611	−9	88
转向器左安装点	67	29	14	−161	623	104
转向器右安装点	8	53	7	−136	1378	165
前悬架减振器左上安装点	24	551	4398	2168	808	−110
前悬架减振器右上安装点	22	−433	3616	−2289	758	100
后悬架减振器左上安装点	−10	−1	10	−95	9150	46
后悬架减振器右上安装点	4	0	−14	4	4861	−5
电机总成前左安装点	471	3	175	104	1718	52
电机总成前右安装点	432	9	230	91	1723	25
电机总成后安装点	282	9	−1669	−167	3760	2
传动轴中间吊挂点	151	0	−146	0	−3	−1
车身前左安装点	1786	1	−560	−1453	6747	−93
车身前右安装点	1857	−34	−351	2851	7302	93
车身中左安装点	1758	12	−1770	−3192	5466	−19
车身中右安装点	1789	42	−1443	3858	6312	19
车身后左安装点	1558	43	−3010	−8870	−6544	−57

(续)

外连点名称	F_X	F_Y	F_Z	T_X	T_Y	T_Z
车身后右安装点	1622	23	−3275	8477	−5336	66
货箱前左安装点	3222	111	−485	1050	10724	−4
货箱前右安装点	2983	−588	113	1947	11665	15
货箱中左安装点	1362	371	−2202	−7921	5346	−37
货箱中右安装点	1152	−263	−1866	9260	5797	25
货箱后左安装点	916	425	−2345	−8114	4142	−62
货箱后右安装点	864	−280	−2117	9451	4629	50
钢板弹簧前卷耳左安装点	−15299	41	9970	−4659	−69005	−1380
钢板弹簧前卷耳右安装点	−14934	138	9922	−3192	−67119	635
钢板弹簧后摆耳左安装点	359	−70	1808	−8100	276	1176
钢板弹簧后摆耳右安装点	317	−46	1745	−4269	335	401

图 3-28 电动汽车车架在后制动工况时的应力分布云图

图 3-29 所示为电动汽车车架在后制动工况时的等效塑性变形图。由图 3-29 可知,该电动汽车车架在后制动工况时弯曲不产生塑性变形,对于该工况车架满足强度性能的要求,不会发生强度失效。

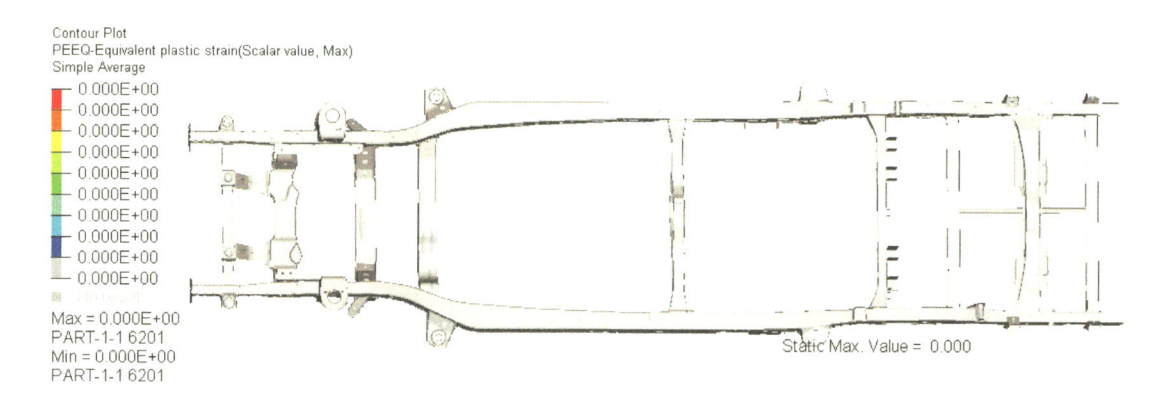

图 3-29 电动汽车车架在后制动工况时的等效塑性变形图

3.3.9 电动汽车车架车轮上抬工况强度分析

以左前右后车轮上抬为例,在电动汽车多体动力学模型的轮胎处施加垂向位移120mm,求解获得电动汽车车架各外连点受力,见表3-9。基于车架各外连点受力及其有限元模型,对电动汽车车架进行车轮上抬工况的强度性能分析。图3-30所示为电动汽车车架在左前右后车轮上抬工况时的应力分布云图。由图3-30可知,该电动汽车车架在左前右后车轮上抬工况时的最大应力为250.8MPa,其应力峰值小于材料屈服极限。应力集中点位于左前减振器支架,这是由于车辆在左前右后车轮上抬工况时,车架整体处于扭转状态,减振器支架处的刚度较弱,导致其应力偏大,应力分布合理。

表 3-9 电动汽车车架在左前右后车轮上抬工况时的载荷

外连点名称	F_X	F_Y	F_Z	T_X	T_Y	T_Z
上摆臂左前安装点	514	−824	−441	49922	451	−6245
上摆臂右前安装点	518	864	−475	−52009	531	6593
上摆臂左后安装点	541	956	−195	50256	77	−3818
上摆臂右后安装点	543	−828	−242	−52338	133	4207
下摆臂左后安装点	−928	−2692	−1645	43733	−3146	2266
下摆臂右后安装点	−918	2470	−1507	−45343	−2979	−2044
下摆臂左前安装点	−1465	1754	−913	38148	−2538	−3405
下摆臂右前安装点	−1435	−1860	−660	−39836	−2367	3331
前悬架左上跳限位块安装点	0	0	0	0	0	0
前悬架右上跳限位块安装点	0	0	0	0	0	0
横向稳定杆左安装点	51	7	155	−111	−11	−48
横向稳定杆右安装点	54	7	−239	−611	−9	88
转向器左安装点	67	29	14	−161	623	104
转向器右安装点	8	53	7	−136	1378	165
前悬架减振器左上安装点	24	551	4398	2168	808	−110
前悬架减振器右上安装点	22	−433	3616	−2289	758	100
后悬架减振器左上安装点	−10	−1	10	−95	9150	46
后悬架减振器右上安装点	4	0	−14	4	4861	−5
电机总成前左安装点	471	3	175	104	1718	52
电机总成前右安装点	432	9	230	91	1723	25
电机总成后安装点	282	9	−1669	−167	3760	2
传动轴中间吊挂点	151	0	−146	0	−3	−1
车身前左安装点	1786	1	−560	−1453	6747	−93
车身前安装点	1857	−34	−351	2851	7302	93
车身中左安装点	1758	12	−1770	−3192	5466	−19
车身中右安装点	1789	42	−1443	3858	6312	19

（续）

外连点名称	F_X	F_Y	F_Z	T_X	T_Y	T_Z
车身后左安装点	1558	43	−3010	−8870	−6544	−57
车身后右安装点	1622	23	−3275	8477	−5336	66
货箱前左安装点	3222	111	−485	1050	10724	−4
货箱前右安装点	2983	−588	113	1947	11665	15
货箱中左安装点	1362	371	−2202	−7921	5346	−37
货箱中右安装点	1152	−263	−1866	9260	5797	25
货箱后左安装点	916	425	−2345	−8114	4142	−62
货箱后右安装点	864	−280	−2117	9451	4629	50
钢板弹簧前卷耳左安装点	−15299	41	9970	−4659	−69005	−1380
钢板弹簧前卷耳右安装点	−14934	138	9922	−3192	−67119	635
钢板弹簧后摆耳左安装点	359	−70	1808	−8100	276	1176
钢板弹簧后摆耳右安装点	317	−46	1745	−4269	335	401

图 3-30 电动汽车车架在左前右后车轮上抬工况时的应力分布云图

电动汽车车架在左前右后车轮上抬工况时的等效塑性变形如图 3-31 所示，由图 3-31 可知，该电动汽车车架在左前右后车轮上抬工况时几乎不产生等效塑性变形，其整体抗扭转变形能力较强，不会产生失效风险。

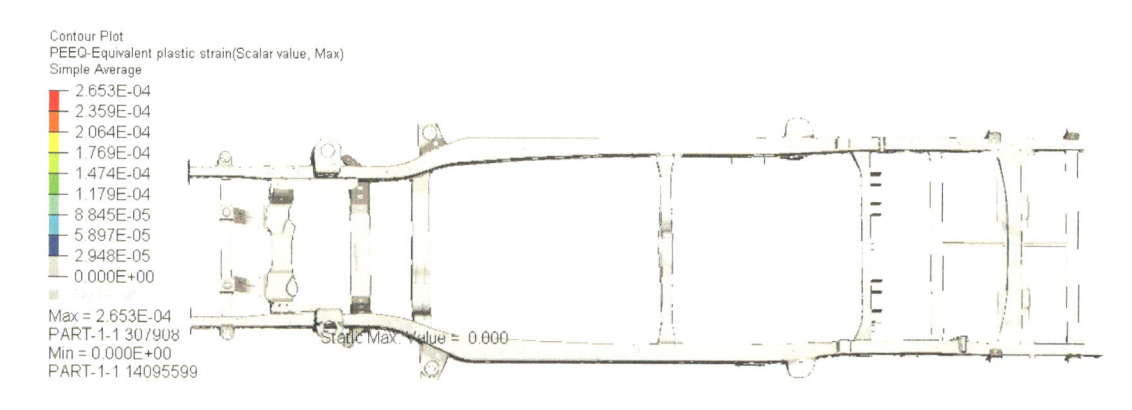

图 3-31 电动汽车车架在左前右后车轮上抬工况时的等效塑性变形图

3.4 电动汽车车架路谱疲劳性能分析

3.4.1 疲劳累计损失理论

若结构件承受的应力值超过了其疲劳极限值,则每一次循环都会形成损伤,损伤逐渐累积。如果每一次恒幅载荷循环的损伤为 $1/N$,则经历 n 次循环的损伤为 $C = n/N$。变幅载荷循环的损伤不一样,每一次损伤累积则为其总损伤 D

$$D = \sum_{i=1}^{k} \frac{n_i}{N_i} \quad (3\text{-}29)$$

式中,k 为变幅载荷的应力水平;n_i 为在第 i 级载荷下对应的循环次数;N_i 为在第 i 级载荷下对应的疲劳寿命。

当累积损伤达到临界时,结构件则会发生失效。对于实际工程中的疲劳问题,通常采用线性疲劳累积 Miner 理论进行分析[136],其基本思想为:在载荷作用下,若结构件吸收的能量达到上限,则会发生疲劳破坏。假设在某一载荷作用下,结构件发生疲劳失效时的总循环次数为 N,吸收的能量为 W。结构件在受到 n_i 次循环载荷作用时,其吸收的能量为 W_i,则结构件吸收的能量 W_i 与其循环次数 n_i 存在一定的线性关系,即

$$\frac{W_i}{W} = \frac{n_i}{N} \quad (3\text{-}30)$$

如果结构件的作用载荷由 σ_1、σ_2、$\cdots$、σ_k 应力水平组成,其对应疲劳寿命为 N_1、N_2、$\cdots$、N_k,对应的循环次数为 n_1、n_2、$\cdots$、n_k,在各个应力水平下吸收的能量为 W_1、W_2、$\cdots$、W_k,当结构件发生疲劳失效时,则

$$\sum_{i=1}^{k} W_i = W \quad (3\text{-}31)$$

联合式(3-28)和式(3-29)得

$$\sum_{i=1}^{k} \frac{W_i}{W} = \sum_{i=1}^{k} \frac{n_i}{N_i} = 1 \quad (3\text{-}32)$$

假设

$$D_i = \frac{n_i}{N_i} \quad (3\text{-}33)$$

则疲劳失效准则为

$$D = \sum \frac{n_i}{N_i} = 1 \quad (3\text{-}34)$$

式(3-33)为 Miner 线性累积损伤理论,当累积损伤之和达到 1 时,结构发生疲劳破坏。n_i 为在 S_i 载荷下对应的循环次数,其可以通过载荷谱获取;N_i 为在 S_i 载荷下对应的疲劳寿命,其可以通过 S-N 曲线或 ε-N 曲线获取。Miner 线性累积损伤理论的分析精度较高,目前广泛应用于实际工程开发设计中[137],因此本书采用该理论对电动汽车车架进行疲劳性能分析。

3.4.2 疲劳分析方法

基于有限元方法对寿命进行预测，在工程中运用得越来越广泛。常见的疲劳预测方法很多，按疲劳裂纹形成寿命预测的基本假定和控制参数，可以分名义应力法和局部应力 – 应变法、裂纹扩展法。裂纹扩展法首先假定零部件内部存在初始裂纹，应用线弹性断裂力学方法来估算剩余寿命[138]。此方法在航空领域应用较为广泛，汽车行业一般不采用该方法预测寿命。名义应力法是以结构的名义应力为试验和寿命估算的基础，采用雨流法压缩出，相互独立、互不相关的应力循环，结合实测的材料的 S-N 曲线，按线性累积损伤理论预测结构件寿命的方法[139]。该方法适用于弹性应力应变的高周疲劳及无缺口结构的应力寿命预算分析。

按疲劳寿命大小，可分为高周疲劳和低周疲劳。根据疲劳设计经验理论，一般以 10^5 次寿命为界限；寿命小于 10^5 次，定义为低周疲劳，寿命大于 10^5 次，定义为高周疲劳。根据车架的使用寿命，车架疲劳通常不属于高寿命零部件。同时车架结构设计复杂，考虑加工工装固定、定位及涂装，以及支架安装，车架上开孔较多，在车辆运动过程中，极易在局部缺口处发生塑性变形，形成损伤。局部应力 – 应变法解决了高应变的低周疲劳和带缺口结构的寿命预测问题，所以本书在对电动汽车车架的疲劳分析中，采用局部应力 – 应变法对车架结构进行有限元分析，估算疲劳寿命。

局部应力 – 应变法利用局部应变作为主要疲劳参数，基于材料的应力 – 应变（σ-ε）曲线和应变 – 寿命（ε-N）曲线，考虑缺口处的局部塑性变形的因素，对照塑性应变发生的情况，结合疲劳损伤预测理论，计算疲劳寿命的分析方法[150]。局部应力 – 应变法主要解决了高应变的低周疲劳和带缺口结构的寿命预测问题。同时考虑了加载顺序的作用和循环载荷条件下材料性能的变化，所以可以得到更为合理的寿命预测数据。

零部件发生疲劳失效，基本上是局部应力集中处进入塑性应变阶段，导致疲劳失效。ε-N 法是广泛用于汽车结构件疲劳寿命计算方法，它能有效地计入缺口、焊缝、应力集中等现象所产生的局部循环塑性变形效应，该效应是材料的弹性变形和塑性变形的叠加，其数学表达式为

$$\varepsilon_a = \frac{\delta_a}{E} + \left(\frac{\delta_a}{k'}\right)^{\frac{1}{n'}} \tag{3-35}$$

式中，ε_a 为应变幅值；δ_a 为应力幅值；E 为弹性模量；k' 为循环强度系数；n' 为循环应变硬化指数。应变与疲劳寿命的幂函数表达式为

$$\varepsilon_a = \frac{\delta_f'}{E}(2N_i)^b + \varepsilon_f'(2N_i)^c \tag{3-36}$$

式中，δ_f' 为疲劳强度系数；ε_f' 为疲劳延性系数；b 为疲劳强度指数；c 为疲劳延性指数；N_i 为各应变水平下的疲劳寿命。E 为弹性模量。

3.4.3 材料疲劳参数的确定

电动汽车车架纵梁和横梁的主要材料为 QSTE460、B510L、B420L、WL440。为保证车架疲劳分析结果的准确性，本书分析所用的材料疲劳曲线均通过试验测量而得。根据 GB/T 15248—2008《金属材料轴向等幅低循环疲劳试验方法》板材试样的要求，对该材料进行低周疲劳试验，加工试样数量 15 件，试样的具体尺寸如图 3-32 所示。

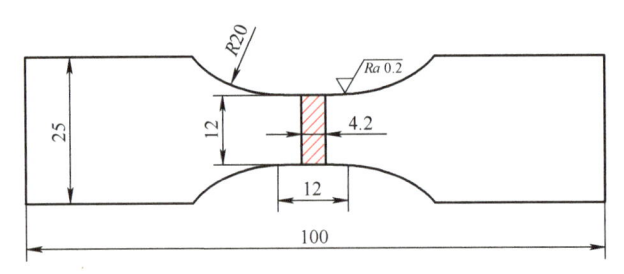

图 3-32 疲劳试验试样尺寸

以 B510L 材料为例，弹性模量的测定值约为 1.99×10^5。试验中采用轴向应变控制，循环应变比 $R = -1$，频率为 0.1～1.0Hz（大应变时采用较低的频率，小应变时采用较高的频率），疲劳试验加载波形为三角波，试验设备为 MTS320（±250kN）电液伺服疲劳试验系统，如图 3-33 所示，并采用 10mm 轴向引伸计测量控制应变。试样失效确定采用载荷下降法，取峰值载荷下降到 50% 或样品断裂作为试样失效判据，定义为 N_f，并取 1/2 疲劳寿命的滞后回线为稳定迟滞后回线。试验过程中记录 B510L 材料的总应变幅，失效循环次数与循环应力幅，具体试验结果见表 3-10。弹性应变幅值可以通过式（3-35）中弹性变形部分表达式计算，塑性应变幅值即总应变减轻弹性应变。由表 3-10 试验数据，绘制 B510L 材料的应变-寿命曲线如图 3-34 所示。

图 3-33 MTS320（±250kN）电液伺服疲劳试验系统

表 3-10 材料 B510L 试验结果

总应变幅 /（mm/mm）	失效循环次数	循环应力幅 /MPa	计算弹性应变幅值 /（mm/mm）	计算塑性应变幅值 /（mm/mm）
0.002	30525	288	0.001442	0.000558
0.002	26316	283	0.001453	0.000547
0.003	5083	336	0.001703	0.001297
0.003	5781	323	0.001663	0.001337
0.003	4762	333	0.001676	0.001324
0.004	2072	367	0.001765	0.002235
0.004	2369	357	0.001845	0.002155
0.004	2651	366	0.001740	0.002260
0.005	1394	387	0.001914	0.003086
0.005	1112	390	0.001898	0.003102
0.005	1037	381	0.001948	0.003052
0.006	759	402	0.001940	0.004060
0.006	845	396	0.001960	0.004040
0.008	333	410	0.002380	0.005620
0.008	416	401	0.002350	0.005650

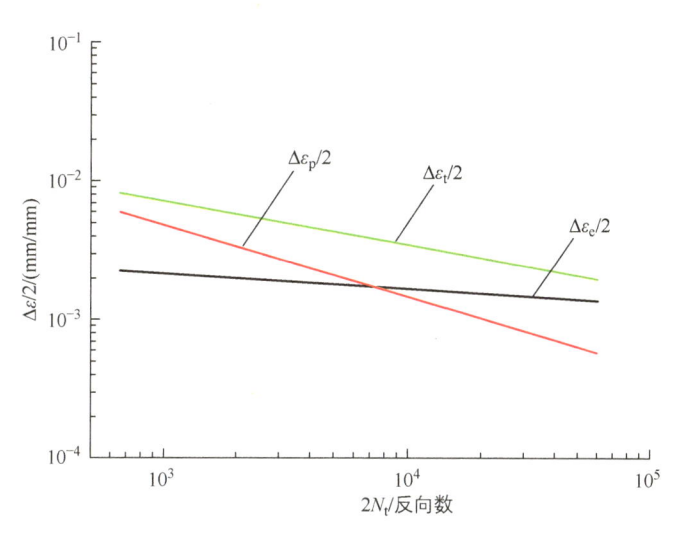

图 3-34　材料 B510L 应变 – 寿命曲线示意图

其中循环应力 – 应变关系式为

$$\Delta\sigma/2 = k'(\Delta\varepsilon_p/2)^{n'} \tag{3-37}$$

利用式（3-37）与表 3-10 的试验结果，通过回归分析计算得到应力 – 应变表达式中参数 n' 和 k' 的值。

Manson-Coffin 公式采用幂函数描述应变 – 寿命关系，在双对数坐标上 $\Delta\varepsilon_t/2$-$2N_f$ 曲线可以分解为塑性分量线和弹性分量线。

弹性分量线为

$$\Delta\varepsilon_e/2 = \frac{\sigma'_f}{E}(2N_f)^b \tag{3-38}$$

塑性分量线为

$$\Delta\varepsilon_p/2 = \varepsilon'_f(2N_f)^c \tag{3-39}$$

根据应变疲劳试验数据及式（3-38）、式（3-39）取对数后进行拟合，回归处理得到的其余应变疲劳参数。采用同样的试验方法得到车架各材料的疲劳参数见表 3-11。将表中的相关参数输入代入式（3-36）中，可得材料的应变疲劳曲线如图 3-35～图 3-38 所示。

表 3-11　车架各材料疲劳参数

材料	疲劳强度系数	疲劳强度指数	疲劳延性系数	疲劳延性指数	循环强度系数	循环应变硬化指数
B510L	1012.9	−0.1172	0.1411	−0.4818	958.3	0.1575
QSTE460	1263.2	−0.1016	0.386	−0.5291	966.3	0.1789
WL440	702.9	−0.0899	0.2513	−0.5313	966.4	0.1861
B420L	832.6	−0.0883	0.1256	−0.4937	828.94	0.0931

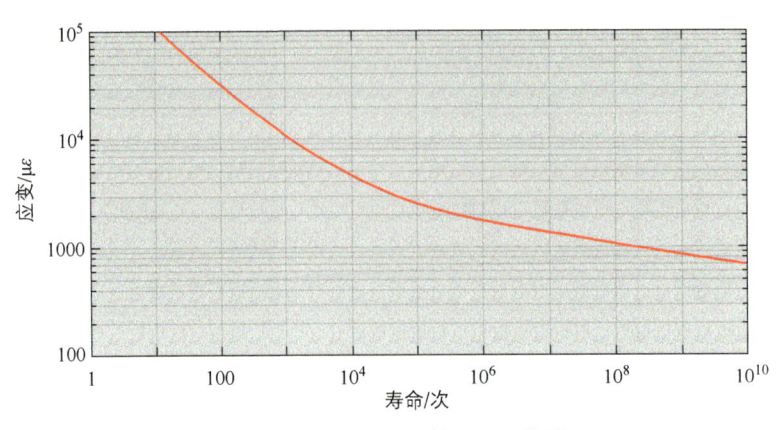

图 3-35 QSTE460 的 ε - N 曲线

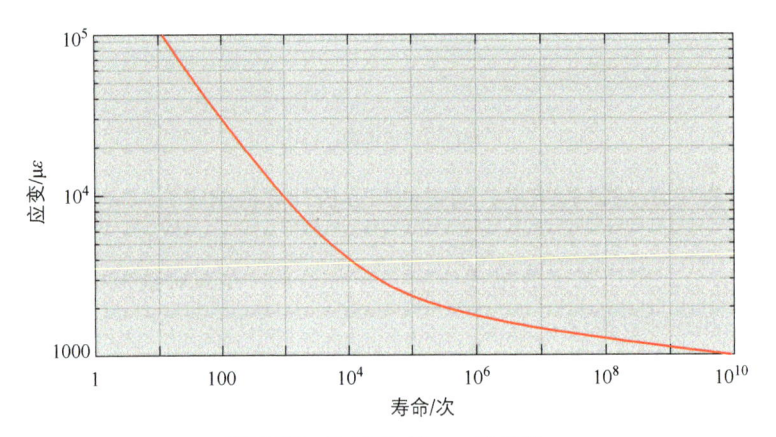

图 3-36 B420L 的 ε - N 曲线

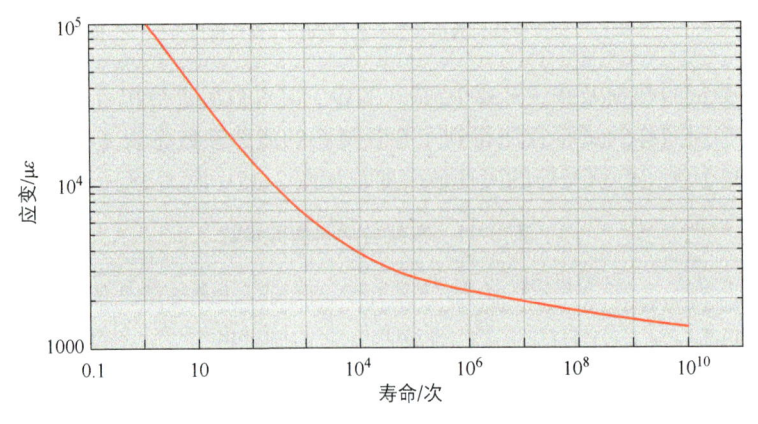

图 3-37 B510L 的 ε - N 曲线

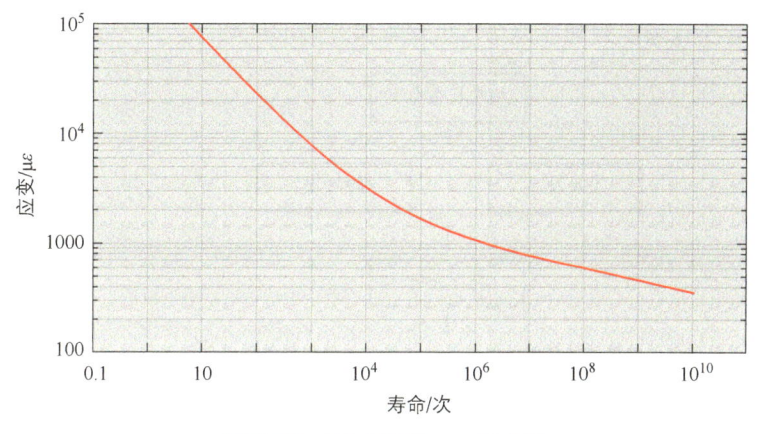

图 3-38　WL440 的 ε-N 曲线

3.4.4　道路谱载荷的采集

为了准确获取车架耐久载荷，用于电动汽车车架疲劳性能分析，需要准确获取实车在道路耐久路面所承受的载荷[140]。而电动汽车基于基础车开发，悬架结构相同，车架外联点位置相同，因此本书将基础车作为道路谱数据的采集样车，根据试验道路耐久路面，利用虚拟迭代的方法，并结合基础车多体动力学模型，将采集的道路谱数据推算出多体动力学模型在实际状态下的路面不平度的激励信号。真实获取及分解得到与实际耐久规范一致的电动汽车车架道路谱疲劳载荷。在获取真实道路谱疲劳载荷的前提下，结合电动汽车车架有限元模型进行疲劳寿命分析。电动汽车车架基于道路谱疲劳载荷分解的技术路线如图 3-39 所示，依据该技术路线图，首先对道路载荷谱数据的采集展开分析。

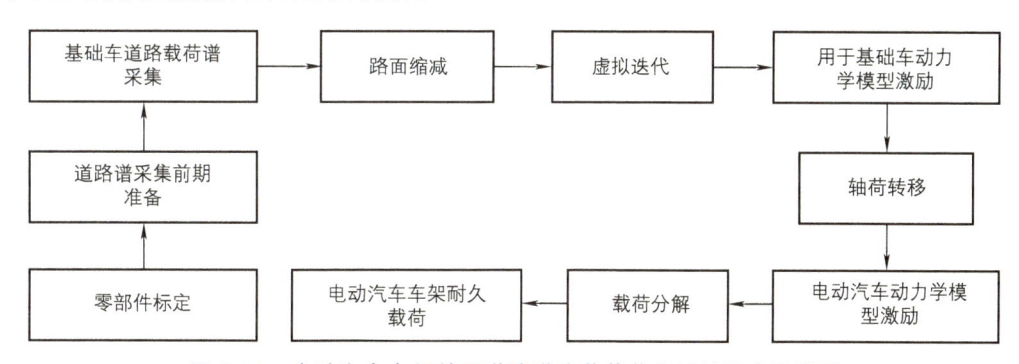

图 3-39　电动汽车车架基于道路谱疲劳载荷分解的技术路线图

（1）**整车道路谱数据采集流程**　整车道路谱的采集需准确获取基础车样车在不同耐久路面上轮心的六向力、转向节加速度、悬架位移、减振器力、弹簧力等数据。整车道路谱数据采集流程如图 3-40 所示。

（2）**关键零部件的标定**　本节涉及的耐久载荷分解方法，需要以关键部件路面载荷作为后续虚拟迭代工作的目标信号，实车在道路行驶过程中，弹簧、减振器、横拉杆等各零部件安装点的受力情况无法通过设备直接测量。标定技术根据力与应变之间存在的线性关系，可以很好地将零部件的应变信号转化为零部件安装点位置的力信号，通过采集零部件在不同路面产生的应变信号,并根据标定得到的力与应变之间的关系,从而转化得到安装点位置的力变化信号。所以标定结果的好坏直接影响到虚拟迭代过程载荷分解的准确性。

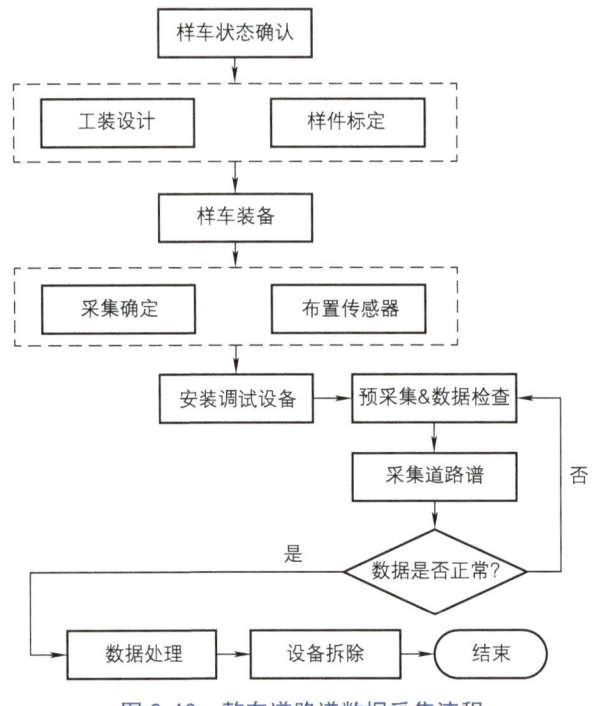

图 3-40 整车道路谱数据采集流程

应变的获得通常使用金属应变片进行测量。应变片是变阻式传感器的一种,其感应的基本原理是当应变片受到机械应力作用时,其电阻值会随器件的应变成比例变化。由于金属应变片的电阻变化与其应变之间存在近似的线性关系,因此测量时将应变片贴于被测物体上,当被测物体压缩和拉伸时,应变片将产生与贴片区域相同的变形,从而引起电阻的变化,进而获得被测物体的应变值。

1)减振器光杆的标定。减振器光杆标定采用 BF350-3EB 型、带温度补偿的全桥应变片,应变片实物图及贴片位置如图 3-41 所示。全桥电路由两个泊松应变片组成,该桥路测量拉压载荷,对弯曲、扭转和温度进行补偿,采集信号包括减振器应变信号、作动缸的加载力及位移信号。

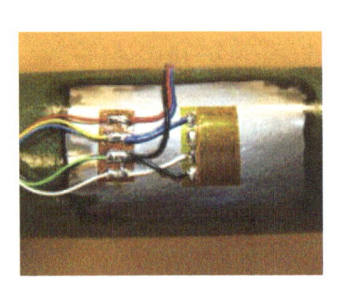

a) 应变片实物图   b) 应变片贴片位置

图 3-41 应变片及其在减振器光杆上的贴片位置示意图

减振器标定过程中,减振器下端固定在台架上,与台架垂直安装,作动缸在减振器上端加载力,要求作动缸及减振器轴线在同一垂直线加载,加载力从500~2000N加载3个循环,减振器安装与加载如图3-42所示。通过记录减振器的加载力与应变信号,将二者进行拟合,其拟合后的结果如图3-43所示。

图3-42 减振器安装与加载示意图

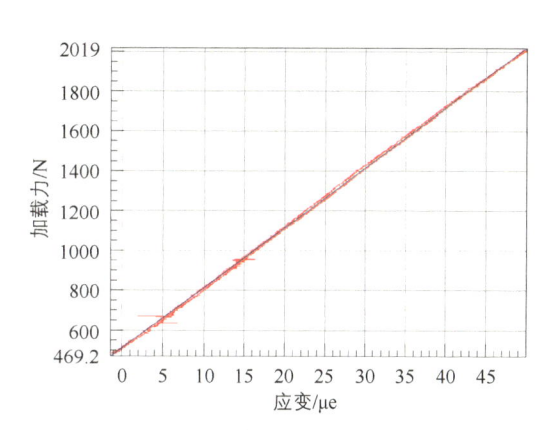

图3-43 加载力与应变拟合曲线

由图3-43可知,加载力与应变的关系式为

$$y = 30.177x + 510.738 \quad (3-40)$$

式中,y表示作用缸加载的力,即减振器受到的力,单位为N。x表示减振器应变,可得标定系数为30.177,线性拟合度接近99.4%,线性拟合度较好。线性拟合度越接近100%,说明线性拟合度越好,标定系数越准确。如果线性拟合度差,则考虑并检查夹具是否松动、应变片是否黏紧、应变片与信号线焊接是否良好等因素。

2)螺旋弹簧的标定。螺旋弹簧标定采用BHF350-3HA型半桥应变片,应变片安装在螺旋弹簧中间,需考虑实车位置便于安装及检查,尽量保证左右螺旋弹簧安装位置一致,减少标定结果差异。应变片贴片位置如图3-44所示。该桥路测量扭转载荷,对拉压、弯曲和温度进行补偿。螺旋弹簧的加载如图3-45所示,下端固定,上端通过作动缸加载力,要求螺旋弹簧与作动缸轴线在同一垂直线上,作动缸以7400~19000N的循环力加载3个循环。

图3-44 弹簧应变片贴片位置示意图

图3-45 螺旋弹簧加载示意图

通过采集作动缸的作用位移、作用力以及螺旋弹簧的应变3个信号，对螺旋弹簧进行标定。加载力与螺旋弹簧应变以及作用位移与螺旋弹簧应变，拟合后的结果如图3-46、图3-47所示。

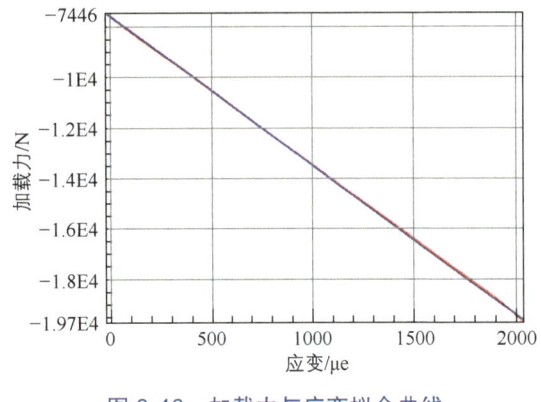

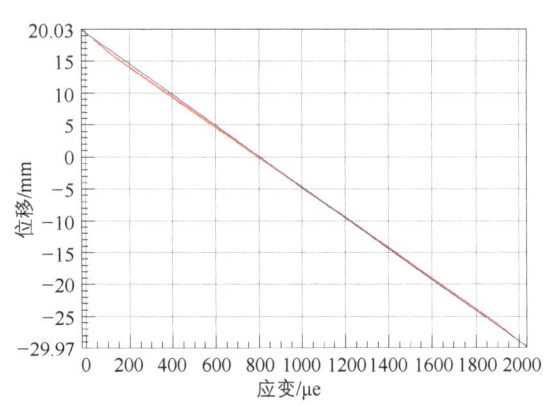

图3-46　加载力与应变拟合曲线

图3-47　位移与应变拟合曲线

由图3-46可知，加载力与应变的关系式为

$$y = -5.921x - 7573.68 \tag{3-41}$$

式中，y为作动缸加载的力，即弹簧受到的力，单位为N；x为螺旋弹簧应变，可得标定系数为-5.921。线性拟合度为99.9%，线性拟合度较好，标定系数准确。

由图3-47螺旋弹簧应变与位移拟合曲线，可知位移与应变的关系式为

$$L = -0.02419x + 19.3913 \tag{3-42}$$

式中，L为作动缸加载的位移，即弹簧变形量，单位为mm；x为螺旋弹簧应变，可得标定系数为-0.02419。线性拟合度为99.9%，线性拟合度较好，标定系数准确。

（3）道路谱采集的前期准备　为了获取用于多体动力学道路谱载荷虚拟迭代仿真数据，需要通过采集设备采集道路耐久试验整车的参数，采集设备的选取及采集设备的安装与布置，对后期采集数据结果能否准确反映实车状态非常关键。

1）采集设备与安装布置。采集设备是获取样车各性能参数的必备工具，为了实现道路谱载荷数据的采集，企业所提供的主要设备有：LMS SCADAS 317S 数据采集器、CT1010SLFP 三轴加速度传感器、Kistler-S625 六分力传感器等，设备实物图如图3-48所示。

a) 数采设备　　　　b) 三轴加速度传感器　　　　c) 六分力传感器

图3-48　道路谱采集设备实物图

六分力传感器负责采集在道路耐久试验过程中轮心6个方向的载荷信号。六分力传感器的安装，由企业提供专门制作的转接件同车轮轮辋进行固定连接，如图3-49所示。

a) 左前轮　　　　b) 右前轮　　　　c) 左后轮　　　　d) 右后轮

图 3-49　六分力传感器的安装

  悬架的实际位移变化数据，本书采用深圳市米朗科技有限公司生产的 WEP-M-R 型拉线位移传感器进行采集，位移传感器安装在车身端，应避免与其他零部件干涉，后悬架左右两边位移传感器的安装如图 3-50 所示，通过测量减振器的位移行程来代替悬架的位移行程。

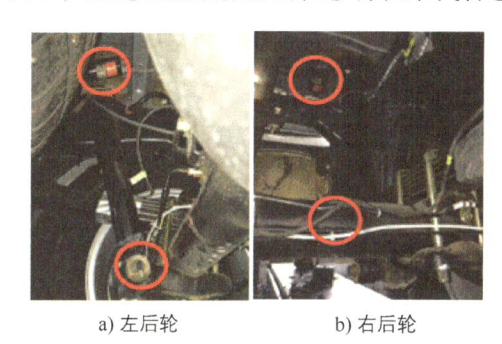

a) 左后轮　　　　b) 右后轮

图 3-50　后悬架拉线位移传感器的安装

  加速度传感器通常被用来获取零部件特定位置加速度数据，本书采用三轴加速度传感器进行数据采集。图 3-51 所示为测量轮胎转向节位置加速度信号的加速度传感器安装示意图。

a) 左前轮　　　　b) 右前轮　　　　c) 左后轮　　　　d) 右后轮

图 3-51　加速度传感器安装

  通过 WZX-I 型转向盘力矩及角度传感器测量转向盘在试验路面过程中转向盘力矩及角度数据，以准确获取实车在测试路面的转向信息。其传感器安装如图 3-52 所示。

  2）采集通道的确定。根据以上试验内容的介绍，通道信号主要来自六分力仪及各类加速度传感器、拉线传感器及应变片信号等。采集通道的多少，根据车辆类型及需求确定。道路载荷谱采集通道具体信号及其通道内容见表 3-12。

图 3-52 转向盘力矩及角度传感器的布置

表 3-12 道路载荷谱采集通道列表

信号名称	通道命名	通道类型	方向	通道个数
轮心六分力	左前轮轮心六分力	六分力通道	6个方向	6
	右前轮轮心六分力		6个方向	6
	左后轮轮心六分力		6个方向	6
	右后轮轮心六分力		6个方向	6
轮轴加速度	左前轮轴加速度	加速度通道	Z向	1
	右前轮轴加速度			1
	左后轮轴加速度			1
	右后轮轴加速度			1
前悬架测量通道	左侧弹簧应片	应变通道	轴向方向	1
	右侧弹簧应片			1
	左侧减振器相对位移	位移通道		1
	右侧减振器相对位移			1
	稳定杆左侧拉杆轴向力	应变通道		1
	稳定杆右侧拉杆轴向力			1
	左转向拉杆轴向力			1
	右转向拉杆轴向力			1
后悬架测量通道	左侧减振器相对位移	位移通道	轴向方向	1
	右侧减振器相对位移			1
车架加速度	车架左前位置加速度	加速度通道	Z向	1
	车架右前位置加速度			1
	车架左后位置加速度			1
	车架右后位置加速度			1
减振器活塞杆应变	左前减振器活塞杆	应变通道	轴向方向	1
	右前减振器活塞杆			1
	左后减振器活塞杆			1
	右后减振器活塞杆			1
转向盘	转向盘力矩	力通道	轴向方向	1
	转向盘角度	角度通道	轴向方向	1

（4）道路谱数据的采集　在完成零部件的标定及数据采集设备的安装，并确认采集样车状态可以进行采集工作后，进行实车的道路谱数据采集。在准备采集之前，需要对样车进行加载（加载到耐久实验规范载荷）及称重。同时，测试样车需记录加载前后限位块间隙、弹簧安装长度等相关参数。

车架疲劳损伤主要发生在坏路行驶过程中，通常进行整车道路耐久试验时为了缩短试验时间，重点会在试验场的强化路面上进行加速试验。因此，本书依据企业的整车道路耐久试验规范，采集了襄阳试验场强化路面的耐久试验载荷数据。采集样本数为 3 个，采集一个循环，采集频率为 1024Hz。其采集顺序如图 3-53 所示。

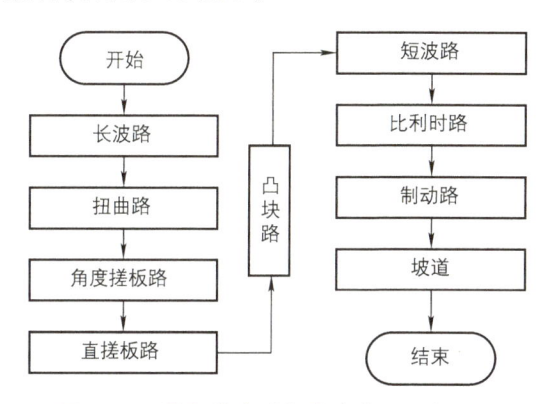

图 3-53　整车道路耐久试验路面采集顺序

图 3-54 是根据整车道路耐久试验规范采集的基础车在强化路面中左前轮心六分力的时域载荷数据。针对采集到的数据，将通过缩减后用于虚拟迭代工作。其他通道的时域载荷数据由于篇幅有限，本书不再一一展示。

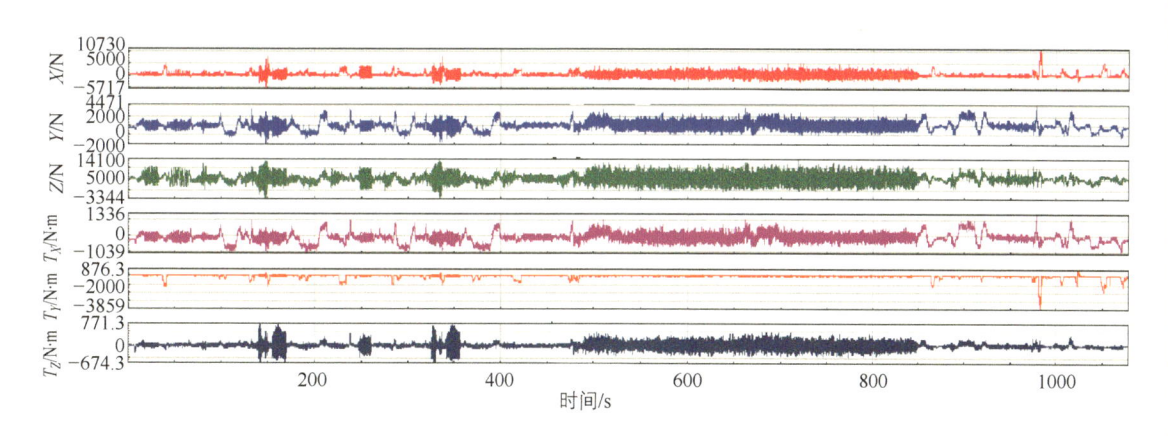

图 3-54　左前轮心六分力的时域载荷数据

3.4.5　疲劳载荷循环次数的确定

由于载荷采集的道路路面比较长，如果通过虚拟迭代对所有实际路面载荷开展迭代计算，将非常耗时。因此，应在保证不影响结构件损伤的同时，对采集的道路谱数据进行处理，缩短载荷虚拟迭代的时间。通常采用的缩减技术有里程缩减、道路缩减及重量缩减，这几种缩减方法都基于伪损伤值相等的原理进行[141]。本书主要基于里程缩减技术进行道路谱载荷的缩减,从而获得新的道路谱载荷的循环次数,用于电动汽车车架疲劳性能的分析。

道路谱载荷缩减的流程由道路谱载荷的截取、损伤值的比较、截取片段的选择、道路谱载荷缩减及结果评价等步骤组成,如图3-55所示。道路谱载荷通常截取一些伪损伤值较高的载荷片段,然后对选择的截取片段的缩减结果进行评价,如果效果不佳,则重新选择截取片段,最终得到各片段的循环次数。

图3-55 道路谱载荷缩减的流程图

(1)伪损伤理论 在工程应用中,如分析汽车底盘及车身部件在坏路路面激励下的响应特征时,需要采集很多通道的道路载荷谱数据。这些数据均为时域曲线,通过这些时域曲线无法直接描述载荷的相对强弱关系,因此需要用一个简单的数值来描述载荷谱的严重程度。如果不考虑具体的结构,直接把各种时域信号,如力、位移、加速度、应变等看作广义应力,使用特定的标准 $S\text{-}N$ 曲线,再按照计算真实疲劳损伤相同的方式进行损伤累积计算,这样得到的损伤值叫作伪损伤(Pseudo Damage)。伪损伤很好地反映了信号本身的特性,非常适用于耐久载荷的对比和等效关联,在整车及零部件耐久分析中得到了广泛应用。计算伪损伤值所用的 $S\text{-}N$ 曲线不是某种材料的实际曲线,而是一种简化的标准曲线,通常采用在双对数坐标系下进行表示。伪损伤以 $S\text{-}N$ 曲线、线性累加损伤准则和雨流计数原理为基础,首先将时域曲线通过雨流计数换算成雨流矩阵,然后根据伪损伤 $S\text{-}N$ 曲线计算时域载荷谱的伪损伤值,如图3-56所示。后续的道路缩减处理均是基于伪损伤来进行的。

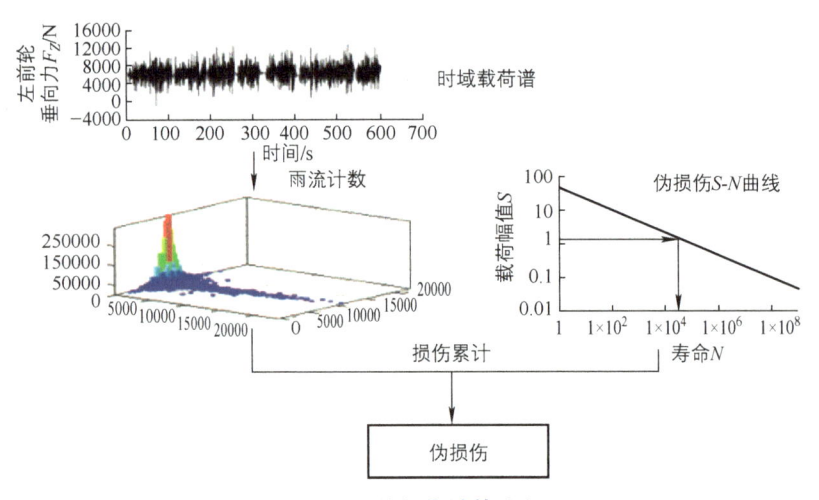

图3-56 伪损伤计算流程

不同的时域信号根据同一标准的 $S\text{-}N$ 曲线进行计算得到伪损伤值,将不规则的时域信号转换成一个固定值,可以进行方便的对比分析。如图3-57所示,时域信号1与时域信号2根据同一标准 $S\text{-}N$ 曲线计算得到的伪损伤值分别为 D_1 和 D_2。

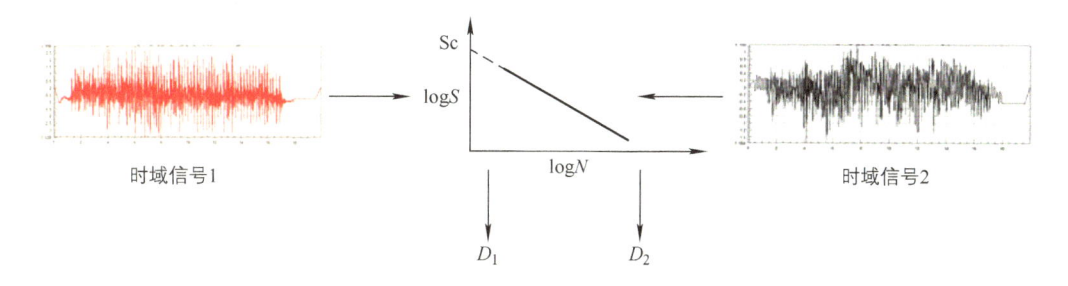

图 3-57 根据同一标准 S-N 曲线计算伪损伤值

在同一标准下计算得到的伪损伤值，以其中一个信号伪损伤值为基准，其他信号伪损伤值与基准的比值，称为相对损伤值，见式（3-43）。

$$R = \frac{D_2}{D_1} \qquad (3\text{-}43)$$

式中，R 为相对损伤值。相对损伤越接近 1.0，表示对比信号之间的强度越接近。

（2）道路谱载荷的截取　如图 3-58 所示，为采集比利时路的基础车轮心处道路谱载荷数据。路面总里程为 2.61km，总时长为 387s。依据均分的原则，将该道路谱载荷数据分成 9 等份，即每等份时长为 43s。后续将选择这 9 个载荷片段，采用等损伤原理对其进行缩减，获取尽可能少的载荷片段进行后续的虚拟迭代工作，以达到里程缩减的目的，并提高动态仿真计算的效率。

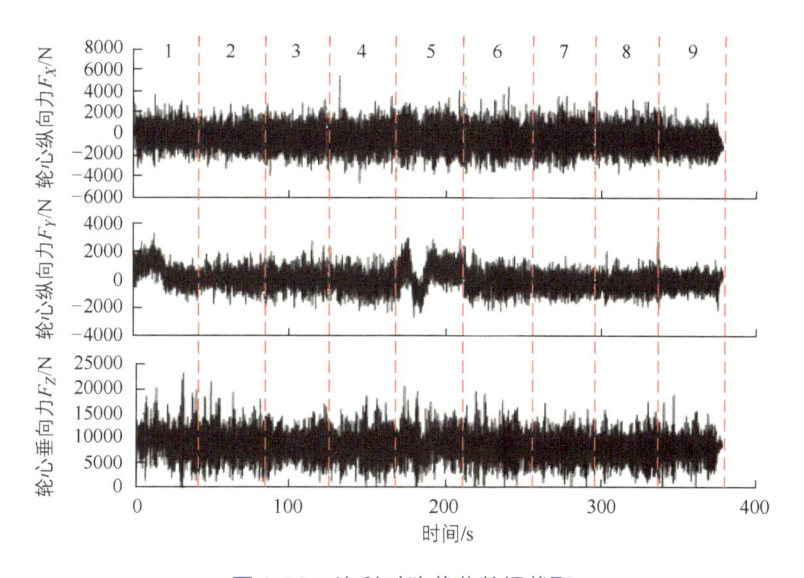

图 3-58 比利时路载荷数据截取

（3）各载荷片段循环次数计算　对各片段组的优化主要依据式（3-44）及式（3-45）来进行，*Target* 为比利时路总伪损伤矩阵，每一行代表每一个通道的伪损伤值，总伪损伤值是由企业道路耐久试验规范中比利时路的总循环次数 648 次乘以采集到的单次路谱载荷伪损伤值得到的。以 *Section* 为分割后的比利时路各载荷片段伪损伤值矩阵，每一列代表每一个片段各通道的伪损伤值，最终求解得到各载荷片段的总循环次数矩阵。

$$[Section] \cdot [Repeats] = [Target] \quad (3\text{-}44)$$

$$[Repeats] = [Section]^{-1} \cdot [Target] \quad (3\text{-}45)$$

式中，***Section*** 为分割后的比利时路各片段伪损伤值矩阵；***Repeats*** 为需要求解的比利时路各片段的循环次数。若循环次数为零，则表示该路面片段被缩减掉。根据式（3-44）及式（3-45），经过组合优化，最终求解得到各片段的循环次数矩阵。

使用最佳拟合方法（Best Fit Optimization，BFO）对各片段进行组合优化，目标函数为缩减后各通道损伤值与目标值之间误差 E 的二次方的最小值，约束条件为每个片段循环次数 ≥ 0，其表达式为

$$\min_{0 \leq Repeats} \{(E = [Section] \cdot [Repeats] - [Target])^2\} \quad (3\text{-}46)$$

通过修改约束变量的最大值和最小值，以达到对载荷谱进行缩减的目的，优化及计算过程在 nCode 软件中完成。缩减后比利时路满载各路面的循环次数见表 3-13。9 条比利时路载荷片段经缩减后最终保留了 2 段，即片段 2 及片段 6。根据各片段总循环次数及比利时路面的实际长度，计算可得缩减前后比利时路面单次循环里程由 2.61km 缩减至 0.62km，有效地缩短了路面里程。

表 3-13 缩减后比利时路满载各路面的循环次数

序号	名称	循环次数
1	片段 1	0
2	片段 2	3186
3	片段 3	0
4	片段 4	0
5	片段 5	0
6	片段 6	2659
7	片段 7	0
8	片段 8	0
9	片段 9	0

（4）缩减前后对比分析　对道路谱各通道数据缩减前后，原始谱与加速谱吻合程度的对比判断，主要从时域、幅值域及频率域 3 个方面进行分析比较。由于采用里程缩减，因此不作时域的对比，对缩减结果的评价主要从幅值域及频率域进行缩减前后对比。

针对幅值域对比，主要从雨流计数和穿级计数两个方面进行对比分析，将缩减前后的采集数据导入软件 LMS tecware 中进行数据处理。其中左前轮轮心垂向力缩减前后雨流计数矩阵对比如图 3-59 所示，从图 3-59 可以看出雨流形状的分布规律基本一致。图 3-60 所示为左前轮轮心垂向力缩减前后穿级计数的对比，从图 3-60 中可以看出缩减前后十分接近。

对于频率域对比，主要通过载荷的功率谱密度（Power Spectral Density，PSD）来进行。加速谱不仅要满足缩减前后的损伤等效，也要满足频率域上的等效。通过对比分析原始谱和加速谱前悬架左侧轴头加速度信号的 PSD 来评价两种载荷谱的频率域特征是否一致，图 3-61 所示为缩减前后原始谱和加速谱的 PSD 分析对比，由图 3-61 可以看出，加速谱和原始谱的频带为 0~20Hz，在各个频率上缩减前后的 PSD 分布趋势基本一致，具有相同形状的 PSD 分布曲线。

a) 缩减前

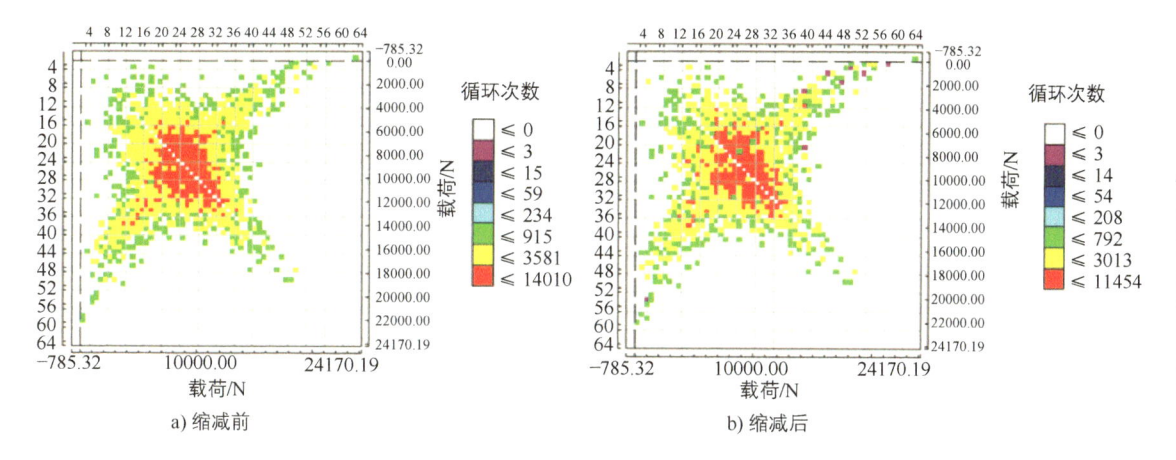

b) 缩减后

图 3-59　左前轮轮心垂向力缩减前后雨流计数矩阵对比

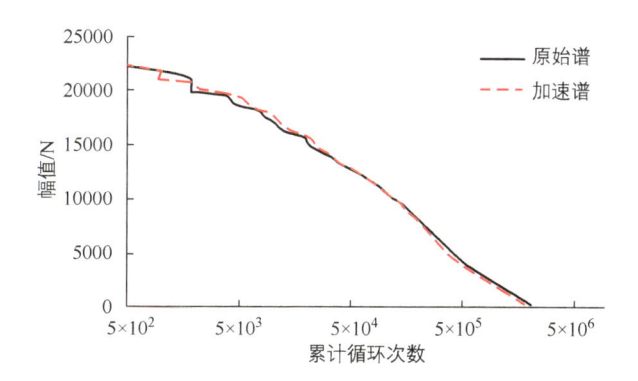

图 3-60　左前轮轮心垂向力缩减前后穿级计数对比

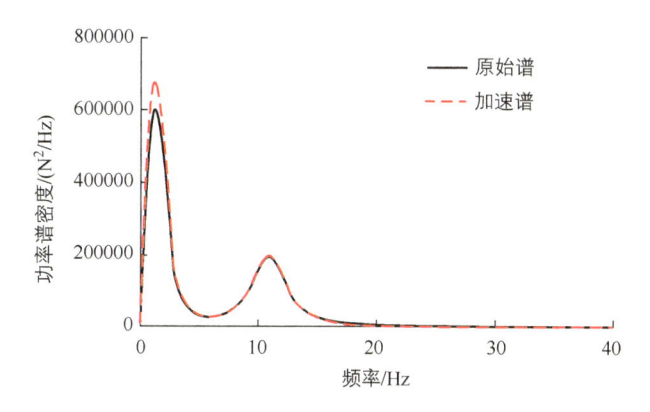

图 3-61　前悬架左侧轴头垂向加速度缩减前后 PSD 对比

综上所述，通过幅值域和频率域两个方面的对比，表明加速谱保留了原始谱的特征，缩减后能够实现对原始谱的替换，有利于提高车架疲劳分析效率。

根据企业的道路耐久试验规范定义的耐久循环次数，并结合对比利时路面道路缩减后的循环次数，得到用于疲劳寿命分析各路面载荷的循环次数，见表 3-14。

表 3-14 用于疲劳寿命分析各路面载荷的循环次数

序号	试验路面		循环次数
1	长波路		648
2	扭曲路		648
3	角度搓板路		972
4	直搓板路		972
5	凸块路		324
6	短波路		648
7	比利时路	片段 2	3186
		片段 6	2659
8	一般公路制动		648
9	爬坡路		648

3.4.6 电动汽车车架疲劳载荷的获取

本节将基础车采集获得的路谱载荷数据和多体动力学仿真分析结合在一起。利用虚拟迭代的方法，获取适用于多体动力学模型的外部激励载荷。再结合多体动力学仿真分解，得到电动汽车车架的疲劳载荷。

（1）整车多体动力学模型虚拟迭代 获得零部件在车辆行驶过程中的载荷历程，是疲劳分析计算必备的前提。当前，通过多体动力学模型获取部件内部载荷为主要途径。虚拟迭代方法可以很好地获取道路谱耐久载荷[142]。

通过上文采集的基础车轮心加速度、弹簧减振器位移、球头载荷等信号作为目标，反向推导多体动力学模型中轮心的载荷输入，用于驱动动力学模型的仿真计算。轮心驱动的反向推导，并不是对六向力进行全部推导，通常只推导出轮心垂向位移用于取代轮心垂向力，而保留其他方向上采集的载荷。通过不断的迭代推导最终获得施加在多体动力学模型轮心处的垂向位移，下文将结合这一技术原理对电动汽车车架疲劳载荷的获取展开分析。

通过激励产生的系统响应与目标信号（采集信号）的对比（相对损伤），根据其差值及系统传递函数，调整求解激励信号，直至达到理想的相对损伤，此时求解得到的激励信号即认为是接近实际采集过程中的路面激励。

根据系统激励与响应的关系，系统传递函数模型可以简化成如图 3-62 所示，即给系统模型一个随机的激励信号，将会产生对应的响应信号，由此可以计算得到整车系统传递函数模型。

$$u_0(s) \rightarrow \boxed{\text{模型系统}F(s)} \rightarrow y_0(s)$$

图 3-62 系统传递函数模型

由图 3-62 可知，可以得到系统的传递函数为

$$F(s) = \frac{y_0(s)}{u_0(s)} \tag{3-47}$$

式中，$u_0(s)$ 指随机产生的系统激励信号；$y_0(s)$ 指系统响应信号。由于目标信号通过实车测试已经获取，因此由式（3-47）计算得到的系统函数，可以反推得到与目标信号对应的激励信号，即

$$u_1(s) = F^{-1}(s)y_{\text{Desired}}(s) \tag{3-48}$$

式中，$u_1(s)$ 为第一次计算得到的激励信号；$y_{\text{Desired}}(s)$ 为目标信号。根据计算得到的激励信号 $u_1(s)$ 激励系统模型，将得到响应信号与实测的目标信号进行对比。

$$u_{n+1}(s) = u_n(s) + F^{-1}(s)[y_{\text{Desired}}(s) - y_n(s)] \tag{3-49}$$

式中，$u_{n+1}(s)$ 为第 $n+1$ 次求解得到的激励信号；$y_n(s)$ 为计算得到的第 n 次响应信号。若 $y_n(s)$ 不满足要求，则重新计算激励信号 $u_{n+1}(s)$，以此不断进行迭代，直至满足要求为止。该虚拟迭代原理如图 3-63 所示。

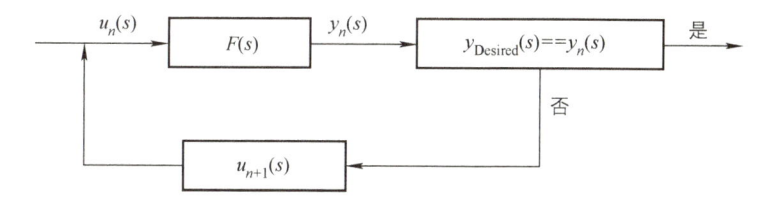

图 3-63 虚拟迭代原理图

当响应信号 $y_n(s)$ 与采集的目标信号 $y_{\text{Desired}}(s)$ 接近时，相对损伤接近 1[143]。在工程应用中，响应信号与采集的目标信号相对损伤在 0.5～2.0 之间时，可以判定迭代得到的激励信号结果比较理想，满足实际要求。此时可以停止迭代，并输出动力学模型中轮心处的垂向位移，也称之为路面不平度。通过式（3-43）可比较迭代后载荷的相对损伤，并根据迭代后的时域信号和采集的时域信号进行对比，其中基础车部分路面迭代结果的对比如图 3-64～图 3-67 所示。

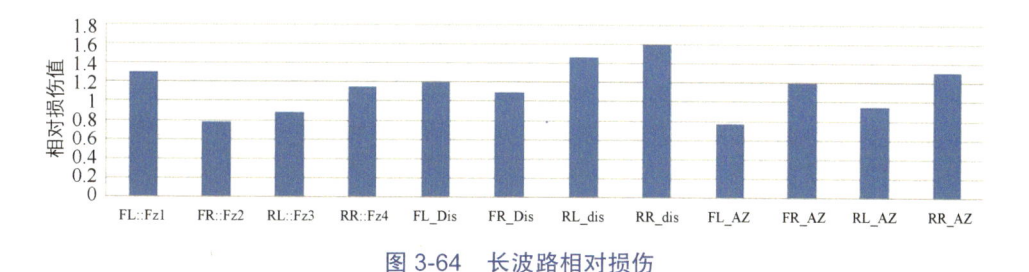

图 3-64 长波路相对损伤

图 3-65 长波路目标时域信号与迭代时域信号对比

图 3-66　比利时路相对损伤

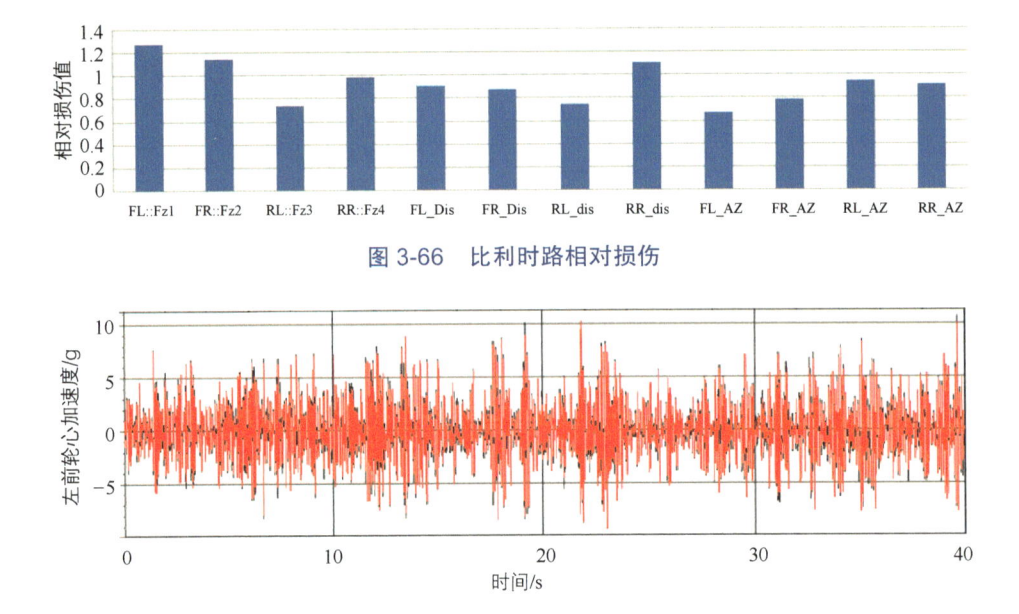

图 3-67　比利时目标时域信号与迭代时域信号对比

从图 3-64 ~ 图 3-67 的迭代结果可以看出，各路面相对损伤值均在 0.5~2 之间，迭代信号与目标信号在时域吻合度高，迭代结果比较准确。迭代获取的路面不平度可以作为电动汽车疲劳载荷分解动力学模型的输入激励。

（2）电动汽车车架疲劳载荷的分解　通过虚拟迭代计算可以得到基础车各路面不平度结果，在保证电动汽车底盘外连点及底盘性能参数与基础车相同的情况下，可以将基础车迭代得到的垂向路面不平度激励加载到电动汽车多体动力学模型上[149]。由于基础车与电动汽车的轴荷不同，即使在相同的路面下，除垂向位移载荷外，基础车采集的其他方向的轮心力不能直接作用于电动汽车多体动力学模型上。但两者的轮心在其他方向的力存在线性关系，这种关系表现为两款车的轴荷之比，见式（3-50）。因此，可以对基础车采集的轮心五分力信号进行缩放（系数），从而实现轴荷转移，作为电动汽车的激励信号。利用这种关系，可以在电动汽车样车还没试制出来之前，提前预测电动汽车的疲劳性能，以提高产品研发效率，缩短研发周期。这种方法也称之为轴荷转移法。由于电动汽车车架外连点及底盘性能参数与基础车相同，因此，可以通过这种方法得到电动汽车车架疲劳载荷，用于分析及优化电动汽车车架耐久性能。

$$轴荷转移系数 = \frac{电动汽车轴荷}{基础车轴荷} \quad (3-50)$$

通过虚拟迭代得到的基础车路面激励作为电动汽车轮心的 Z 向激励，电动汽车轮心其他方向的五分力可以运用基础车采集的六分力数据（Z 向力除外），将轮心五分力乘以轴荷转移系数，轴荷转移系数见表 3-15，即可得到用于驱动电动汽车多体动力学模型中轮心的五分力。

用基础车迭代得到的各路面激励信号及通过轴荷转移系数得到的轮心五分力信号激励电动汽车多体动力学模型，基于多体动力学理论，在 ADAMS 中进行仿真计算。其中，载荷分解提取得到的电动汽车车架钢板弹簧前卷耳位置的搓板路路谱疲劳载荷如图 3-68 所示，该载荷包含了车架钢板弹簧前卷耳位置处 6 个方向的时域载荷。同理，获得车架不同外联点位置在其他路面行驶中的载荷，以 rsp 文件的形式可直接作为电动汽车车架疲劳性能分析的载荷输入。

表 3-15 轴荷转移系数

	基础车	电动汽车	系数
前轴荷 /kg	1280	1352	1.056
后轴荷 /kg	1540	1935	1.256
总质量 /kg	2820	3287	—

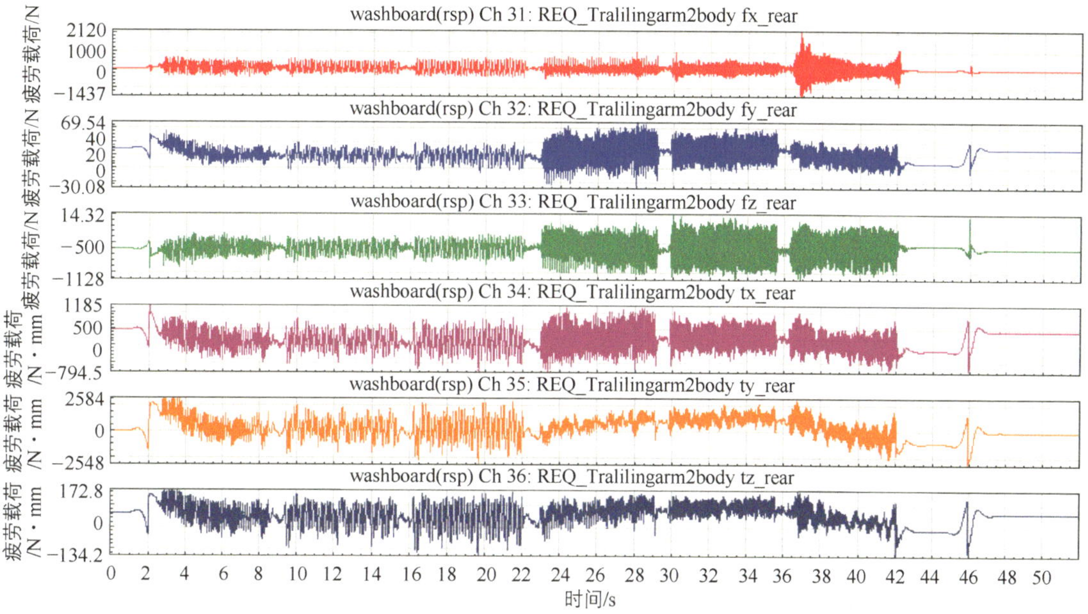

图 3-68 车架钢板弹簧前卷耳位置搓板路路谱疲劳载荷

3.4.7 电动汽车车架疲劳性能的分析

由于获得的路谱疲劳载荷属于时域载荷，因此对车架进行疲劳分析时，首先需要获取其在单位载荷作用下的应力分布。于是，基于电动汽车车架有限元模型对其各个外连接点施加单位载荷，即 X、Y 和 Z 方向分别加载单位载荷（1N 和 1N·mm），基于 Nastran 求解器并且采用惯性释放方法对其进行计算，得到车架在单位载荷作用下的应力应变分布结果。图 3-69 所示为左前减振器支架在 X 方向加载 1N 时的应力分布云图。由图 3-69 可知，左前减振器支架在单位载荷作用下的最大应力为 0.05MPa。图 3-70 所示为左下摆臂前支架在 X 方向加载 1N·mm 时的应力分布云图。由图 3-70 可知，左下摆臂前支架在单位载荷作用下的最大应力为 3.66×10^{-4}MPa。以此类推，可以获得每个外连点 6 个方向上的单位载荷应力分布。

因此，基于上文中获得的各个路面的路谱疲劳载荷和定义的各个路面对应的循环次数，再结合试验获得的材料曲线和应变 - 疲劳曲线，采用 Neuber 修正法，通过疲劳累积损伤理论，在 Ncode 软件中进行计算，可以实现对电动汽车车架疲劳损伤的预测分析。

如图 3-71 所示，为电动汽车车架路谱疲劳损伤分布图。由图 3-71 可知，该电动汽车车架路谱疲劳的最大损伤值为 0.42，位于货厢后左安装支架处，其第四横梁与纵梁连接处的损伤值为 0.2，前电池包后安装支架的损伤值为 0.177，前悬架右上跳限位块安装支架的损伤值为 0.073，其他部位区域为无限寿命，车架整体的损伤值均低于实际工程要求值（1.0）。

图 3-69　左前减振器支架在 X 方向加载 1N 时的应力分布云图

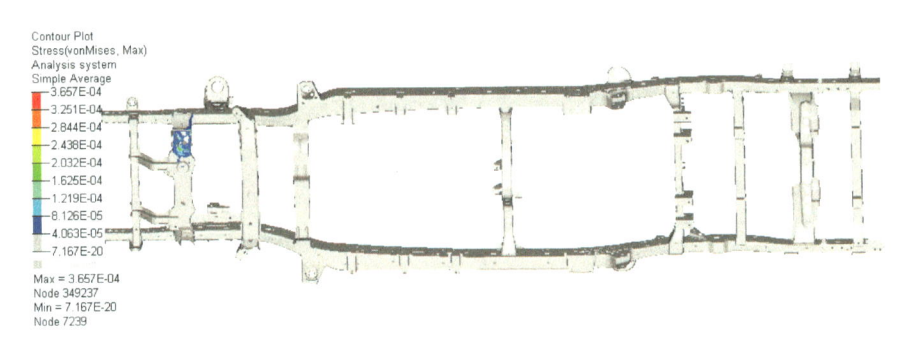

图 3-70　左下摆臂前支架在 X 方向加载 1N·mm 时的应力分布云图

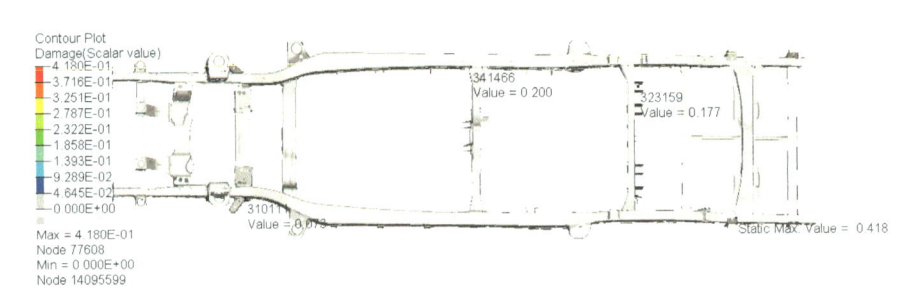

图 3-71　电动汽车车架路谱疲劳损伤分布图

因此，该电动汽车车架能够满足疲劳设计要求，具有较高的疲劳安全系数，发生道路耐久失效风险概率较低，其疲劳性能满足实际工程应用要求，并且具有一定的疲劳安全余量和优化空间。

3.5　本章小结

本章利用有限元求解软件 Nastran，对电动汽车车架有限元模型进行了模态性能和刚度性能分析。重点结合力学理论推导和多体动力学模型对电动汽车车架的强度载荷获取展开了研究，基于车架强度载荷和强度分析方法完成了车架多工况强度性能的仿真分析。同时，对电动汽车车架疲劳载荷的获取以及疲劳载荷循环次数的确定进行了分析，并根据疲劳分析理论及方法，实现了对电动汽车车架疲劳性能的预测分析。通过研究车架性能指标对电动汽车车架开发的影响，发现电动汽车车架模型基本能满足模态、刚度以及疲劳性能的要求，但电动汽车车架的强度性能，在较为严苛的制动工况和转弯制动工况中会存在一定的失效风险，需在后续的优化工作中解决这一问题。

第 4 章 电动汽车车架多目标优化

基于第 3 章的分析结果，新设计的电动汽车车架在强度性能方面还存在一定的风险，为了设计出满足车架各个性能要求的方案，应对所提出的电动汽车车架结构设计方案进行优化，但对结构进行优化的同时，势必会对车架其他性能造成影响。因此本章研究的主要内容是：结合多目标优化相关理论和方法，使电动汽车车架的各个性能目标达到设计要求。首先，利用网格变形技术对车架进行结构形状尺寸的参数化设计，并结合材料厚度尺寸完成车架整体参数化模型的建立。由于网格变形技术的引入，在一定程度上不可避免地会对网格质量产生一定的影响，为了保证优化过程中有限元模型计算的准确性，将通过对相关技术方法的研究解决这一实际问题。再通过 DOE 分析获取对结构优化较为敏感、有效的参数化设计变量，以提高后续优化工作的效率。其次，依据前文获取的车架各个性能指标，建立电动汽车车架优化的数学模型，综合考虑电动汽车车架的模态、刚度、强度和疲劳性能，结合近似模型的构建原理，分析比较其各自精度，选择合适的近似模型进行优化。最后利用多目标遗传算法对电动汽车车架进行形状尺寸和厚度尺寸优化，从而获得满足电动汽车车架整体性能要求的结构方案。电动汽车车架多目标优化技术路线图如图 4-1 所示。

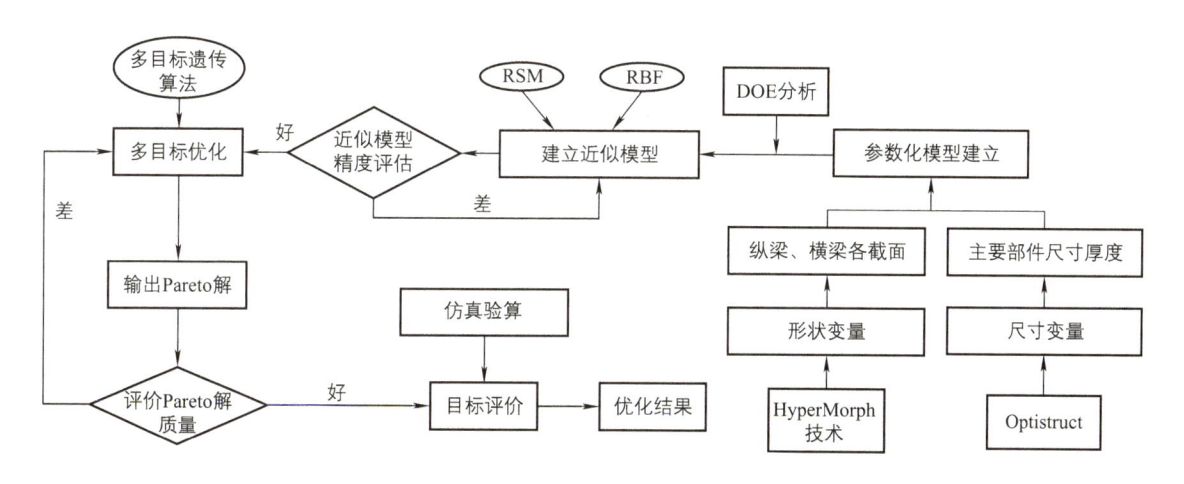

图 4-1 电动汽车车架多目标优化技术路线图

4.1 电动汽车车架参数化建模

4.1.1 网格变形技术

网格变形技术多用于结构件的详细开发阶段，在已有的结构件原始设计方案基础上，通过建立有限元模型，以一种具有逻辑和直观的方式，实现对结构件的有限元网格进行快速的形状改变，但又不会严重牺牲有限元网格的质量。这种技术手段可以在后续的结构优化中大幅缩短有限元模型的处理时间，可以节约产品的优化时间，是实现参数化建模的有效手段。值得注意的是，大多数研究人员采用网格变形技术研究的对象通常为尺寸较小的独立结构件，对于车架这样较为大型且有复杂连接关系的有限元模型，整体采用网格变形技术通常是较为困难的，相关可参考的文献也较少，本节将对此问题展开研究。

网格变形的实质就是通过对有限元单元网格节点的控制移动，以实现结构形状的改变。通常采用的技术工具，是将有限元模型按照需求来定义变形域、变形节点和变形约束，变形域内的网格节点位置会根据变形节点和变形约束的变化，进行整体非线性变化，以此来完成模型结构形状的相应变形。在网格变形的过程中，有限元单元节点的节点号不变，节点间的拓扑关系不变，变形后的有限元模型可以直接调用求解器计算。本书将采用 HyperMorph 软件来实现模型形状的改变。网格变形的数学表示方法可通过坐标矩阵的形式表达，见式（4-1），通过式（4-1）即可获得新的结构形状。

$$\text{location}_{\text{new}} = \text{location}_{\text{GRID}} + \sum \text{coef}_j (x, y, z)_j^T [N]^T \times DV_j \quad (4\text{-}1)$$

式中，$\text{location}_{\text{GRID}}$ 表示变形前网格节点坐标的位置；coef_j 表示定义的向量变形系数；$(x, y, z)^T$ 为定义的变形方向向量；j 为定义的坐标系；$[N]^T$ 为网格节点位置的坐标变换矩阵；DV_j 为用户定义的设计变量值范围。

4.1.2 参数化模型的建立

电动汽车车架的有限元模型，采用商业软件 HyperMorph，通过建立合理的控制体来定义模型的变形域。其中，控制体可以实现对模型整体结构的变形控制。为了更好地挖掘电动汽车车架的优化潜力，扩大试验设计的采样空间，在模型参数化的过程中利用控制体，将电动汽车车架的有限元模型进行模块化处理，由于车架模型的连接关系较多，不是单一的零部件，模块化处理可以更好地保留车架各结构件之间的连接关系，得到光滑过渡的变形形状，并且在网格变形过程中不易造成网格的畸变，而导致有限元模型的失效。电动汽车车架模块化后的模型如图4-2所示。模块化后的车架模型包含120个变形体、428个变形控制节点，整个模块化模型形成封闭的整体。通过对控制节点的操作，改变控制体内单元节点的坐标位置，从而实现对车架纵梁、横梁、支架等结构形状的改变。利用这种变形控制方法，在优化过程的前期，尽可能多地对模型不同部位结构进行参数化处理，并且也要对车架主要部件的厚度尺寸进行参数化处理。

基于上述的模块化模型，通过对模块化后的变形体中控制节点的平移、缩放、对称约束、控制关联约束等操作，即可获得结构形状变量，但车架在形状变形过程中，外连点的绝对坐标值是始终保持不变的。结合纵梁左右对称的结构特点，左右两边结构相关联，同时变化共用一个形状变量，其他变量之间均为独立变量。由此共建立32个形状变量，形状变量DV1～DV32

的创建示意图如图 4-3 所示。为了避免有限元模型在变形过程中有限元单元发生畸变，并保证结构的合理性，需合理设定形状变化的范围，形状变量最后的结构由单位变化值和变形系数共同决定。形状变量形状变化的范围见表 4-1。由于形状变量的数量较多，为了能获取更好的结构方案，形状变量的变化类型为连续型，形状变量的变形系数在变化范围的取值保留小数点后一位。

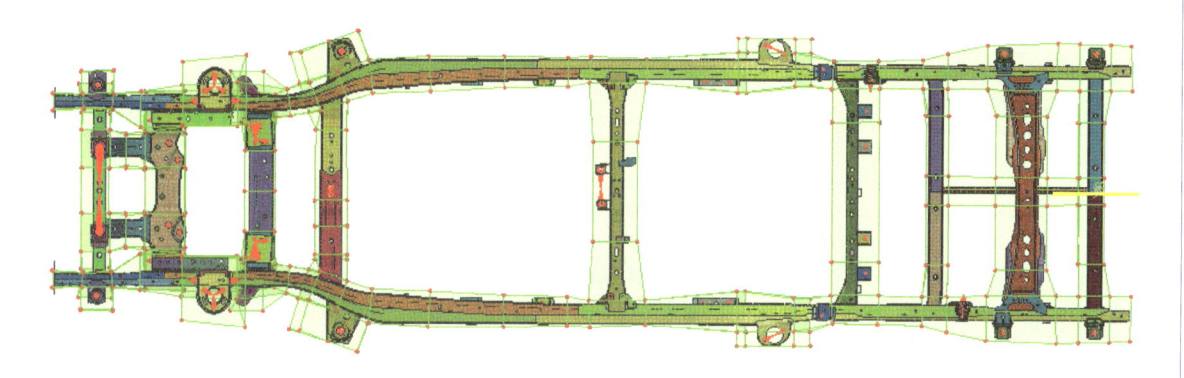

a) 电动汽车车架整体俯视图

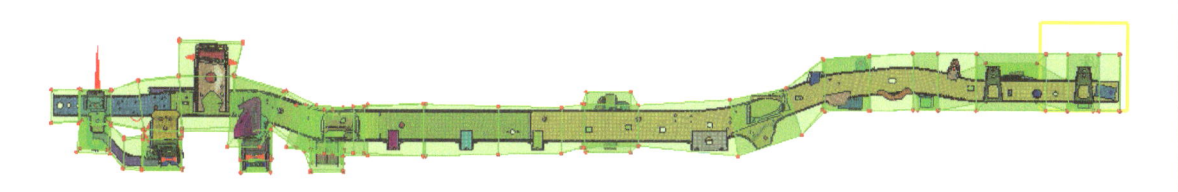

b) 电动汽车车架整体正视图

图 4-2　电动汽车车架模块化模型示意图

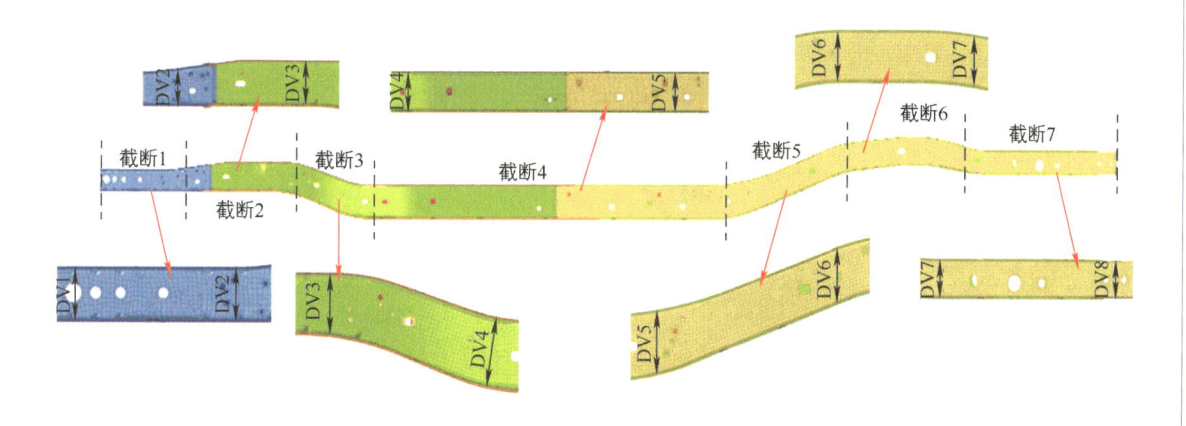

a) 车架纵梁变形正视图

图 4-3　电动汽车形状变量 DV1～DV32 的创建示意图

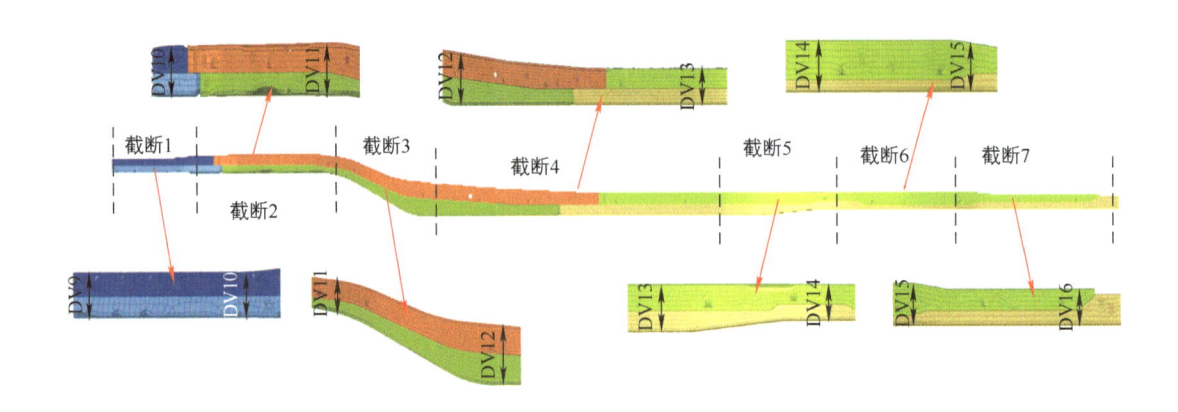

b) 车架纵梁变形俯视图

c) 第一横梁变形示意图

d) 第二横梁变形示意图

e) 第一和第二横梁连接梁变形示意图

图 4-3 电动汽车形状变量 DV1～DV32 的创建示意图（续）

第 4 章 电动汽车车架多目标优化

f) 第三横梁变形示意图

g) 第四横梁变形示意图

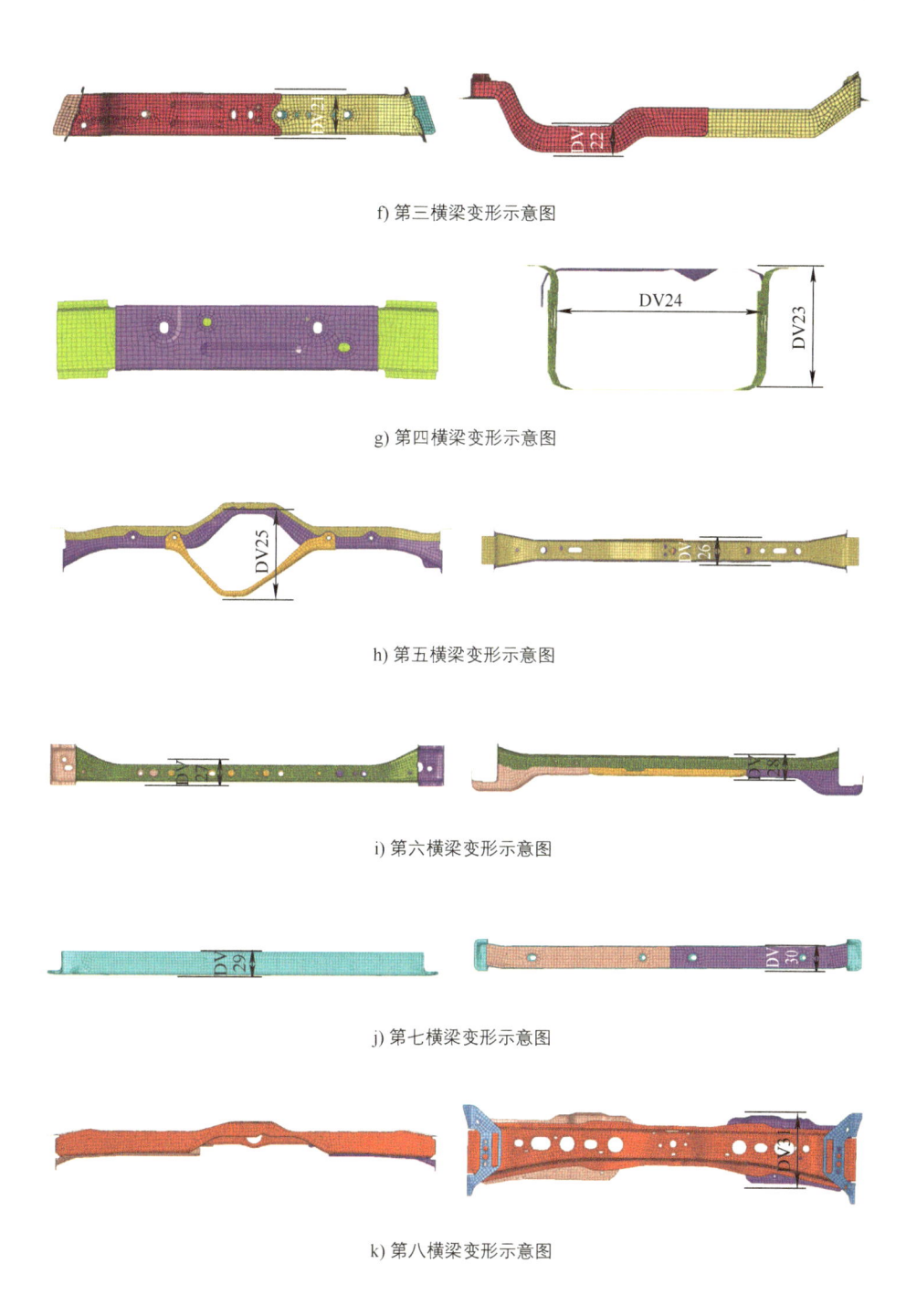

h) 第五横梁变形示意图

i) 第六横梁变形示意图

j) 第七横梁变形示意图

k) 第八横梁变形示意图

l) 第九横梁变形示意图

图 4-3 电动汽车形状变量 DV1～DV32 的创建示意图（续）

表 4-1 形状变量形状变化的范围

变量名称	单位变化值/mm	初始变形系数	变形系数上限	变形系数下限
DV1	20	0	1.5	−0.5
DV2	20	0	1.5	−0.5
DV3	20	0	1.5	−0.5
DV4	20	0	1.5	−0.5
DV5	20	0	1.5	−0.5
DV6	20	0	1.5	−0.5
DV7	20	0	1.5	−0.5
DV8	20	0	1.5	−0.5
DV9	20	0	1.5	−0.5
DV10	20	0	1.5	−0.5
DV11	20	0	1.5	−0.5
DV12	20	0	1.5	−0.5
DV13	10	0	1.5	−0.5
DV14	10	0	1.5	−0.5
DV15	10	0	1.5	−0.5
DV16	10	0	1.5	−0.5
DV17	10	0	1.5	−0.5
DV18	10	0	1.5	−0.5
DV19	10	0	1.5	−0.5
DV20	10	0	1.5	−0.5
DV21	10	0	1.5	−0.5
DV22	10	0	1.5	−0.5
DV23	15	0	1.2	−0.5
DV24	15	0	1.5	−0.5
DV25	15	0	1.5	−1
DV26	10	0	1.5	−1
DV27	10	0	2.5	−1
DV28	15	0	1.8	−1
DV29	15	0	1.2	−1
DV30	10	0	2	−1
DV31	10	0	1.5	−1
DV32	10	0	1.5	−1

同时，选取车架主要结构件的厚度作为尺寸变量，尺寸变量 PV1～PV18 的定义及变化范围见表 4-2。为了使最后获得的优化结果能与实际制造工艺更加相符，即获得的尺寸优化结果只保留小数点后一位。将尺寸变量的变化类型定义为离散型，尺寸变量在变化范围内的增长步为 0.1mm。

表 4-2　尺寸变量 PV1～PV18 的定义及变化范围

变量名称	变量描述	初始厚度/mm	厚度上限/mm	厚度下限/mm
PV1	纵梁前端外板 PID：259	3.0	4.0	2.0
PV2	纵梁前端内板 PID：258	3.0	4.0	2.0
PV3	纵梁中端外板 PID：268	3.2	4.0	2.5
PV4	纵梁中端内板 PID：260	3.0	4.0	2.0
PV5	纵梁后端外板 PID：218	2.8	3.5	2.0
PV6	纵梁后端内板 PID：219	3.0	4.0	2.0
PV7	第二横梁上板 PID：318	3.0	4.0	2.0
PV8	第二横梁下板 PID：317	3.0	4.0	2.0
PV9	第三横梁上板 PID：300	2.8	3.5	2.0
PV10	第三横梁下板 PID：299	2.8	3.5	2.0
PV11	第四横梁上板 PID：4000142、4000141	2.8	3.5	2.0
PV12	第四横梁下板 PID：4000140、4000139	2.8	3.5	2.0

（续）

变量名称	变量描述	初始厚度 /mm	厚度上限 /mm	厚度下限 /mm
PV13	第五横梁上板 PID: 266	2.0	1.2	3.0
PV14	第五横梁下板 PID: 265	2.3	1.5	3.2
PV15	第六横梁上板 PID: 228	2.8	3.5	2.0
PV16	第七横梁下板 PID: 4000058	2.8	3.5	2.0
PV17	第八横梁下板 PID: 247	2.3	1.5	3.2
PV18	驾驶室支架 PID: 282	3.0	4.0	2.0

上述研究内容只是通过商业软件定义了变量的变化方式和变化范围，并不是真正意义上的变量参数化，而本书研究的电动汽车车架性能需要调用多个求解器，对不同工况的模型进行求解以获得性能值。以电动汽车车架的强度工况为例，共有 7 个工况，在材料非线性的条件下，必须有 7 个强度工况模型来求解车架的强度性能。每个工况模型都通过商业软件定义一遍参数化变量是不现实的，而且也无法完全准确地定义每个计算模型的形状变量，这也是多目标优化过程中，采用网格变形技术的难点。

因此，为了更高效准确地参数化每个模型，本书提出了具体的技术解决方案。通过上述工作获得的形状变量和尺寸变量，基于商业软件 HyperStudy 平台，编写针对不同求解器的参数化脚本文件，减少对不同工况模型定义变量的工作，同时保证变量在不同工况模型和求解器中都能够统一。其中将车架的弯曲刚度、扭转刚度和模态 3 种工况的计算模型合并成一个基于 Optistruct 求解器的参数化脚本文件。由于疲劳工况是依据实际道路载荷谱进行计算，其计算模型需包含电机、控制器、电池包等结构质量，有别于刚度和模态的计算模型，因此需另外基于 Optistruct 求解器编写疲劳计算模型的参数化脚本文件。强度工况包含的 7 个工况需考虑材料的非线性问题，各工况模型应各自独立。因此要建立 7 个基于 Abaqus 求解器的参数化脚本文件，但强度工况的参数化计算模型只是相互的载荷不同，而变量的参数化脚本文件是相同的，所以只需将变量的参数化脚本文件包含在 7 个不同强度载荷的计算模型中即可。无论是基于哪个求解器编写的参数化脚本文件，两种脚本文件中参数化的有限元单元节点号和节点位置都是相同的，变量的改变方式和范围也是同步统一的。通过参数化脚本文件实现模型参数化的基本技术路线如图 4-4 所示。

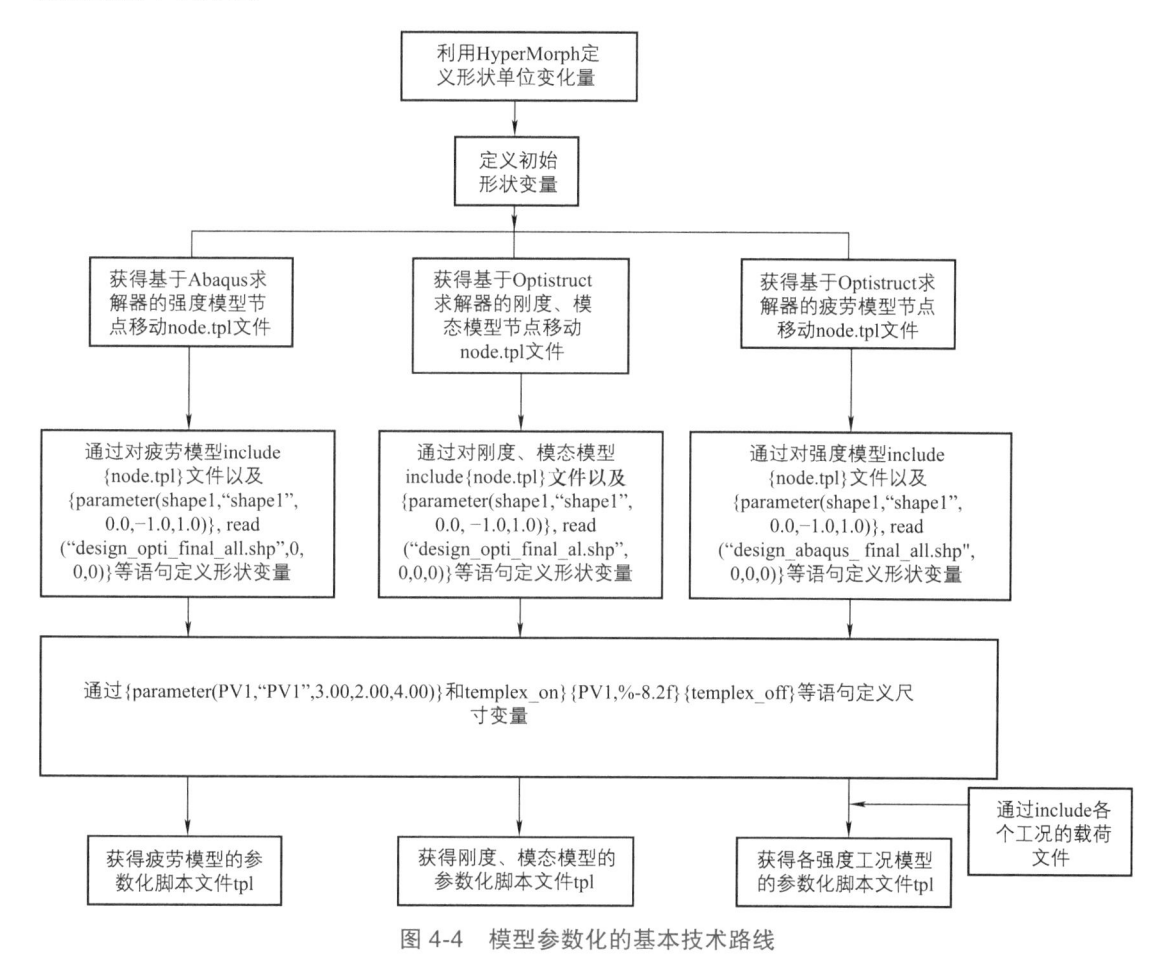

图 4-4　模型参数化的基本技术路线

4.2 电动汽车车架多目标优化

4.2.1 试验设计方法

试验设计是数理统计学中重要的组成部分，但与多数数理统计方法的区别在于试验设计不是用于分析获得的数据，而是为了高效地收集数据。在现代科学研究中，通常需要考察的因素（变量）数量非常多，而因素的水平（变量值）也往往不止几个。例如，某试验有 5 个因素、4 个水平，则需要全部试验的数量是 4^5=1024 次。而在实际情况中，因素和水平的数量只会更多，但成千上万次的试验在科学研究中是难以实现的，也是非常低效的。因此最早由 R. A. Fisher 等人提出了 DOE（Design of Experiment）的概念，即试验设计。通过试验设计的方法，可以在设计空间中合理有效地选取尽可能少的样本点来反映设计空间的特性，以最少的人力、物力消耗，在最短的时间内，获取更多、更有价值的试验数据。所反映的空间特性包括所研究变量的关联性、交互性和主效应等特性，为研究人员合理地选择变量提供了数据支持，减少了无效的设计变量，并且为建立近似模型提供了样本数据，对近似模型的准确性起到了决定性的作用。研究人员为此总结设计了多种试验设计的方法[144-146]，主流的试验设计方法包括正交试验设计、中心组合试验设计、Box-Behnken 试验设计、拉丁超立方试验设计、Hammersley 试验设计等。本书将通过对这些试验设计方法的研究和总结，找出他们之间的优缺点，从而为后续研究工作做好理论指引。

（1）**正交试验设计** 正交试验设计是根据样本的正交性，从全面试验中挑选出部分有代表性的点进行试验，所谓正交性就是每个因素的每个水平与另一个因素各水平各碰一次，设计取样如图 4-5 所示，这些有代表性的点具备了均匀分散、齐整可比的特点。正交试验设计是分析因式设计的重要方法，可以大大地减少试验次数，是一种经济、高效的试验设计方法。日本著名的统计学家田口玄一将正交试验选择的水平组合列成表格，称为正交表。通过正交表，我们可以获得合理的试验次数和试验方案。例如，对于 6 个因素、3 个水平的试验，全面试验方案的次数为 3^6=729

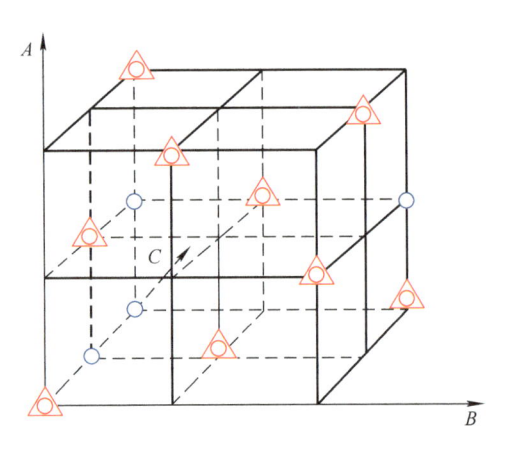

图 4-5 正交试验设计取样示意图

次，若采用正交试验表 L27（3^{13}）来安排试验，只需要进行 27 次试验。因此，对于正交试验设计的特点可以归纳为以下几点：①试验次数明显减少；②采样点分布得比较均匀；③试验结论的可靠性好。

（2）**中心组合试验设计** 中心组合试验设计方法常用于拟合二阶响应面，中心组合试验策略主要是在含中心点的因素 2 个水平全因子试验的基础上添加轴点试验，从而拓展了试验的设计空间。以 3 个因素中心组合试验为例，图 4-6 展示了其试验设计的原理。红色点为 3 个因素的 2 个水平全因子取样点，称为角点。蓝色点为中心点，中心点的个数一般至少 2~5 个。绿色点为添加的轴点（或称为星点），其数量是因素数量的 2 倍。角点的编码值为 ±1，星点的编码值 $\alpha=2^{k/4}$，k 代表因素的个数，在 3 个因素的中心组合试验里 α 取值 1.68，原点的编码值取 0。中心组合试验的特点主要有以下几点：①一般进行试验因素的数量在 2~6 个范围内，能够试验的因素范围较窄；②试验的次数较多，2 个因素 12 次，3 个因素 20 次，4 个因素 30 次，5 个因素 54 次；③可以评估因素的非线性特性。

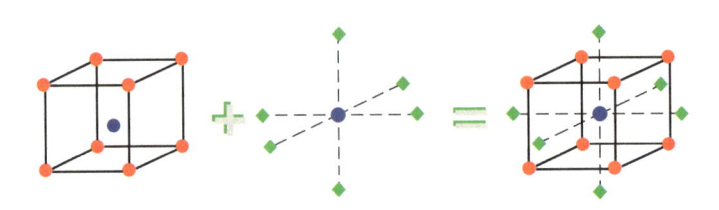

图 4-6 中心组合 3 个因素试验取样示意图

（3）**Box-Behnken 试验设计** Box-Behnken 试验设计和中心组合试验设计相似，用于构建响应面法近似模型，可以评价因素对指标存在非线性影响。但和中心组合试验不同的是，它不需要连续进行多次试验。并且相比于中心组合试验,它所设计的试验次数更少,因为它不存在轴向点,它只有 3 个水平,其编码值分别为 1、-1 和 0,在试验设计的时候必有一个因素的水平编码值为 0。而因素的选择范围一般为 3~7 个,其中 3 个因数的 Box-Behnken 试验设计是较为经济的,因素大于 5 个时不推荐使用此试验设计方法。以 3 个因素的 Box-Behnken 试验设计为例,其取样方法如图 4-7 所示,最少试验次数为 13 次。在同样的因素条件下,中心组合试验最少的试验次数为 15 次。由此可以总结出 Box-Behnken 试验设计的特点有:①和中心组合试验一样都可以评估因素的非线性影响,但试验次数较少;②不会存在轴向点超出研究范围的问题;③要求各因素不能同时在高水平时,Box-Behnken 试验设计会更加可靠。

(4)拉丁超立方试验设计　拉丁超立方试验设计是一种修正的蒙特卡洛方法,具有良好的抽样均匀性,适用于影响因素较多的试验设计,对减少试验次数有显著作用[147]。拉丁超立方试验的原理主要通过以下几个步骤实现:首先假设有 n 个变量(或称为维度),将 n 个变量中的每个变量分为 m 个概率相同的区间,同时需保证每个变量的区间 m 个数相同,然后在每个变量的每个区间中随机抽取一个样本点,再将每组样本点组合成一个向量,即独立的一个试验方案。由此可见,每个变量划分的区间数量 m,就是总的试验方案数量。以 2 个设计变量为例,拉丁超立方试验设计取样示意图如图 4-8 所示。拉丁超立方试验次数可以是任何值,但为了获得良好的拟合质量,至少需要 $(n+1)(n+2)/2$ 个试验次数,才能满足一个 2 阶多项式的拟合要求。同时,增加相当于 10% 的试验次数,以提供设计余量,从而获得更可靠的后处理结果。因此,通常拉丁超立方试验次数至少应为 $1.1\times(n+1)(n+2)/2$ 次。总结拉丁超立方试验设计的特点主要包含以下几点:①试验的样本点分布较均匀;②样本点是随机独立的,可保证每次试验方案计算结果的独立性;③对于多因素的试验设计,提升试验效率更加明显。

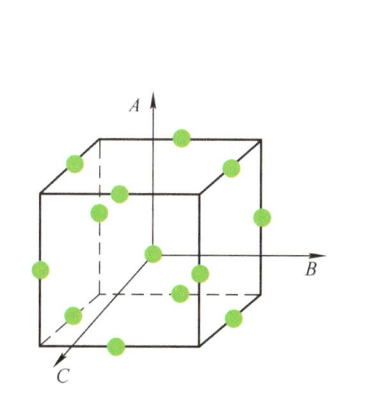

图 4-7　Box-Behnken 试验设计取样示意图　　图 4-8　拉丁超立方试验设计取样示意图

(5)Hammersley 试验设计　Hammersley 采样属于准蒙特卡罗方法的范畴[148]。该技术使用基于 Hammersley 点的准随机数发生器来均匀地对单位超立方体进行采样,是一种有效的采样技术,使用比随机采样更少的采样数量来提供输出描述性统计的可靠估计。对于相同数量的试验次数,Hammersley 样本将比真正随机样本更接近理论平均值。相比于拉丁超立方采样,Hammersley 试验设计的优势在 n 维超立方体上可以提供良好、均匀的特性,拉丁超立方试验设计只能单独提供每个维度的良好均匀性。两者之间直观的采样对比效果如图 4-9 所示。

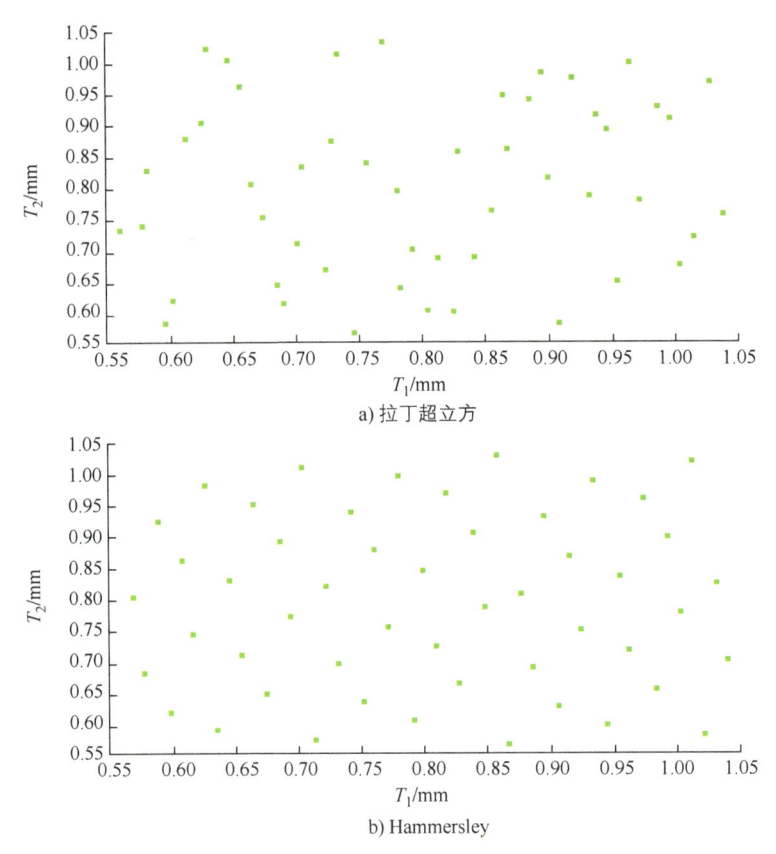

图 4-9　拉丁超立方与 Hammersley 试验设计对比图

4.2.2　设计变量的选择分析

本书研究的电动汽车车架优化涉及的变量数量较多，包括形状变量和尺寸变量共 50 个，所涉及的车架性能又包含了线性力学性能和非线性力学性能，整个优化体系庞杂。因此，为了提高优化的效率，减少不必要的计算量，有针对性地提高车架的整体性能，就必须对众多优化变量进行筛选，获得对车架结构性能影响较大的变量，并以此为新的设计变量空间进行后续的优化工作。基于哈默斯雷试验设计方法的采样原理，对电动汽车车架 50 个初始设计变量进行设计空间采样，以获取 100 组变量组合。并结合参数化模型，通过求解器求解这 100 组变量样本对应的不同工况下性能的响应值。

对于如何筛选设计变量的方法，相关学者也做了大量研究，在实际应用中主要采用的方法包括主效应法、贡献率法以及相关性系数法等。主效应法考查的是变量因子位于不同取值水平时，对某个响应的影响程度，通常以直线的形式表达变量因子取不同水平时对应响应的数值，该数值为其他所有变量因子不同组合下响应值的平均值。并且直线的斜率越大，代表该变量因子对某响应的影响越大，主效应直线斜率的正负对应变量因子对响应正负的影响关系。相关系数法和贡献率法则可以通过数字表达，直接量化变量对响应的影响关系，更能直观地比较和统计不同变量对不同响应的影响程度。因此，本书将采用相关系数法和贡献率法对变量的筛选进行分析。

相关系数法以数字的形式表达变量与响应之间关系的强弱和性质，相关系数的取值范围为 [−1, 1]，−1 表示变量与响应之间强而负的影响关系，1 则表示影响关系的强而正，越接近 0 表示相关性越弱。其相关系数的计算方法见式（4-2）。

$$R = \frac{\sum(X-\overline{X})(Y-\overline{Y})}{\sqrt{\sum(X-\overline{X})^2}\sqrt{\sum(Y-\overline{Y})^2}} = \frac{\sum XY}{\sqrt{X^2}\sqrt{Y^2}} = \frac{S_{XY}}{S_X S_Y} \tag{4-2}$$

式中，X 为样本的各输入变量值；Y 为样本的各输出响应值；$\overline{X}$ 为样本的输入变量均值；$\overline{Y}$ 为样本的输出响应均值；S_{XY} 为样本的总变异；S_X 为输入变量 X 的标准差；S_Y 为输出响应 Y 的标准差。

贡献率法以数字百分比的形式对变量的重要程度进行排序。同样基于试验设计，建立响应与变量之间的函数关系，见式（4-3）。因此贡献率的计算方法就是通过求解回归方程的变量回归系数获得。

$$f(x_1, x_2, \cdots, x_n) = \varepsilon + \sum_{i=1}^{n} \beta_i x_i \tag{4-3}$$

式中，$f(x)$ 为响应的回归函数；ε 为误差量；β_i 为设计变量的回归系数。

将式（4-3）改写成矩阵的形式为

$$\boldsymbol{y} = \boldsymbol{A}\boldsymbol{\beta} + \varepsilon \tag{4-4}$$

式中，$\boldsymbol{y}$ 为试验设计所构成的某响应值（$m \times 1$）矩阵，m 为试验设计的样本量；$\boldsymbol{A}$ 为设计变量（$m \times n$）矩阵；$\boldsymbol{\beta}$ 为回归系数（$n \times 1$）矩阵。

要使误差向量最小，可采用最小二乘法，令误差向量求导后等式为 0，进一步整理求解回归系数矩阵，可得

$$\boldsymbol{\beta} = (\boldsymbol{A}^{\mathrm{T}}\boldsymbol{A})^{-1}\boldsymbol{A}^{\mathrm{T}}\boldsymbol{y} \tag{4-5}$$

在某个响应中，每个变量对应的回归系数与所有系数绝对值之和的比值，即为贡献率。回归系数可正可负，因而贡献率也可区分正负。

基于 100 组变量样本求解后的车架各性能响应值，根据相关系数法可以得到每个变量对不同响应的相关系数，具体相关系数的分析结果如图 4-10 所示。图 4-10 中横坐标数字表示变量的编号，其中编号 1~20 为变量 PV1~PV18，编号 11 和 12 为重复编号，两者对应同一变量 PV11，编号 13 和 14 为重复编号，同时对应变量 PV12；编号 21~52 为变量 DV1~DV32。纵坐标为 12 个响应的名称，分别为车架的总质量、第 1 阶模态、第 2 阶模态、弯曲刚度、扭转刚度、疲劳损伤、后制动工况、制动工况、上跳工况、转弯工况、转弯制动工况以及车轮上抬工况的响应值。以质量响应为例，变量 PV6 与质量响应的相关系数最大为 0.6，其次为变量 PV4、PV5、PV3，且均为正值，说明这几个尺寸变量增加，对质量的增加影响较大。因此，在后续优化中，这些变量是必须保留的。以此类推，对于其他的响应，也可看出不同变量对响应的影响程度。

通过相关系数法，可以得到每个设计变量与每个响应之间的相互影响程度，无关变量与响应之间的正负关系，只要其绝对值越大就说明相关性越强，在优化过程中就须考虑保留。但相关系数法的结果没有对变量排序，不够直观，且多个变量叠加对响应的累积影响程度不明显，不能快速直接的选择重要的设计变量，因此本书将再借助贡献率法对初始变量和响应之间的关系进行分析，并结合相关系数法参照对比，选择必要的设计变量进行后续的优化。根据贡献率计算方法，对试验设计后的样本矩阵进行后处理，获得不同响应下的变量贡献率如图 4-11 所示。

		1	2	3	4	5	6	7	8	9	10	11	12	13	14	15	16	17
	mass (417)	0.20	0.14	0.35	0.55	0.35	0.60	-0.05	0.04	0.05	0.03	-0.01	-0.01	0.19	0.19	-0.11	-0.08	0.13
	freq_1st (418)	0.14	-0.03	0.18	0.46	-0.16	0.46	0.00	-0.21	0.05	-0.09	-0.03	-0.03	0.10	0.10	0.49	0.16	0.37
	freq_2nd (419)	0.11	-0.09	0.20	0.27	0.29	0.50	-0.03	-0.04	0.12	0.07	0.11	0.11	0.08	0.08	-0.15	-0.24	0.26
	bend (420)	-0.12	-0.04	-0.11	-0.41	-0.47	-0.57	0.08	-0.06	-0.05	-0.01	0.05	0.05	-0.12	-0.12	0.25	0.14	0.02
	tosion (421)	-0.15	-0.04	-0.32	-0.55	-0.40	-0.56	0.05	-0.06	-0.07	-0.06	0.04	0.04	-0.11	-0.11	0.18	0.11	-0.15
	fatigue (422)	0.09	0.12	-0.15	-0.35	-0.09	-0.15	0.08	0.04	-0.04	-0.11	-0.11	-0.10	-0.10	-0.10	0.16	-0.09	-0.04
	back_brake (423)	-0.15	-0.05	0.02	-0.12	-0.29	-0.73	0.16	0.04	0.00	-0.02	0.13	0.13	-0.07	-0.07	0.06	0.15	0.19
	brake (424)	0.14	0.01	-0.46	-0.21	-0.11	-0.15	0.12	0.05	0.11	-0.05	-0.05	-0.05	-0.11	-0.11	0.13	-0.08	0.08
	bump_3p5g (425)	0.13	0.13	0.06	0.04	-0.36	-0.03	0.11	0.08	0.07	0.03	-0.22	-0.22	-0.13	-0.13	0.28	0.17	0.24
	cornering (426)	0.12	0.15	-0.07	-0.22	0.01	-0.03	0.09	0.04	-0.05	-0.11	-0.11	-0.09	-0.09	0.12	-0.12	0.03	
	cornering_brake (427)	0.18	0.07	-0.53	-0.18	0.03	0.13	0.05	-0.03	-0.18	-0.13	-0.10	-0.10	0.15	-0.11	-0.06	0.01	
	fl_rr (428)	0.12	0.16	-0.08	-0.20	-0.12	0.07	0.02	-0.06	-0.13	-0.13	-0.10	-0.10	0.15	-0.11	-0.11	0.04	

a) 变量1~15与各响应的相关系数

		18	19	20	21	22	23	24	25	26	27	28	29	30	31	32	33	34
	mass (417)	0.28	0.21	0.28	0.25	0.12	0.23	-0.05	0.07	0.13	0.01	0.13	-0.02	0.11	0.26	0.20	-0.04	-0.10
	freq_1st (418)	-0.02	0.02	0.19	0.15	0.06	-0.12	-0.24	-0.13	-0.02	-0.02	-0.16	-0.14	-0.01	0.07	0.34	-0.01	0.11
	freq_2nd (419)	0.39	0.06	0.30	0.06	-0.08	0.04	0.08	0.05	0.03	-0.26	-0.11	-0.06	-0.13	0.21	0.36	0.21	0.07
	bend (420)	-0.15	-0.10	-0.09	-0.17	-0.03	-0.47	-0.15	-0.24	-0.15	-0.01	-0.04	0.07	-0.08	-0.10	-0.14	0.03	0.12
	tosion (421)	-0.24	-0.12	-0.16	-0.14	0.01	-0.24	-0.02	-0.18	-0.08	0.03	0.19	-0.18	-0.22	-0.26	-0.05	0.01	
	fatigue (422)	-0.08	-0.89	-0.02	-0.19	0.02	0.05	-0.06	-0.11	-0.06	0.01	0.05	-0.04	0.09	-0.07	0.00	0.17	0.02
	back_brake (423)	-0.21	-0.08	0.04	-0.16	-0.14	-0.16	-0.32	0.01	0.09	0.02	0.01	0.01	-0.19	-0.15	-0.12	0.01	
	brake (424)	-0.19	-0.78	0.03	-0.17	-0.16	0.15	-0.07	-0.26	-0.13	-0.04	0.00	-0.31	0.13	0.14	0.04		
	bump_3p5g (425)	-0.14	-0.29	0.15	-0.18	0.03	0.01	-0.22	-0.81	-0.09	0.27	-0.07	-0.29	0.08	0.03	0.13	0.02	0.15
	cornering (426)	-0.05	-0.95	0.06	-0.15	-0.03	-0.04	-0.13	0.01	0.14	0.07	-0.05	0.13	0.00	0.06	0.16	0.09	
	cornering_brake (427)	-0.15	-0.71	0.07	-0.11	-0.17	0.01	0.02	0.00	0.14	-0.08	-0.07	0.01	-0.30	0.11	0.13	0.09	
	fl_rr (428)	-0.07	-0.94	0.06	-0.16	-0.02	-0.14	-0.02	0.15	0.05	-0.05	0.13	-0.01	0.05	0.05	-0.01		

b) 变量16~32与各响应的相关系数

		35	36	37	38	39	40	41	42	43	44	45	46	47	48	49	50	51	52
	mass (417)	0.17	-0.11	0.14	-0.11	-0.10	-0.00	0.10	0.07	-0.12	0.21	0.20	-0.01	0.04	-0.12	0.08	0.15	0.05	0.24
	freq_1st (418)	0.20	0.06	0.02	-0.02	-0.31	0.10	0.18	-0.08	-0.04	-0.11	-0.03	-0.14	0.16	-0.10	-0.09	0.20	0.16	0.06
	freq_2nd (419)	0.24	0.05	0.16	0.00	-0.20	0.14	0.13	0.01	0.03	0.12	-0.04	0.01	0.06	-0.09	-0.03	0.08	0.10	0.08
	bend (420)	-0.10	0.04	-0.13	0.02	0.10	0.07	-0.04	-0.25	-0.14	-0.07	0.03	-0.02	-0.05	0.11	-0.06	-0.02	-0.20	
	tosion (421)	-0.19	0.06	-0.13	-0.01	0.02	-0.04	-0.09	-0.02	-0.14	-0.02	-0.08	0.01	0.07	-0.03	0.03	-0.10	-0.12	-0.05	-0.01
	fatigue (422)	-0.20	-0.07	-0.02	-0.05	-0.06	-0.14	-0.02	-0.06	-0.02	-0.08	0.01	0.07	0.05	0.08	-0.06	-0.01	-0.05	
	back_brake (423)	-0.20	-0.06	-0.08	0.11	0.22	-0.13	0.07	-0.06	-0.12	-0.09	-0.05	0.11	0.05	0.03	0.02	-0.25		
	brake (424)	-0.17	0.04	0.17	0.00	0.00	-0.06	-0.15	-0.18	-0.22	-0.37	0.00	0.08	0.05	-0.06	-0.01	-0.09	-0.16	
	bump_3p5g (425)	0.02	-0.05	0.04	0.02	-0.11	0.04	-0.15	0.04	-0.22	-0.04	-0.18	0.03	0.02	0.19	0.18	-0.05		
	cornering (426)	-0.18	-0.05	0.17	0.00	0.05	-0.05	-0.12	-0.12	-0.02	-0.03	0.05	0.07	0.10	0.00	-0.04			
	cornering_brake (427)	-0.15	0.09	0.15	-0.06	-0.06	-0.12	-0.03	-0.11	-0.07	-0.32	-0.29	-0.09	0.03	0.03	0.00	-0.09	-0.05	
	fl_rr (428)	-0.18	0.10	-0.06	-0.03	-0.06	-0.16	-0.04	-0.02	-0.02	0.08	0.08	0.11	-0.01	-0.05				

c) 变量33~50与各响应的相关系数

图 4-10 相关系数分析结果图

图 4-11 中柱状图代表每个变量对响应的贡献率，柱状图内的斜线代表变量对响应的正负影响关系。若斜线的斜率为正，则表示该变量对响应为正影响，反之亦然。图 4-11 中的蓝色点线图表示每个变量对响应贡献率的累计叠加。以质量响应为例，尺寸变量 PV6、PV4、PV5、PV3 为贡献率排序前 4 的变量，与相关系数法得出的结论基本一致，变量 PV6 的贡献率最大为 14%，并且这 4 个变量的累计贡献率为 45%，说明材料厚度的变化对质量的影响较大。同理，对于不同的响应均可获得变量贡献率的排序和累积贡献率。因此，基于上述对相关系数和贡献率的分析，对设计变量的筛选建立如下原则：

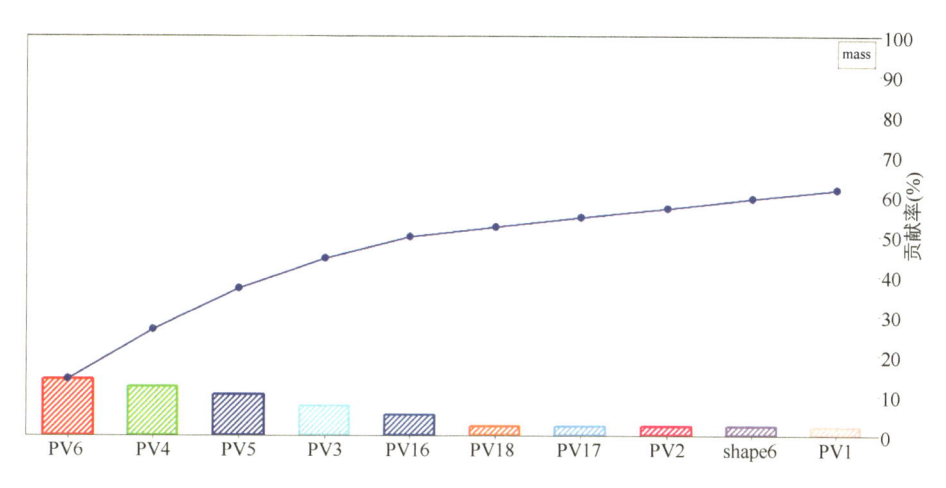

a) 变量对质量响应贡献率图

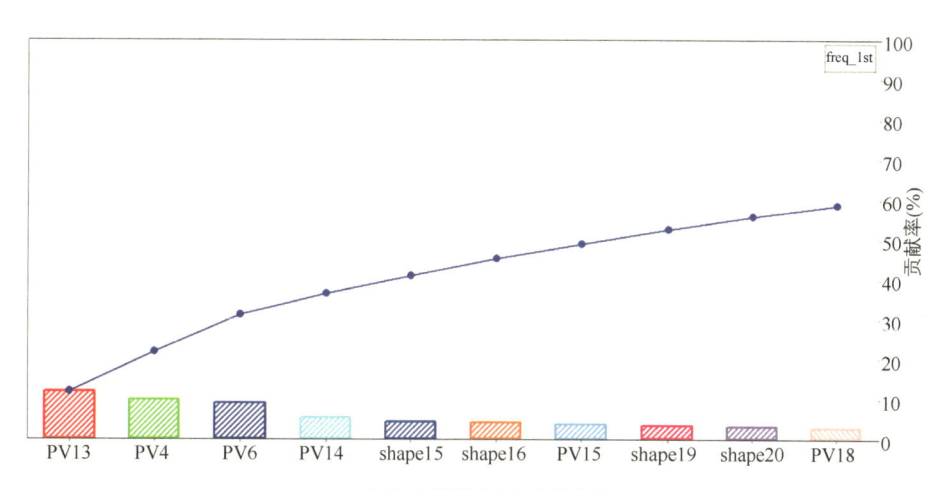

b) 变量对1阶模态响应贡献率图

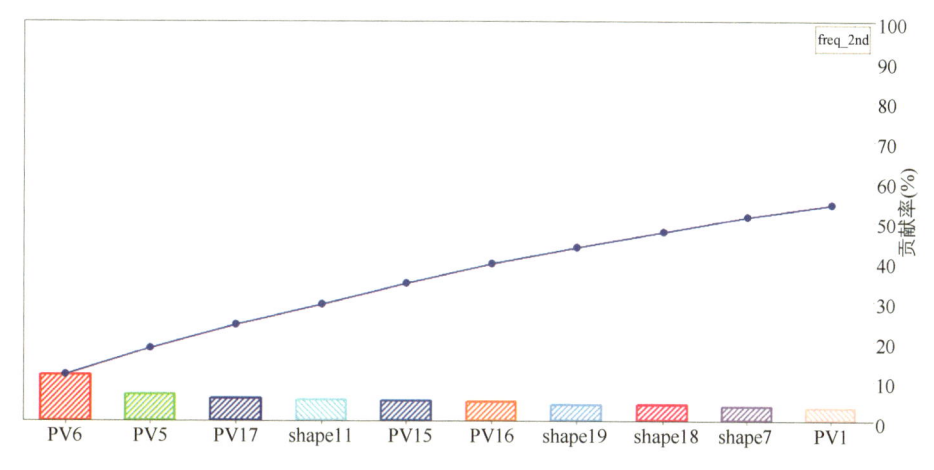

c) 变量对2阶模态响应贡献率图

图 4-11 不同响应下的变量贡献率

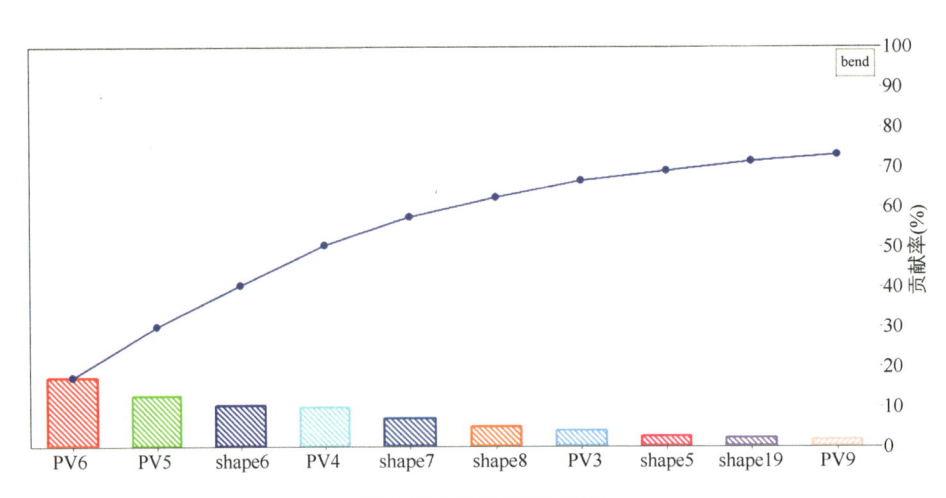

d) 变量对弯曲刚度响应贡献率图

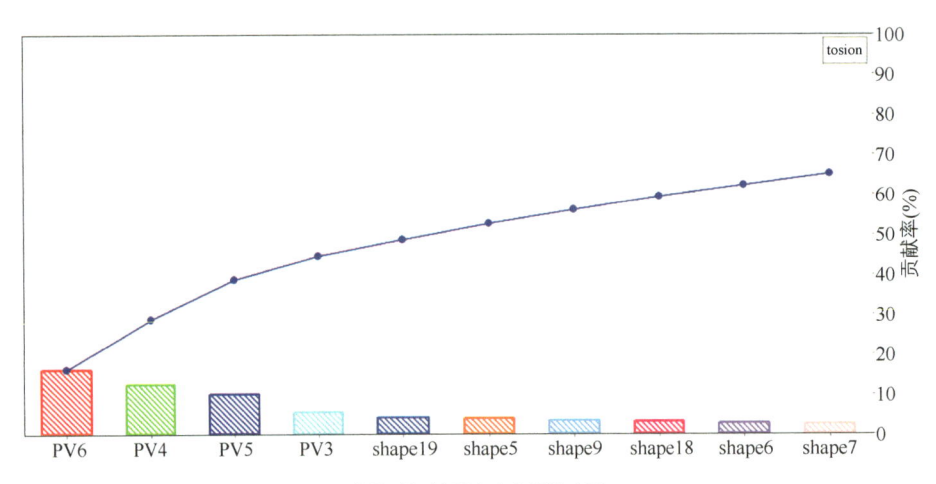

e) 变量对扭转刚度响应贡献率图

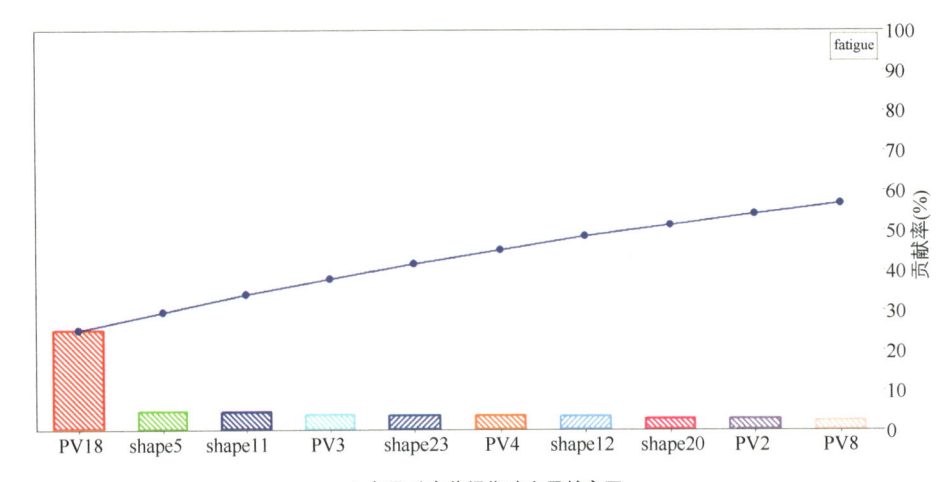

f) 变量对疲劳损伤响应贡献率图

图 4-11　不同响应下的变量贡献率（续）

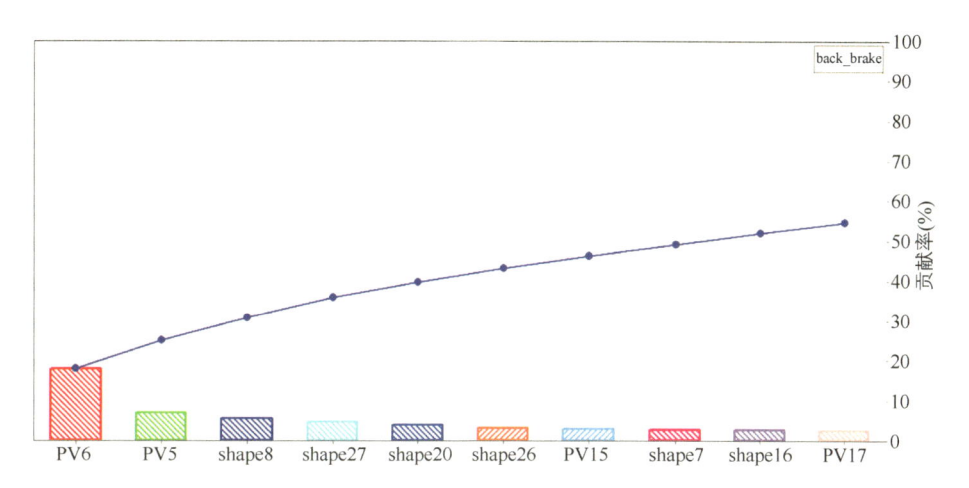

g) 变量对后制动工况响应贡献率图

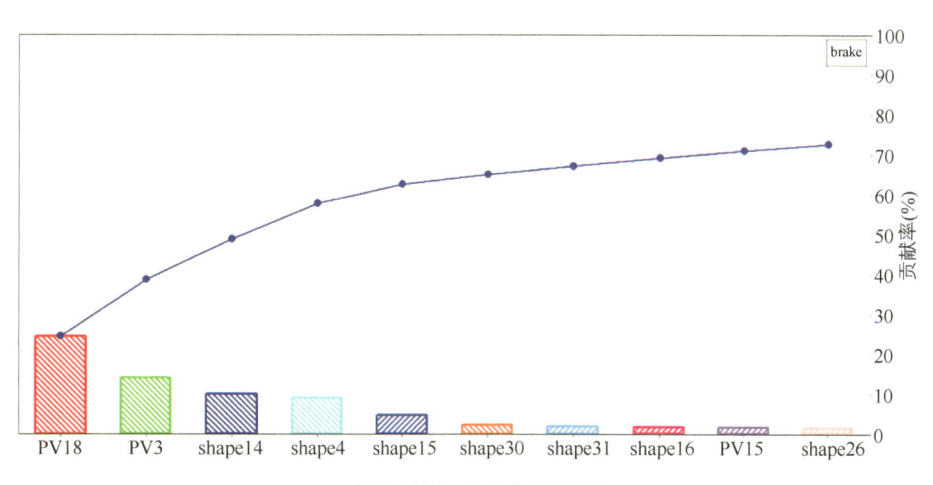

h) 变量对制动工况响应贡献率图

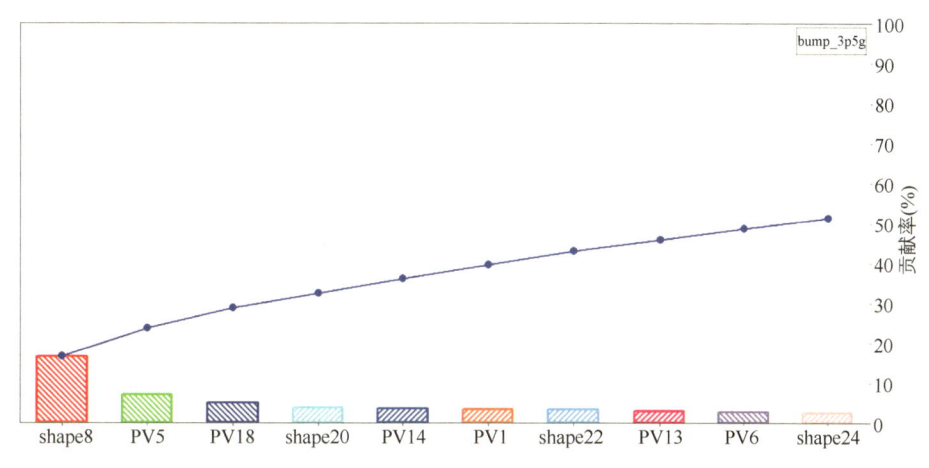

i) 变量对上跳工况响应贡献率图

图 4-11 不同响应下的变量贡献率（续）

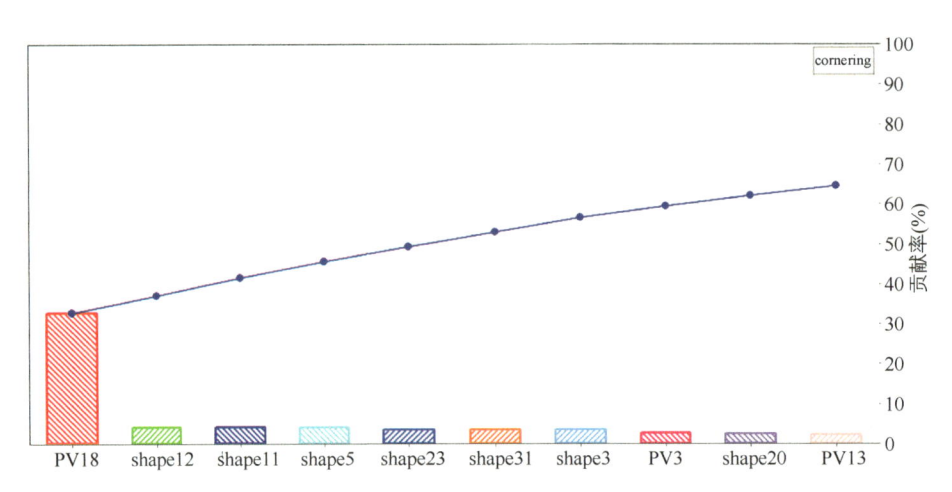

j) 变量对转弯工况响应贡献率图

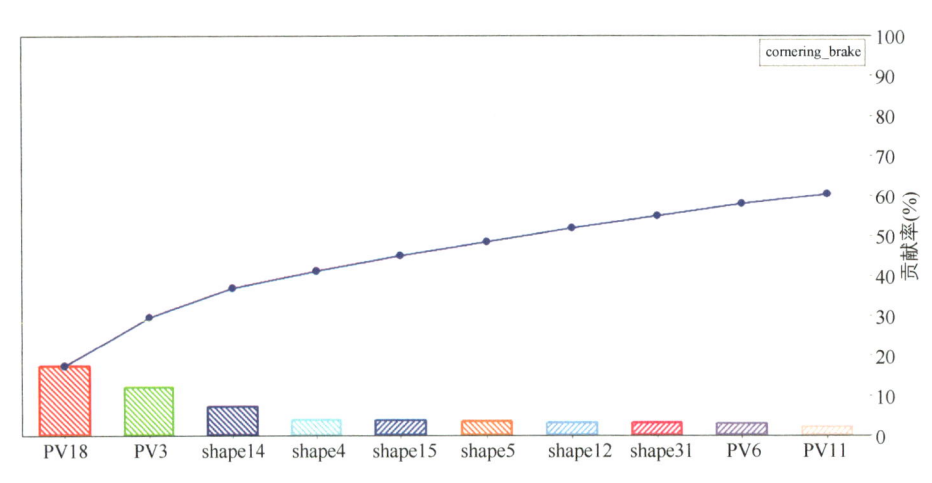

k) 变量对转弯制动工况响应贡献率图

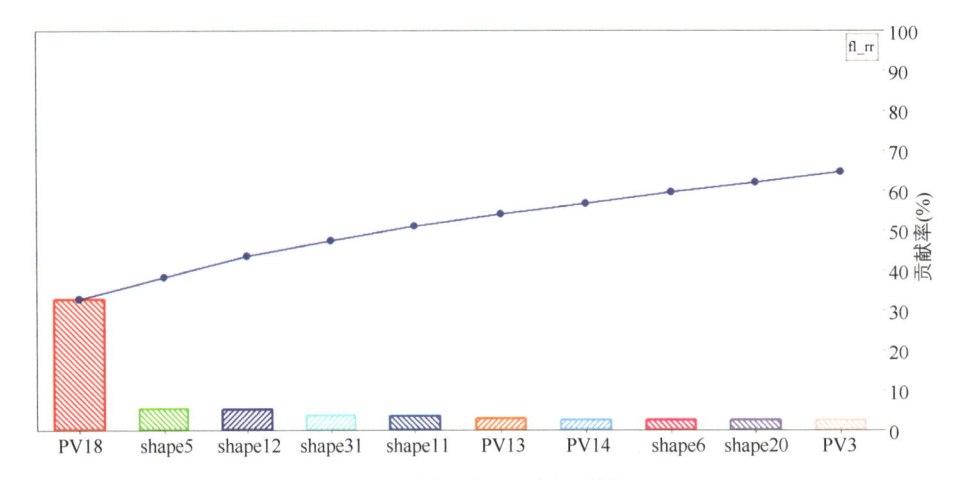

l) 变量对车轮上抬工况响应贡献率图

图 4-11　不同响应下的变量贡献率（续）

1）贡献率结果图能够对变量的影响程度进行排序，更加直观，与相关系数法的分析结果大体一致，因此以贡献率法获得的变量排序为基础，辅以相关系数法的结果验证来进行变量的筛选。

2）对变量的选择数量，要求对不同响应的累计贡献率达到 60% 左右为界限，划定不同响应下所需变量的数量。由于变量贡献率排序 10 以后的变量贡献率都较低，因此每个响应所筛选出的变量控制在 10 个以内。

3）对不同响应下获得的变量求并集，涵盖所有响应中满足上述条件的变量，使得减少优化变量的同时，还能使保留的变量对各个性能响应均有较高的影响能力，以保证优化效果。

基于上述分析结果和变量筛选方案，对初始 50 个设计变量进行筛选后，最后确定的设计变量共 32 个，具体见表 4-3，变量的变化范围基于初始设计空间的变化范围，保持不变。

表 4-3 筛选后的设计变量汇总表

变量类型	保留的设计变量	设计变量个数
尺寸变量	PV1、PV2、PV3、PV4、PV5、PV6、PV8、PV9、PV11、PV13、PV14、PV15、PV16、PV17、PV18	15 个
形状变量	DV4、DV5、DV6、DV7、DV8、DV9、DV11、DV12、DV14、DV15、DV16、DV18、DV19、DV20、DV27、DV30、DV31	17 个

4.2.3 优化问题的定义

本书研究的目标是获得满足电动汽车车架性能要求的设计方案，即在前文车架总体设计思路的指导下，优化现有车架方案，根据上节确定的优化变量，找到合适的设计变量组合 **DV**（DV4, DV5, …, DV31, PV1, PV2, …, PV18），变量的变化范围和变量类型作为变量的限制条件。通过第 3 章的电动汽车车架强度性能分析可知，电动汽车车架的制动工况和转弯制动工况分析结果不能满足工程要求，因此这两种强度工况的塑性变形将作为优化问题的目标函数，并且希望优化后的车架能适当地减小质量，车架的总质量也将作为目标函数。此外，为了保证目标函数在优化过程中，车架的刚度性能、疲劳性能、模态特性和其他强度工况同样符合设计要求，以车架这些性能参数作为优化问题的约束条件，使这些性能保持在合理的范围内。电动汽车车架多目标优化问题的数学模型见式（4-6）。

$$\text{Find} \quad \mathbf{DV} = (DV4, DV5, \cdots, DV31, PV1, PV2, \cdots, PV18)^T$$

$$\text{Min} \ \{ EPS_1(x), EPS_5(x), M(x) \}$$

$$\text{S.T} \begin{cases} f_1(x) \geq F_1 \\ f_2(x) \geq F_2 \\ T_k(x) \geq T_k \\ B_k(x) \geq B_k \\ D(x) \leq 1 \\ EPS_2(x) \leq [\varepsilon_0] \\ EPS_3(x) \leq [\varepsilon_0] \\ EPS_4(x) \leq [\varepsilon_0] \\ EPS_6(x) \leq [\varepsilon_0] \\ x \subset \mathbf{DV} \end{cases} \quad (4\text{-}6)$$

式中，$EPS_1(x)$ 为制动工况中车架最大的等效塑性应变；$EPS_5(x)$ 为转弯制动工况中车架最大的等效塑性应变。

采用等效塑性应变作为强度性能的响应，原因在于车架不同位置上的部件在强度工况中所产生的应力对应不同位置上的材料屈服强度，而车架采用的材料类型较多，如果以材料的屈服作为强度性能的响应则定义优化问题不够方便，获取不同工况中不同结构材料的应力过程繁琐，而车架强度要求的标准只要不超过材料的屈服强度即可。需要特别说明的是，在强度和疲劳载荷提取过程中已考虑了载荷的安全系数，因此这里无须重复定义强度安全系数。而材料在达到屈服极限之前可以近似地认为处于弹性阶段，所产生的应变可以忽略，只有材料所受应力接近屈服强度，才会产生塑性变形。因此车架结构无论包含多少种材料，只要最终整体的最大等效塑性应变在许可范围内就能满足强度要求。$f_1(x)$ 与 $f_2(x)$ 为车架的第 1 和第 2 阶模态，F_1 和 F_2 参考电动汽车车架初始设计方案模态值。$T_k(x)$ 为车架的扭转刚度，$B_k(x)$ 为车架的弯曲刚度，T_k 和 B_k 分别为电动汽车初始车架设计方案的扭转刚度和弯曲刚度值。$D(x)$ 为车架的路谱疲劳损伤，要求总损伤值 < 1。$EPS_2(x)$ 为上跳工况中车架最大的等效塑性应变，$EPS_3(x)$ 为转弯工况中车架最大的等效塑性应变，$EPS_4(x)$ 为后制动工况中车架最大的等效塑性应变，$EPS_6(x)$ 为车轮上抬工况中车架最大的等效塑性应变，$[\varepsilon_0]$ 为工程许用的等效塑性应变值，通常取值为 1%。静态工况作为基础的验证工况，在其他工况能满足要求的条件下，必定也能满足要求，故考虑优化效率，静态工况不作为性能响应参与优化。x 为变量取值后的设计方案。

4.2.4 近似模型的建立方法

在实际工程应用中，单次对大型有限元模型的求解时间可能就要按小时计算，对于数百上千次的计算所耗费的时间是不可估计的，也是无法承受的[149]。因此近似模型建立的目的就是为了模拟一系列的输入变量和输出响应之间的函数关系，并用函数表达式来预测未知变量的输出响应，无须再通过对原始模型进行反复计算，就可以获得近似的输出响应，大幅提高计算的效率，目前应用较多的近似模型主要有：多项式响应面模型、Kriging 模型、径向基神经网络模型。本节旨在通过对这些近似模型理论的研究，探讨它们之间的差异性，为本书后续的优化工作打下基础。

（1）多项式响应面模型　响应面模型的构建原理，是通过多项式来拟合设计变量和输出响应之间的函数关系，并结合最小二乘法对构建的多项式进行求解计算，使得所构建响应面模型的近似值与真实试验样本值误差最小[150-151]。随着多项式的阶数越高，响应面模型的精度也越高，通常对于多变量的非线性问题，一般采用 3 阶多项式基本能够保证响应面模型的精度，3 阶多项式响应面的表达式见式（4-7）。值得注意的是，多项式的阶数对响应面模型的精度至关重要，但一味地提高多项式阶数，对响应面模型的精度提升意义不大，反而会降低响应面模型的优化效率，如产生这种提升多项式阶数无法达到响应面模型精度要求的问题，可以考虑适当增加样本点的方法来解决[125]。

$$\tilde{y}(x) = \beta_0 + \sum_{i=1}^{n} \beta_i x_i + \sum_{i=1}^{n} \beta_i x_i^2 + \sum_{i=1}^{n} \beta_i x_i^3 + \sum_{i \neq j}^{n} \beta_{ij} x_i x_j \tag{4-7}$$

式中，n 为变量的个数；β_0、β_i、β_{ij} 为多项式未知系数。

利用已知样本点的变量值和真实试验响应值，结合最小二乘法建立方程组求解上式中的未知系数，最小二乘法基本表达式见式（4-8）。

$$\min E = \sum_{i=i}^{n}(y_i - \tilde{y}_i)^2 \tag{4-8}$$

式中，n 为变量的个数；y_i 为第 i 个样本点的输出响应值。

将式（4-7）代入到式（4-8）中，为求 E 的最小值，令 E 求导后方程组等于 0，以求得式（4-7）中多项式的未知系数。对于阶次不高的多项式，建立起响应面近似模型并不复杂。

如图 4-12 所示，高阶和低阶多项式拟合的响应面精度有着明显区别，高阶多项式能更好地拟合样本点。由此可以看出，响应面近似模型优缺点十分明显，优点在于对于非线性程度不高的函数关系，能够简单高效地获得近似模型。但也存在一些不足，例如，不能保证响应面通过所有的样本点，对于高度复杂的函数关系其精度不足。

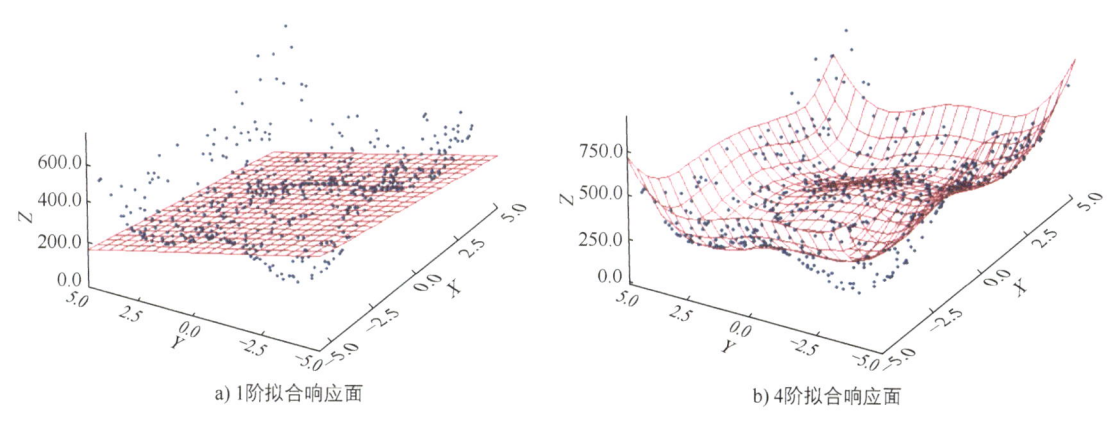

a）1 阶拟合响应面 b）4 阶拟合响应面

图 4-12　1 阶和 4 阶多项式拟合的响应面精度对比图

（2）Kriging 模型　Kriging 模型是全局响应近似函数与局部导数的组合。全局响应近似函数根据平均响应而取常数项，局部导数根据任意两个取样点的相互关系用通行的高斯修正函数确定，取样点通过插值得到，其曲线经过所有样本点。其实质就是利用区域化变量的原始数据和变异函数的结构特征，对未知样本进行最优线性无偏估计，Kriging 的适用条件是区域化变量存在空间相关性。Kriging 模型的好处是能够捕获真实物理问题中简单多项式无法代表的某些非线性特征，而且相关函数的连续性和可导性也比较好，在解决非线性程度较高的问题时，往往也能取得比较理想的拟合效果。Kriging 模型表达式见式（4-9）。

$$\hat{y}(\gamma) = \boldsymbol{f}^{\mathrm{T}}(\gamma)\boldsymbol{\beta} + z(\gamma) \tag{4-9}$$

式中，$\boldsymbol{f}^{\mathrm{T}}(\gamma)\boldsymbol{\beta}$ 为已知的多阶多项式函数，实现全局响应近似；$\boldsymbol{\beta}$ 为回归系数向量；$z(\gamma)$ 是实现局部偏差的近似，需满足其期望值为 0、方差为 σ^2 的统计特性，同时其协方差表达式为

$$\mathrm{cov}[z(\gamma_i), z(\gamma_j)] = \sigma^2 \boldsymbol{R}[r(\gamma_i, \gamma_j, \theta)] \tag{4-10}$$

式中，$\boldsymbol{R}$ 为相关函数矩阵；$r(\gamma_i, \gamma_j, \theta)$ 为样本点 γ_i 和 γ_j 之间的相关函数，其中 θ 为相关参数，通常采用高斯函数作为相关函数，其形式为

$$r(\gamma_i, \gamma_j, \theta) = \exp\left(\sum_{k=1}^{n} \theta_k \|\gamma_{ik} - \gamma_{jk}\|^2\right) \tag{4-11}$$

式中，n 为样本点数量；$\|\gamma_{ik}-\gamma_{jk}\|$ 为样本点之间的距离，当有了相关函数后，任意样本点 γ 的响应估计可表达为

$$\hat{y}(\gamma) = \boldsymbol{f}^{\mathrm{T}}(\gamma)\boldsymbol{\beta} + \boldsymbol{r}^{\mathrm{T}}(\gamma)\boldsymbol{R}^{-1}[\boldsymbol{y}(\gamma)-\boldsymbol{f}(\gamma)\boldsymbol{\beta}] \tag{4-12}$$

式中，$\boldsymbol{r}^{\mathrm{T}}(\gamma)$ 为 n 个样本点与未知点 γ 所组成的相关矢量；$\boldsymbol{y}(\gamma)$ 为样本点的响应向量；$\boldsymbol{f}(\gamma)$ 为回归函数向量。

由此可以得到回归系数矩阵 $\boldsymbol{\beta}$ 的表达式

$$\boldsymbol{\beta} = [\boldsymbol{f}^{\mathrm{T}}(\gamma)\boldsymbol{R}^{-1}\boldsymbol{f}(\gamma)]^{-1}\boldsymbol{f}^{\mathrm{T}}(\gamma)\boldsymbol{R}^{-1}\boldsymbol{y}(\gamma) \tag{4-13}$$

最后以相关参数 θ 的极大似然估计为目标函数进行求解，完成 Kriging 模型的建立，其中目标函数的表达式为

$$\max \varphi(\theta_k) = \left[-\frac{n\ln(\sigma^2)+\ln|\boldsymbol{R}|}{2} \right] \tag{4-14}$$

由以上 Kriging 模型建立的原理，可以总结出 Kriging 模型具有以下特点：①数据符合内蕴假设并且方差函数定义得当的条件下，预测误差要低；②可以给出目标点的预测值和预测误差，对于高阶低维的非线性响应具有良好的品质；③其建立过程较为复杂，样本点过多的话，可能会导致相关参数求解失败而无法建立 Kriging 近似模型。

（3）**径向基神经网络模型** 径向基神经网络是具有唯一最佳逼近、训练简洁、学习收敛速度快等良好性能的前馈型神经网络[152]。它具有单隐层的三层前向网络，如图 4-13 所示，第一层为输入层，由信号源节点组成。第二层为隐藏层，含有 p 个径向基神经元，隐藏层较输入层有更高的维数，将低维非线性可分的输入映射到高维线性可分的空间，隐藏层节点的激活函数对输入局部响应，当输入靠近基函数中央范围时，隐藏层节点将产生较大的输出远离中心点，输出将呈指数衰减。第三层为输出层，是对输入模式做出的响应。输入层仅仅起到传输信号作用，输入层和隐藏层之间通过非线性变换函数实现映射，输出层与隐藏层所完成的任务是不同的[153]。

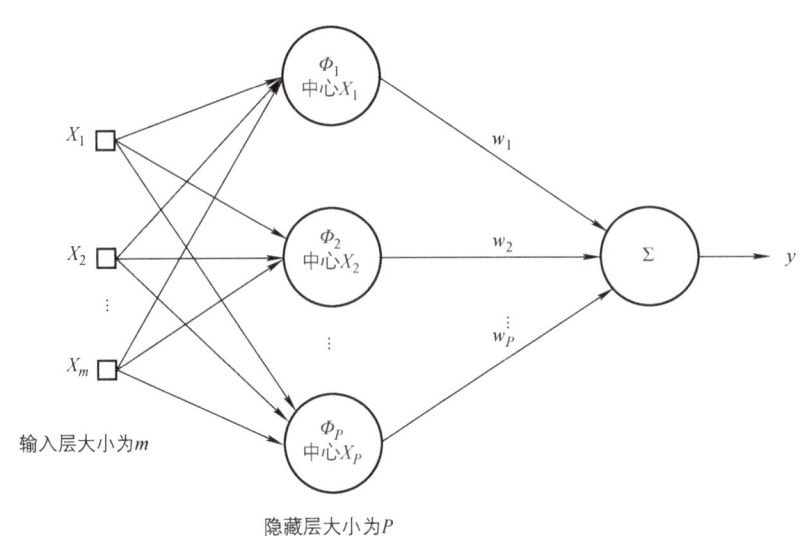

图 4-13 径向基神经网络结构图

而隐藏层空间到输出空间的映射是线性的，即网络的输出是隐单元输出的线性加权和，此处的权即为网络可调参数。当网络的一个或多个可调参数（权值或阈值）对任何一个输出都有影响时，这样的网络称为全局逼近网络。由于对于每次输入，网络上的每一个权值都要调整，从而导致全局逼近网络的学习速度很慢。如果对于输入空间的某个局部区域只有少数几个连接权值影响输出，则该网络称为局部逼近网络。径向基神经网络就属于局部逼近网络，这也是为什么径向基神经网络有很快的学习收敛速度。输出层和隐藏层之间的线性关系可以用函数表达为

$$y(x) = \sum_{p=1}^{p} w_p \varphi_p \left(\left\| X - X^p \right\| \right) \tag{4-15}$$

式中，p 为样本点的数量；X 为未知设计变量向量；X^p 为第 p 个样本点的已知变量值向量；w_p 为基函数的加权系数；$\left\| X - X^p \right\|$ 为欧式距离函数；φ_p 为基函数，常用的基函数主要有复合二次项基函数、逆复合二次项基函数和高斯基函数等，其中高斯基函数是应用范围最广的。其表达式为

$$\varphi \left(\left\| X - X^p \right\| \right) = \exp \left(-\frac{\left\| X - X^p \right\|^2}{2\sigma^2} \right) \tag{4-16}$$

式中，σ 为径向基函数的扩展常数，它反映了函数图像的宽度，σ 越小，图像宽度越窄。σ 可以通过式（4-17）求解。

$$\sigma = \frac{d_p}{\sqrt{2p}} \tag{4-17}$$

式中，d_p 为所选取中心点之间的最大距离。隐藏层至输出层之间的神经元的连接权值可以用最小二乘法解线性方程组得到，即对损失函数求解关于 w_p 的偏导数，并令方程等于 0 进行求解。

通过对以上理论分析和总结，可以归纳出径向基神经网络的优缺点，其主要优点是：非线性拟合能力强，全局最优逼近；收敛速度快，便于计算机实现；具有强大的自学习能力。但其缺点也很明显，对径向基近似模型的精度评估不能通过方差分析实现，需要借助交叉验证来实现，实现的过程较为复杂，同时容易陷入局部极值解的问题。

4.2.5 近似模型的误差分析

近似模型的构建可以减少大量重复的有限元计算，为后续优化模型求解缩短了时间。结合实际问题，对于不同的近似模型建立方法，近似模型的预测精度对优化结果的可靠性有不同的影响，建立的近似模型精度越高，基于此获得优化解的信心度也就越高。因此需在新的设计空间内，获取足够的样本点，对所建立的近似模型进行误差分析。

评价近似模型的精确度通常参考的指标包括最大误差率 $\varepsilon_{\max}$、决定系数 R^2 值和调整决定系数 R^2_{adj} 等。其中误差二次方和的表达式为

$$\varepsilon_{\max} = \max\left(\frac{y_i - \bar{y}_i}{\bar{y}_i}\right) \times 100\% \qquad (4\text{-}18)$$

决定系数 R^2 的表达式为

$$R^2 = 1 - \frac{\sum_{i=1}^{n}[y_i - \bar{y}_i]^2}{\sum_{i=1}^{n}[y_i - \bar{y}]^2} \qquad (4\text{-}19)$$

调整决定系数 R_{adj}^2 的表达式为

$$R_{\text{adj}}^2 = 1 - \frac{n-1}{n-1-p}(1-R^2) \qquad (4\text{-}20)$$

式中，n 为输入样本点的数量；y_i 为样本的真实响应值；$\bar{y}_i$ 为样本的预测值；$\bar{y}$ 为样本点真实响应值的平均值；p 为响应面法中多项式的项数。

随着近似模型误差的增加，R^2 的值会减小，R^2 值越接近 1，表示近似模型的质量越好，精度越高。例如，当 $R^2=0.92$ 时，表明样本数据中 92% 的方差可以由该近似模型预测，当 $R^2 > 0.92$ 时，通常说明建立的近似模型是非常好的，而 $R^2 < 0.65$ 一般是不能接受的，需要其他的标准再进行检验。在某些情况下，R^2 值可以是负数，这说明近似模型的拟合质量是非常差的。R_{adj}^2 值只在响应面模型中存在，并且总是 $\leq R^2$ 值，如果 R_{adj}^2 和 R^2 的值存在显著的不同，那么可以说明响应面法中的多项式可能包括非重要的项。

需要强调的是，结合径向基近似模型建立的理论，当采用径向基近似模型时，由于它们拟合的函数都准确地经过样本点，所以输入样本矩阵的 R^2 值永远等于 1，但这并不能代表所建立的径向基近似模型就是准确的，输入样本矩阵的 R^2 值对它们来说是没有实际意义的。因此，在这里需要依靠验证样本矩阵的 R^2 值来判断模型的精准度，依靠其他样本点矩阵来实现模型的精准评估。

本书以新确定的 32 个设计变量为基础，利用 Hammersley 采样获取用于拟合模型的样本点 250 个。为避免样本点的重复或相似性，利用拉丁超立方设计，获取验证近似模型精度的样本点 50 个，通过验证样本的决定系数 R^2 值来判断不同响应所建立近似模型的精度。通过对比响应面和 RBF 两种构建近似模型的方法，使不同的响应能获得精度较高的近似模型。

由于响应面法可以拟合不同阶次的近似模型，阶次越高精度也越高，但所需样本点数量也越多。以二次多项式响应面为例，多项式的项数为 $(n+1)(n+2)/2$ 个，因此为最小二乘法求解每项的系数所需的样本点个数至少是 $(n+1)(n+2)/2$ 个，n 为变量的个数。所以要对包含 32 个变量的 12 个响应分别构建二次多项式响应面模型，则至少需要计算 561 个样本点内的 12 个响应值，计算量和耗时是巨大的，按这个计算量和时间去构建近似模型，并没有体现利用近似模型进行优化的优势。因此，对于响应面法，本书只采用单个变量最高 3 阶、不包含交互项的拟合函数来构建近似模型，这样所需样本点的数量保证在 $3n+1$ 以上即可，相比于含交互项的拟合函数大大减少样本的数量，同时适当增加样本点数量来提高 3 阶不含交互项的响应面近似模型的精度。12 个性能响应采用响应面法和 RBF 法拟合后的验证样本决定系数分别如图 4-14、图 4-15 所示。

Label	Fit Type	R-Square	Maximum Absolute Error
1 mass	MLSM	0.9995998	3.78e-04
2 freq_1st	MLSM	0.9584076	0.2873197
3 freq_2nd	MLSM	0.8718868	0.9769179
4 bend	MLSM	0.8816162	0.1290323
5 tosion	MLSM	0.9560409	0.3998174
6 fatigue	MLSM	0.7134870	0.3356742
7 back_brake	MLSM	0.7067092	0.0175350
8 brake	MLSM	0.9264677	0.0866246
9 bump_3p5g	MLSM	0.0643375	0.0237008
10 cornering	MLSM	0.7559130	0.0805137
11 cornering_brake	MLSM	0.8655978	0.0941005
12 fl_rr	MLSM	0.7713671	0.0586480

图 4-14　响应面法验证样本决定系数

Label	Fit Type	R-Square	Maximum Absolute Error
1 mass	RBF	0.9928783	0.0013819
2 freq_1st	RBF	0.9629237	0.3557177
3 freq_2nd	RBF	0.8942210	0.9375592
4 bend	RBF	0.9205461	0.1002603
5 tosion	RBF	0.9768079	0.2496688
6 fatigue	RBF	0.8058671	0.2315118
7 back_brake	RBF	0.7675659	0.0173723
8 brake	RBF	0.9158177	0.0995263
9 bump_3p5g	RBF	0.5541902	0.0180312
10 cornering	RBF	0.8560481	0.0667181
11 cornering_brake	RBF	0.8898735	0.0745971
12 fl_rr	RBF	0.8767683	0.0486544

图 4-15　RBF 法验证样本决定系数

通过对两者决定系数对比可以发现，对于质量、模态等线性工况响应面法和 RBF 法所拟合的近似模型精度相近，而对于计算强度非线性工况，使用 RBF 法构建的近似模型精度更高。由于响应面法拟合具有简单高效、优化求解快速的特点，因此，在两者精度接近的情况下，优先选择响应面近似模型，对强度工况选择 RBF 近似模型。

但在 RBF 法验证样本决定系数图中，上跳工况拟合模型的决定系数只有 0.55，不满足决定系数要大于 0.7 的要求，因此需进一步对上跳工况拟合模型的精度进行分析。造成决定系数偏小的主要原因可能是：近似模型在样本点上预测值与真实值的均值较为接近，预测值的分布主要位于真实值的均值附近，而不同样本点的真实值分布比预测值的分布离均值较远，但这并不能说明所有样本的预测值与真实值之间的误差都很大，决定系数可以大概率的快速判断近似模型的精度问题，但对于部分特殊情况需借助其他标准进行判断，最大误差分析在某些时候可以解决这一问题，所以在对近似模型的精度进行判断时，并不能完全依赖决定系数，当验证样本点的最大误差在范围内时，即使决定系数不能达到标准，近似模型的精度也可满足要求。图 4-16 所示为上跳工况的 RBF 验证样本误差率，由图 4-16 可知，验证样本最大的负误差率为 -8%，属于合理的范围内。因此，上跳工况的 RBF 近似模型可以代替有限元模型的计算。

	👟 bump_3p5g	🟢 bump_3p5g	Error	Percent Error			👟 bump_3p5g	🟢 bump_3p5g	Error	Percent Error
2	0.2152000	0.2327956	−0.0175956	−8.1764029		38	0.2479000	0.2323802	0.0155198	6.2605136
42	0.2218000	0.2398312	−0.0180312	−8.1294815		36	0.2414000	0.2305884	0.0108116	4.4787097
29	0.2295000	0.2424952	−0.0129952	−5.6623934		23	0.2372000	0.2273623	0.0098377	4.1474244
10	0.2101000	0.2204949	−0.0103949	−4.9475726		4	0.2574000	0.2484079	0.0089921	3.4934205
13	0.2364000	0.2472005	−0.0108005	−4.5687543		32	0.2352000	0.2280737	0.0071263	3.0298880

a) 负误差率　　　　　　　　　　　　　　　b) 正误差率

图 4-16　上跳工况 RBF 近似模型的验证样本误差率

4.2.6　多目标优化分析

多目标优化分析中，常采用的优化算法为遗传算法[154]。遗传算法（Genetic Algorithm，GA）是受达尔文进化论的启发，借鉴生物进化过程而提出的一种启发式搜索算法。其主要特点是直接对结构对象进行操作，不存在求导和函数连续性的限定，具有内在的隐并行性和更好的全局寻优能力。随着遗传算法的成熟应用，许多学者已经将遗传算法的求解思路运用到多目标优化的问题中来[155-156]。目前主流的多目标遗传算法为带精英策略的非支配排序遗传算法（Elitist Non-Non-dominate Sorting Genetic Algorithm）。带精英策略的非支配排序遗传算法是对非支配排序遗传算法的改进，主要的改进体现在以下 3 个方面：①通过快速非支配排序策略可以有效地降低计算非支配序的复杂程度，从而提高计算效率；②引入了精英策略，能将父代的精英个体遗传到下一代，保护了父代和子代中优秀的个体，从而提升了优化质量和效率；③引入了拥挤度和拥挤度比较算子的方法，替代了非支配排序遗传算法中的共享函数，避免了人为主观指定共享参数的弊端，使得到的解在目标空间中分布更加均匀，保证了种群多样性。基于上述带精英策略的非支配排序遗传算法具有的巨大优势，精英策略的非支配排序遗传算法的基本原理如下：

首先，随机产生种群个体数量为 N 的初始父代种群 $P_t(t=0)$，并计算初始父代种群 P_0 中个体的适应度值。根据遗传算法的选择、交叉、变异 3 个基本操作，得到种群个体数量也为 N 的第一代子代种群 $Q_t(t=0)$，这里的选择运算方法主要包括轮盘赌选择法、随机遍历抽样法、锦标赛选择法，通常采用较多的是锦标赛选择法，其原理是在父代种群中随机选择 n 个个体进行适应度比较，n 一般取值为种群个体数量 N 的一半。选择其中最优的个体放入子代种群，重复此步骤，每次都选择最优的个体，直到子代种群大小达到种群要求大小。

然后，从第二代开始，将父代种群 P_t 与子代种群 Q_t 合并，形成种群个体数量为 $2N$ 的种群 R_t，并对种群 R_t 进行快速非支配排序，从种群 R_t 中选出非支配解集并分配层级为 1 的集合 F_1，再将 F_1 集合删除，在剩下的个体中找出新的非支配解集，分配层级为 2 的集合 F_1，依次类推，直到种群等级被全部划分。非支配解集层级划分的示意图如图 4-17 所示。

其次，计算种群 R_t 中每个个体的拥挤度，

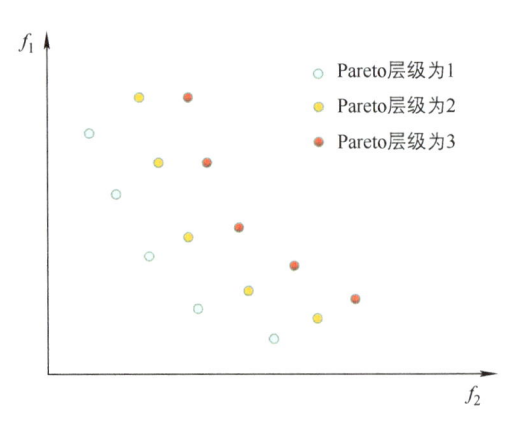

图 4-17　非支配解集层级划分示意图

拥挤系数的计算公式见式（4-15）。经过对种群 R_t 进行非支配排序后，依次获得了非支配解集 $F_i(i \geq 1)$，此时依次将 F_i 添加到新的父代种群 P_{t+1} 中去，直到新的父代种群 P_{t+1} 中的个体数量超出 N，则根据个体拥挤系数，拥挤系数越大，越容易在遗传算法选择阶段被选择，为的是增强同一前沿面的多样性。以此确定新的父代种群 P_{t+1}，这个过程也被称为精英保留策略的过程。

$$d_i = \sum_{j=i}^{k} \left| \frac{f_j^{i+1} - f_j^{i-1}}{f_j^{\max} - f_j^{\min}} \right| \tag{4-21}$$

式中，d_i 为个体 i 的拥挤系数；k 为目标函数的数量；f_j^{i+1} 为个体 $i+1$ 的第 j 个目标函数的函数值；f_j^{i-1} 为个体 $i-1$ 的第 j 个目标函数的函数值；$f_j^{\max}$ 和 $f_j^{\min}$ 分别为第 j 个目标函数的最大值和最小值。

最后，通过遗传算法的 3 个基本操作产生新的子代种群 R_{t+1}，依次循环，直到满足程序结束的条件，迭代结束。整个算法的原理流程图如图 4-18 所示。

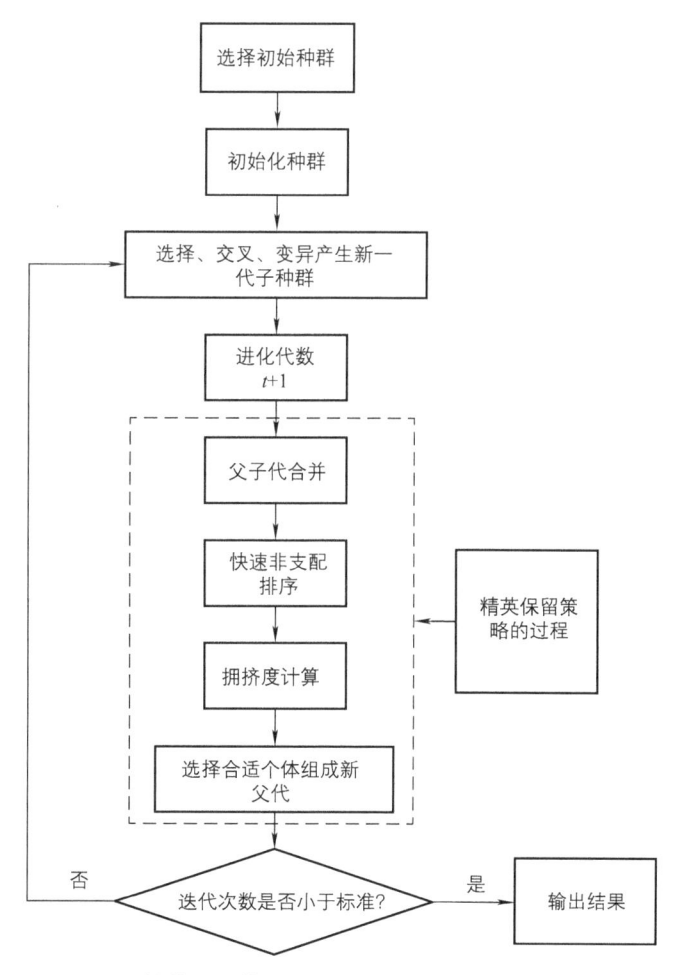

图 4-18 精英保留策略的非支配排序遗传算法原理流程图

通过以上对精英保留策略的非支配排序遗传算法原理的研究，可以看出该算法具有一些明显的优势，例如，能够解决任意数目的多目标优化问题；保护了样本中优良的个体，提高了优化的准确性；继承了遗传算法的特点，全局搜索能力强，收敛性好；引入拥挤度的概念，提升了解集的多样性，因此也成为了获取多目标优化问题中 Pareto 解集的重要方法[157]。

在 HyperStudy 平台中，根据优化问题的定义以及选取的优化变量，将多目标遗传算法作为本书优化问题的求解方法。结合近似模型的分析结果，对以响应面法和 RBF 法两种近似模型法建立的电动汽车车架性能响应进行多目标优化。本书中多目标遗传算法设置的种群数为 200，最大迭代数为 300，具体参数设置见表 4-4。进行 21639 次运算后，多目标遗传算法在设计空间中搜索计算获得的优化解集——Pareto 解集，如图 4-19 所示。

表 4-4 多目标遗传算法参数设置

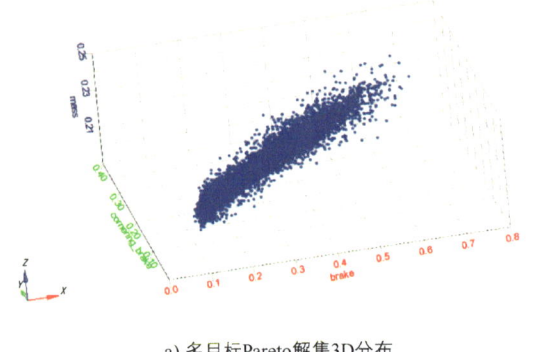

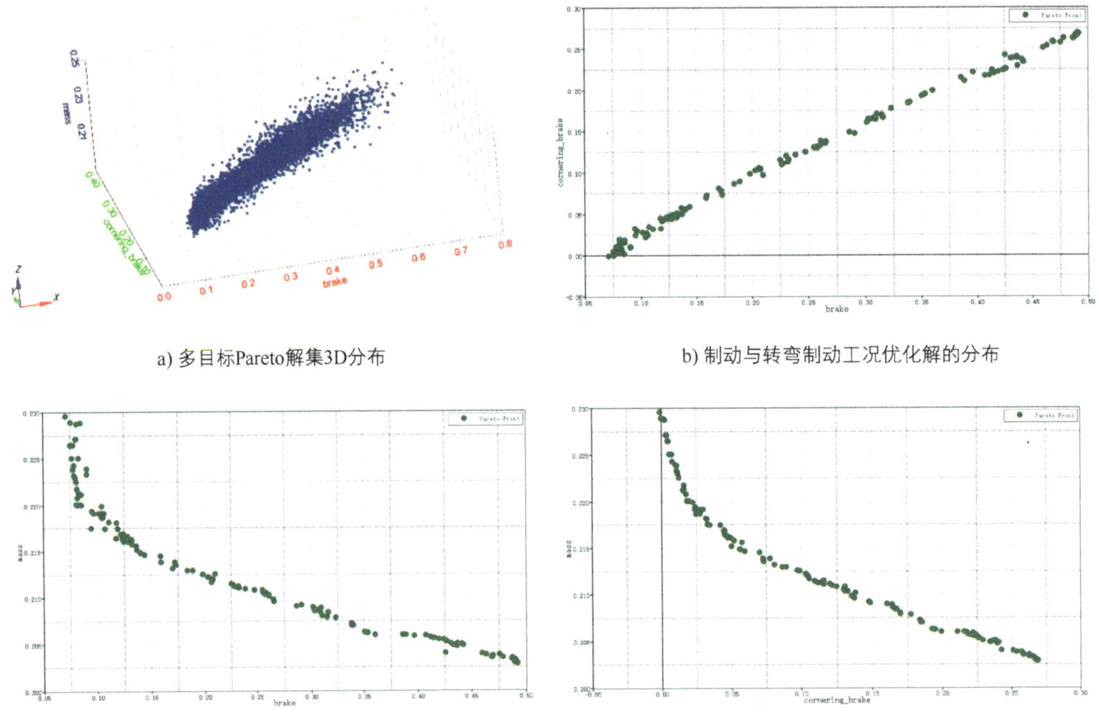

种群数目	最大迭代数	最小迭代数	变异率	精英种群	分配指数
200	300	50	1%	10%	5

a) 多目标Pareto解集3D分布

b) 制动与转弯制动工况优化解的分布

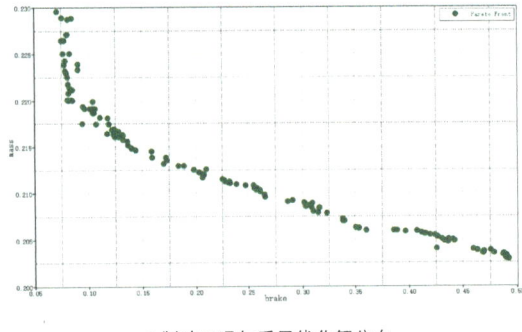

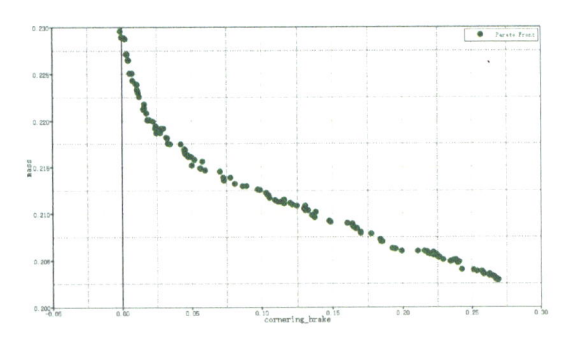

c) 制动工况与质量优化解分布

d) 转弯制动工况与质量优化解的分布

图 4-19 多目标遗传算法计算获得的 Pareto 解集

从 Pareto 解集中可以看出，制动和转弯制动工况的优化目标有较好的一致性，在优化其中一个优化目标的同时，另一优化目标也能达成。但这两个优化目标与质量优化目标是互相冲突的，制动和转弯制动工况目标越优，质量也就越大。所以在 Pareto 解集中进行取舍时，本书采用的选择原则为：在保证质量略有减少的条件下，选择制动工况和转弯制动工况中，最大塑性变形在许可范围内较小的解作为优化结果。采取这种选择策略的原因主要是考虑近似模型求解结果存在的误差，在制动和转弯制动工况中，在许可范围内取较小值，可以保证一定的安全余量，同时也能兼顾车架质量至少不会增加。最后选择的电动汽车车架优化方案的设计变量值见表 4-5。

表 4-5　电动汽车车架优化方案设计变量值

设计变量	PV1	PV2	PV3	PV4	PV5	PV6	PV8
初始值	3.0	3.0	3.2	3.0	2.8	3.0	3.0
优化值	2.0	3.1	2.8	2.0	2.2	3.8	3.6
设计变量	PV9	PV11	PV13	PV14	PV15	PV16	PV17
初始值	2.8	2.8	2.0	2.3	2.8	2.8	2.3
优化值	2.1	3.3	2.7	1.5	3.4	2.3	2.9
设计变量	PV18	DV4	DV5	DV6	DV7	DV8	DV9
初始值	3.0	0	0	0	0	0	0
优化值	4.0	1.47	−0.33	−0.22	1.23	1.38	1.45
设计变量	DV11	DV12	DV14	DV15	DV16	DV18	DV19
初始值	0	0	0	0	0	0	0
优化值	0.64	0.88	1.47	1.27	1.32	1.25	0.38
设计变量	DV20	DV27	DV30	DV31	—	—	—
初始值	0	0	0	0	—	—	—
优化值	0.03	0.14	0.38	1.13	—	—	—

该优化方案对应的质量响应值为 217.8kg，质量略有减少。车架在制动工况和转弯制动工况中的最大塑性变形分别为 0.36% 和 0.23%，优化效果明显。其他响应值均在约束范围内。但这些性能响应的计算均通过近似模型获得，不能反映真实的有限元计算结果，还需进一步验证优化方案各车架的性能。

4.3 电动汽车车架优化前后性能对比分析

为了进一步验证优化方案的可行性，根据优化方案重新生成新的车架有限元模型。并对新方案车架进行各个工况的有限元计算，检验新设计方案是否满足工程要求，分别对比各项工况性能，综合分析优化前后对车架性能的影响，为后续样件的试制提供技术依据。后文为了简化表述，将车架优化后的设计方案简称为"优化方案"，优化前的初始设计方案简称为"原方案"。

4.3.1　模态性能对比分析

为了分析车架优化方案的固有低频振动性能与原方案的区别，根据优化方案的有限元模型，采用第 4 章中相同的模态求解方法，获取优化方案的前 6 阶自由模态进行比较，优化前后模态性能的对比见表 4-6。图 4-20 所示为车架优化方案的前 2 阶模态振型图，全部 6 阶模态振型与原方案差别不大，最大振幅可见表 4-6。通过优化前后对比，发现优化方案较原方案前 2 阶模态频率有所降低，但全部前 6 阶模态频率还是能够满足车架避免路面激励频率的要求。

表 4-6 优化前后模态性能对比

阶数	优化方案 模态频率 /Hz	优化方案 最大振幅 /mm	原方案 模态频率 /Hz	原方案 最大振幅 /mm
第 1 阶	27.6	5.43	28.3	5.31
第 2 阶	35.1	5.35	35.6	5.28
第 3 阶	37.3	3.19	40.3	3.34
第 4 阶	52.1	4.15	56.2	4.20
第 5 阶	60.8	5.83	68.9	5.70
第 6 阶	73.0	5.31	81.6	5.19

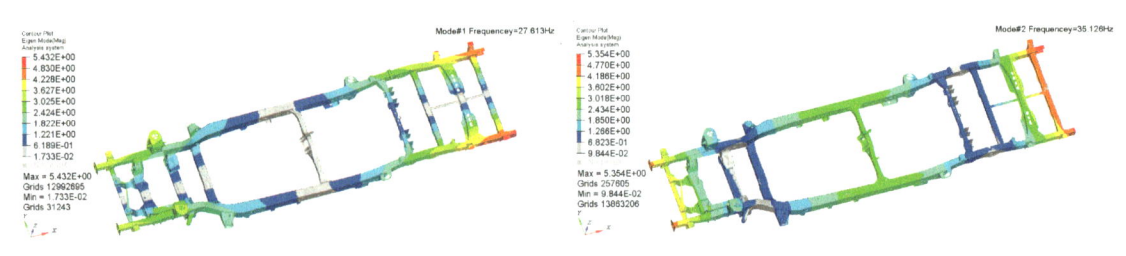

a) 优化方案第1阶模态振型图   b) 优化方案第2阶模态振型图

图 4-20 优化方案前 2 阶模态振型图

4.3.2 刚度性能对比分析

采用与前文相同的加载方式与约束条件，对车架优化方案的有限元模型进行弯曲刚度和扭转刚度分析，求解后两种工况优化方案的车架整体 Z 向变形如图 4-21 所示。其中计算得到弯曲工况测试位置最大平均 Z 向位移为 1.21mm，扭转工况扭转角弧度为 16.1rad。按前文方法计算测量点的位移均值代入刚度计算式，即可获得优化方案的车架弯曲刚度和扭转刚度，优化前后车架刚度性能对比见表 4-7。通过与原方案车架刚度对比可知，优化方案的弯曲和扭转刚度与原方案刚度相比几乎不变。车架的刚度性能作为优化问题的约束条件，虽没有明显优化改善，但仍保持在合理的范围内，满足刚度特性的要求。

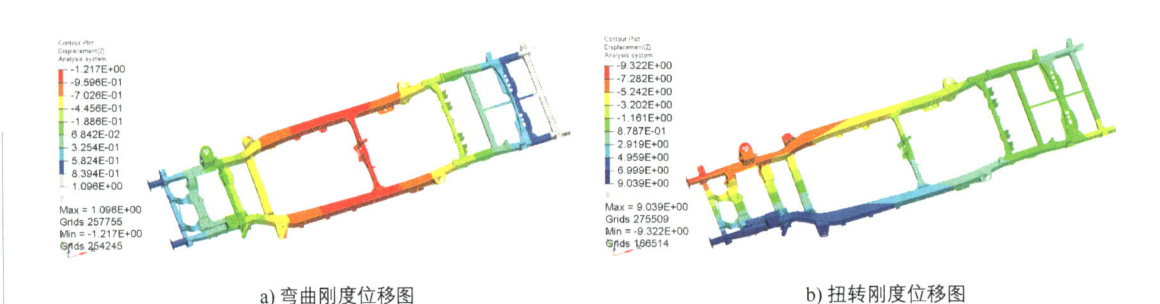

a) 弯曲刚度位移图   b) 扭转刚度位移图

图 4-21 优化方案车架整体 Z 向变形图

表 4-7 优化前后车架刚度性能对比

	优化方案	原方案	相对变化率
弯曲刚度	3676.0N/mm	3706.6N/mm	−0.0%
扭转刚度	210.52kN·m/rad	207.71kN·m/rad	1.3%

4.3.3 强度性能对比分析

强度性能中的制动工况和转弯制动工况是优化的目标，这两种工况下车架的强度性能直接决定优化方案的可行性。其他工况的强度在许可范围内即可满足设计要求。因此采用第4章中相同的强度分析方法，对静态工况之外的其他工况进行强度分析，并比较优化前后车架的强度变化。优化方案计算后，车架在各工况下的应力分布与等效塑性变形的结果如下：

1）车架在制动工况中的应力分布与等效塑性变形图分别如图4-22、图4-23所示。可以看出，在制动工况中，优化方案的最大应力为460.4MPa，最大应力值及位置与原方案发生了一定的变化。但最大等效塑性变形只有0.4%，较原方案有较大幅度的降低，说明车架前端结构厚度与形状的改变对强度性能的提升起到了关键作用。制动工况作为优化目标优化效果明显，并且满足工程要求。

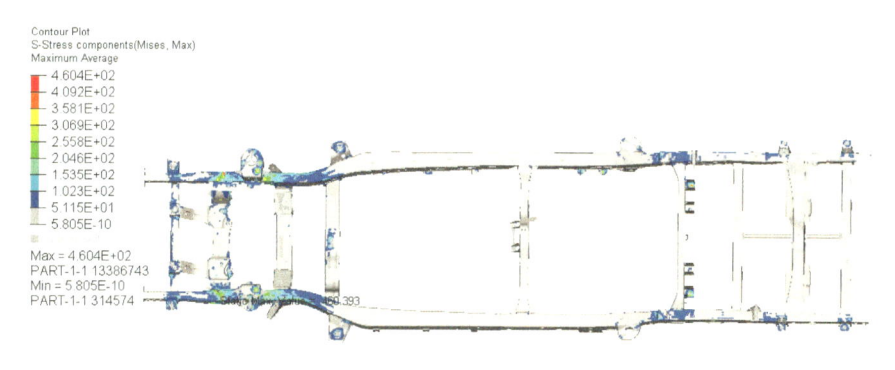

图 4-22 制动工况应力分布图

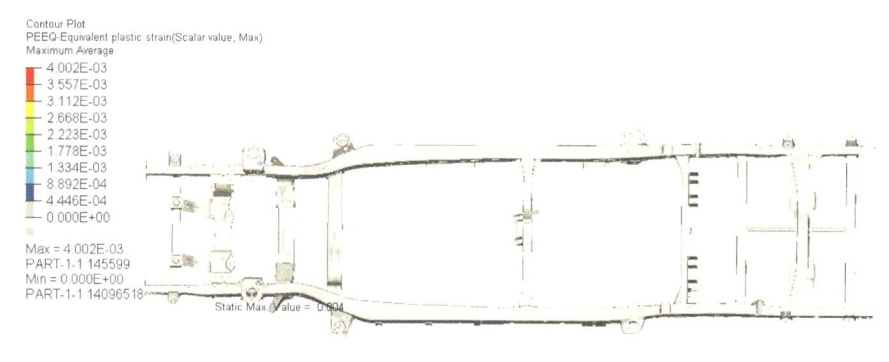

图 4-23 制动工况等效塑性变形图

2）车架在转弯制动工况中的应力分布与等效塑性变形图分别如图4-24、图4-25所示。可以看出，在转弯制动工况中，虽然优化前后最大应力和最大等效塑性变形的位置基本一致，优化方案的最大应力与原方案差别不大，优化后最大应力为459.6MPa。但最大等效塑性变形得到了较大幅度的优化，前减振器支架外板厚度的增加对等效塑性变形的影响很大，0.2% 的等效塑性变形完全能够满足设计要求，可达到较好的优化目的。

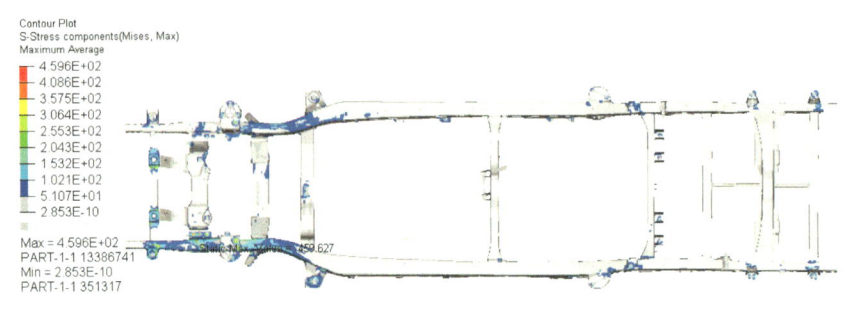

图 4-24 转弯制动工况应力分布图

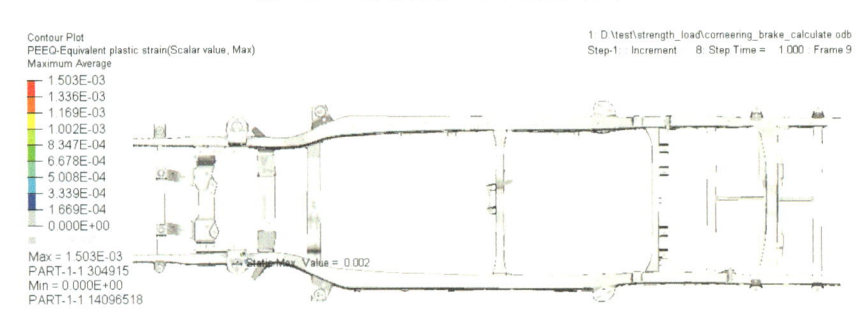

图 4-25 转弯制动工况等效塑性变形图

3）车架在上跳工况中的应力分布与等效塑性变形图分别如图 4-26、图 4-27 所示。在上跳工况中，优化方案的最大应力和最大等效塑性变形位置还都发生在货箱前左安装支架上，最大应力值和最大等效塑性变形较原方案没有发生明显的恶化，该工况下的强度性能可以满足要求。

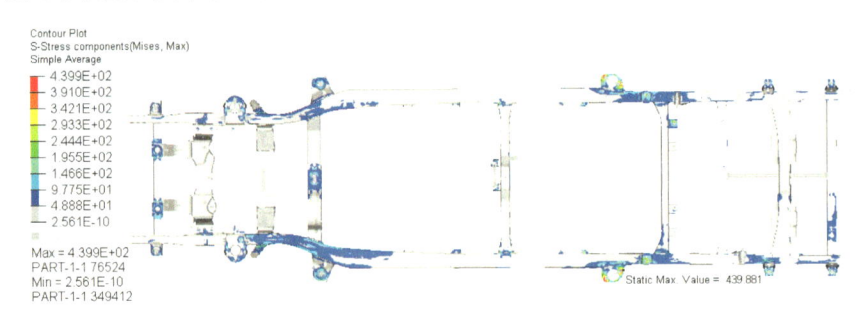

图 4-26 上跳工况应力分布图

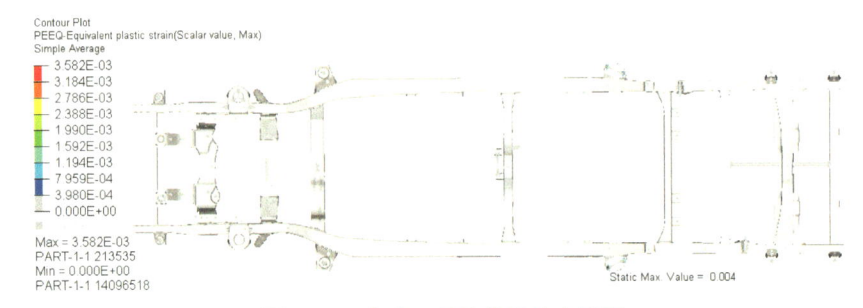

图 4-27 上跳工况等效塑性变形图

4）车架在转弯工况中的应力分布与等效塑性变形图分别如图4-28、图4-29所示。同样，在转弯工况中，车架最大应力的位置与原方案一致，最大应力虽略有增加，但最大等效塑性变形未有明显变化，该工况的分析结果符合设计要求。

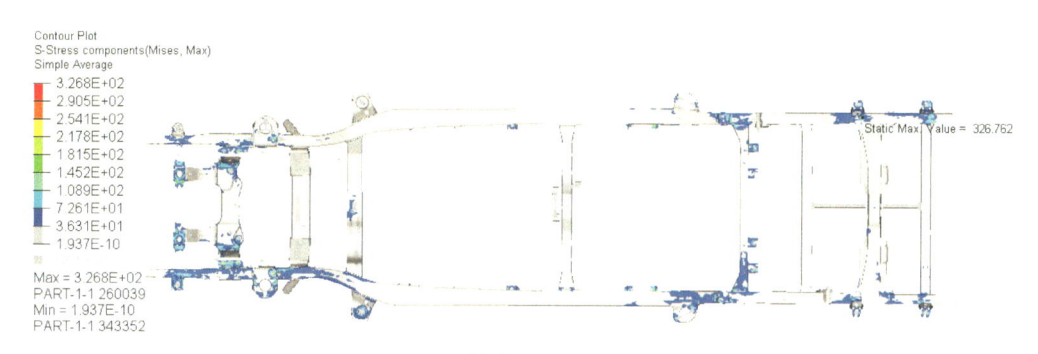

图 4-28 转弯工况应力分布图

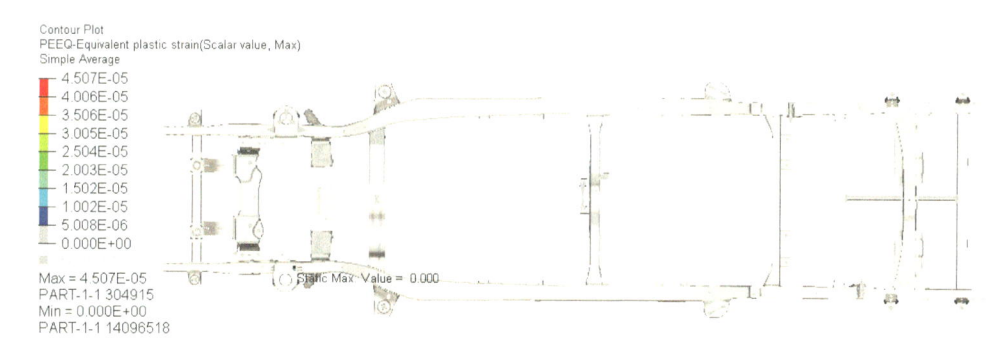

图 4-29 转弯工况等效塑性变形图

5）车架在后制动工况中的应力分布与等效塑性变形图分别如图4-30、图4-31所示。与原方案应力分布图对比可知，车架的最大应力位置未发生改变，但最大应力为305.9MPa，较原方案应力水平增加了42%，增幅明显。优化后车架中后段纵梁形状发生改变，减弱了钢板弹簧前卷耳连接位置的承载能力，导致该处的局部应力增大。但得益于原方案在后制动工况中有着较大安全余量，最大等效塑性变形未有明显增加，仍处于安全范围内。

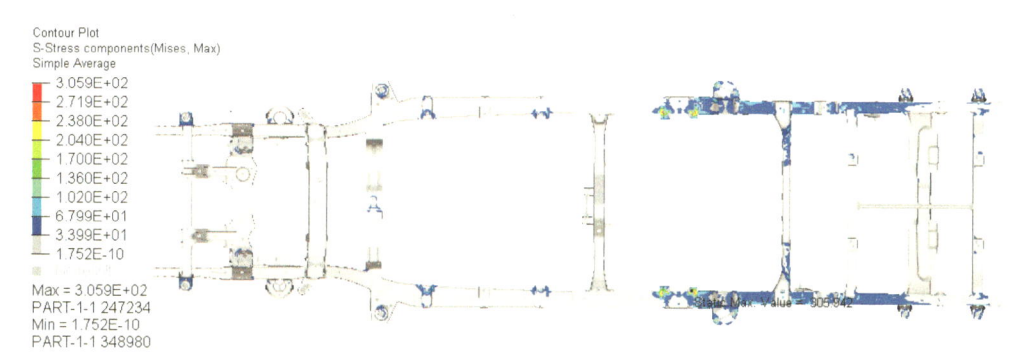

图 4-30 后制动工况应力分布图

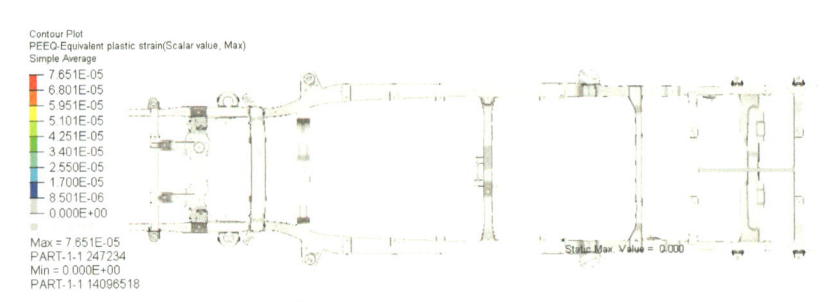

图 4-31　后制动工况等效塑性变形图

6）车架在车轮上抬工况中的应力分布与等效塑性变形图分别如图 4-32、图 4-33 所示。通过与原方案对比可以看出，最大应力位置处的结构形状处于纵梁横截面变化处附近，前减振器与车架纵梁焊接位置未得到加强，容易造成应力集中，所以优化方案的最大应力比原方案略有增加，最大应力位置保持不变，最大等效塑性变形仍然满足强度要求。

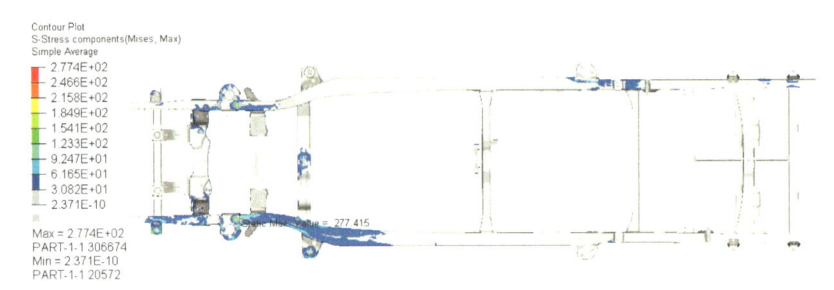

图 4-32　车轮上抬工况应力分布图

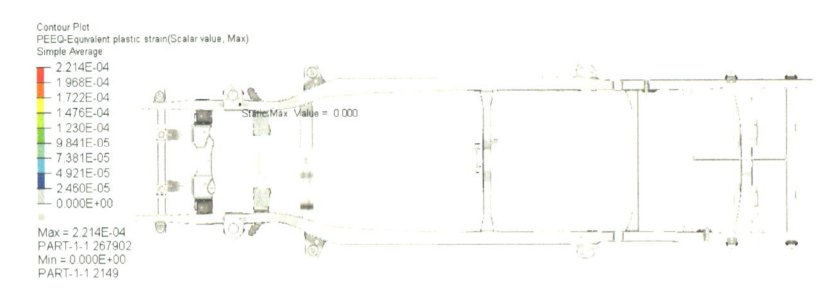

图 4-33　车轮上抬工况等效塑性变形图

4.3.4　疲劳性能对比分析

疲劳性能是车架最重要的性能之一，优化方案必须要满足车架疲劳性能的要求。采用前文相同的载荷与求解方法，完成对优化方案的疲劳性能分析，得到优化后车架的疲劳损伤云图如图 4-34 所示。通过与原方案疲劳损伤云图对比可以看出，优化方案的损伤最大位置与原方案基本相同，车架其他部分的损伤位置和损伤值也都略有变化。但最大损伤值由原方案的 0.42 增加到 0.57，增长幅度达到了 36%。从宏观上看，这是由于在车架整体性能的限定下，为了优化部分强度工况的性能，而牺牲了车架的部分疲劳性能，是优化方案向优化目标妥协的结果。从微观上分析，车架后端纵梁和横梁结构的综合变化是造成损伤值增大的直接原因。但优化方案整体的损伤仍在合理的范围内，可以满足疲劳寿命的要求。

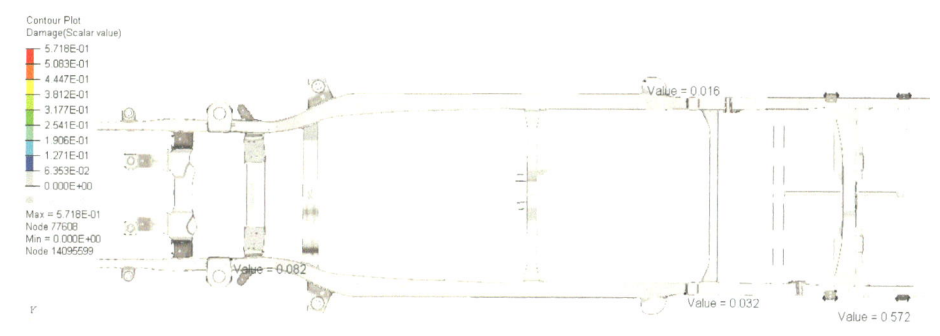

图 4-34　优化方案疲劳损伤云图

4.3.5　质量属性对比分析

质量属性的对比分析应从两个角度出发，一是从优化设计的角度，二是从开发设计的角度。从优化设计的角度可以看出同一车架优化前后质量的变化，以检验优化的效果。本书中电动汽车车架的开发设计是在借鉴传统基础车车架的基础上进行的，车架的结构发生了明显变化，从开发设计的角度，则不能忽视车架结构性能和设计要求，而单纯的比较质量大小。对不同结构的车架应有较为统一的质量评价和比较方法。

从优化设计的角度对质量比较，可以直接对优化前后的绝对质量进行比较。但从开发设计的角度对质量比较，应综合考虑车架的质量。车架自身特性（如车架刚度）以及整车设计参数（如车架承载质量）等因素，以对不同车架的质量属性进行评价。因此，本书引入了"质量比较系数"这一概念。在车架强度和疲劳性能同时达到工程要求的前提下，将车架承载质量和车架刚度作为参考量纳入质量评价体系中。基于以上考虑，提出车架质量比较系数的计算表达式为

$$C_m = \frac{M_f}{T_k \times B_k \times M_A} \times 10^6 \quad (4-22)$$

式中，M_f 为通过有限元模型称重获得的车架自身质量；T_k 和 B_k 分别为车架的扭转刚度和弯曲刚度，电动汽车车架的刚度可暂取有限元的分析值，基础车刚度同样可取有限元分析值作为对比；M_A 为整车满载时的簧上总质量（不包含车架自身重量），该质量可以通过设计满载质量减去簧下质量获得。

从式（4-22）可以看出车架质量属性的优劣。质量比较系数越小，说明车架在同等质量大小的情况下，车架的刚度和承载质量越大。或者在同等刚度和承载质量的情况下，车架自身质量更小。通过上式对车架质量比较系数的计算，结果见表 4-8。

表 4-8　质量比较系数计算结果

	电动汽车车架原方案	电动汽车车架优化方案	基础车方案
车架质量 /kg	218.3	217.7	191.8
满载簧上质量 /kg	2556	2556	2116
弯曲刚度 /（N/mm）	3706.6	3676.0	4080.7
扭转刚度 /（kN·m/rad）	207.71	210.52	226.67
质量比较系数 /（N²/rad）	0.112	0.110	0.098

从表 4-8 中可知，电动汽车车架的优化方案与原方案质量差别不大，这与本书采取的保守强度安全策略有关。电动汽车车架优化方案比基础车质量增加 26kg，但车架所承载的质量增加了 440kg，质量比较系数接近基础车的水平，说明电动汽车优化方案的车架与基础车车架质量具有相似的质量属性，该电动汽车车架设计方案具有较好的应用价值。

4.4 本章小结

本章首先阐述了多学科优化的基本技术思路，根据技术思路介绍了多学科优化问题中关于试验设计的 5 种设计方法，对这 5 种分析方法的原理进行了研究，并总结了各自的优缺点。其次，介绍了多学科优化过程中建立近似模型的 3 种方法以及评估近似模型精度的指标，同时分析了 3 种近似模型的特点。最后，对多目标优化的几类算法进行了总结分析，并重点研究了多目标遗传算法中带精英策略的非支配排序遗传算法的原理和流程，对其具有的优势进行了归纳。以上研究分析的内容，为后续电动汽车车架优化设计提供了良好的理论基础和方法依据。

同时，基于网格变形技术以及商用软件，定义了车架优化的尺寸变量和形状变量，并对参数化建模与多目标优化相结合过程中的实际问题，提出了具体的技术解决方案，使得参数化模型能够更高效、更准确地应用于多目标的优化。通过试验设计选择了合理的样本空间，获取了样本空间内车架各性能指标值，并以此对变量进行了筛选，最终确定了 32 个对车架性能影响较大的变量作为优化变量。为提高优化过程中计算车架性能响应的效率，建立了各个性能响应的响应面和 RBF 近似模型，依据两种近似模型的精度分析结果，确定了不同的性能响应采用不同的近似模型。然后基于选择的近似模型，采用多目标遗传算法对定义的优化问题进行最优解的计算。在获得的最优 Pareto 解集中选择了符合优化目标的妥协解作为最终的优化方案。最后对选择的优化方案进行了有限元仿真，并与原车架设计方案进行了对比，达到了期望的优化效果，验证了优化方案的有效性。同时，为了能够将电动汽车车架与传统燃油车车架的质量进行有效的对比，还提出了质量比较系数的概念和计算方法，更好地反映了车架质量的性质。

第 5 章 电动汽车车架试验验证

试验验证是产品开发过程中最重要的环节之一，通过试验结果可以检验整个设计过程的合理性，还可以发现设计过程中隐藏的问题，从而为之后的设计开发积累工程经验。为了验证电动汽车车架设计的有效性，本章将通过台架试验和整车道路耐久试验两种方式进行验证[158]，试验结果将作为判断车架结构是否满足设计要求的重要标准。

5.1 车架台架试验验证

对电动汽车车架进行台架试验的目的主要是为了验证车架样件的模态和刚度性能是否与设计状态保持一致，通过试验结果和有限元分析的结果对比，可以初步作为对车架性能评判的方式。基于本书第 4 章中对车架结构优化的结论，用于台架试验的电动汽车车架样件实物图如图 5-1 所示。

图 5-1 用于台架试验的电动汽车车架样件实物图

5.1.1 模态试验

车架的模态试验方法和相关试验设备在本书第 2 章基础车车架的模态试验中已做了详细介绍，电动汽车车架的模态试验设备与方法与前文描述相同，本节不再赘述。本节主要分析电动汽车车架样件模态试验的结果，通过力锤法获得的电动汽车车架样件的综合频响函数曲线如图 5-2 所示。

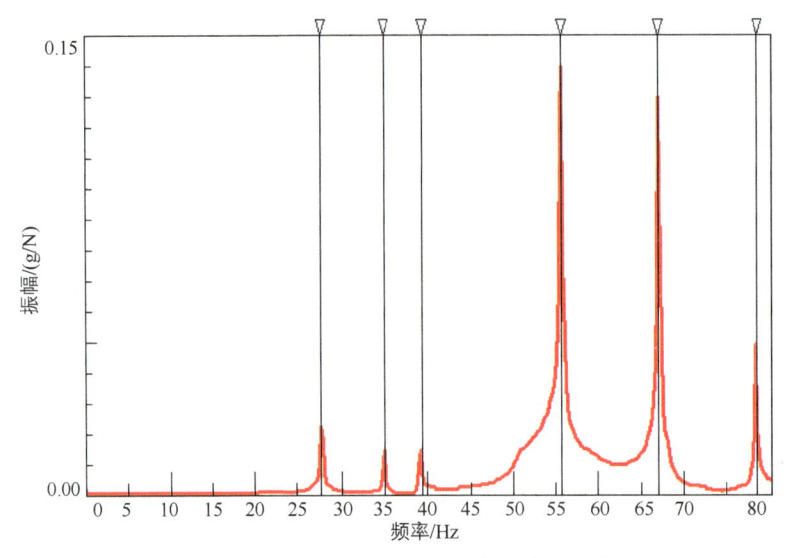

图 5-2 电动汽车车架样件的综合频响函数曲线

从图 5-2 中可知，电动汽车车架样件综合频响函数的前 6 个峰值所对应的频率分别为 28.1Hz、34.9Hz、39.2Hz、55.6Hz、66.3Hz 和 78.5Hz。将车架样件的模态试验测试值与电动汽车车架优化方案的有限元仿真分析值对比可知，试验测试值与仿真分析值之间的最大误差为 8.3%，见表 5-1，属于在正常误差范围内。由此可以证明，前文建立的电动汽车车架的有限元模型具有较高的准确性，优化后的电动汽车车架的模态性能符合预期。

表 5-1 优化后电动汽车车架模态试验值与仿真值对比

阶数	试验值/Hz	仿真值/Hz	误差（%）
第 1 阶	28.1	27.6	1.7
第 2 阶	34.9	35.1	0.6
第 3 阶	39.2	37.3	4.8
第 4 阶	55.6	52.1	6.3
第 5 阶	66.3	60.8	8.3
第 6 阶	78.5	73.0	7.0

5.1.2 刚度试验

为了验证电动汽车车架弯曲刚度性能和扭转刚度性能分析的精确度，本书分别进行了弯曲刚度试验和扭转刚度试验。试验台采用了合肥兴科机电科技有限公司开发的汽车静刚度性能试验台，该试验台含有前悬架 T 形台架，后悬架支撑夹具。力的加载设备包括伺服电机设备及工装夹具，按试验要求将其固定在试验台架上。试验前，检查车架样件是否有裂纹等缺陷，确保车架状态满足试验要求。

（1）弯曲刚度试验 弯曲刚度试验约束条件和加载方式与电动汽车车架弯曲刚度仿真分析的工况定义一致。将电动汽车车架固定在试验台架上后，进行刚度试验，刚度试验示意图如图 5-3 所示。加载力使用的伺服电机为松下 MDME102 GCGM 型 1000W 的交流伺服电机，如

图 5-4 所示。测量车架检测点位置变形量的位移传感器的位置布置参考本书第 3 章的图 3-3，位移传感器的布置示意图如图 5-5 所示，实际加载布置示意图如图 5-6 所示。

图 5-3 电动汽车车架刚度试验示意图

图 5-4 加载力用的松下 MDME102 GCGM 型 1000W 交流伺服电机

图 5-5 弯曲刚度试验位移传感器的布置示意图

图 5-6 弯曲刚度试验实际加载布置示意图

根据前述弯曲刚度边界约束条件及载荷，对车架进行试验加载。伺服电机对车架样件逐步加载至 2224N 后保持不变，记录最终传感器各检测点的 Z 向位移值，见表 5-2。

表 5-2 电动汽车车架弯曲刚度试验传感器各检测点的 Z 向位移测试值

左边测点	1	2	3	4	5	6	7	8
测试值 /mm	1.01	1.10	1.12	1.20	1.18	1.14	1.09	1.03
右边测点	1	2	3	4	5	6	7	8
测试值 /mm	1.06	1.08	1.13	1.19	1.16	1.14	1.06	1.05

由弯曲刚度试验测得的电动汽车车架在测量点上的 Z 向位移，最大 Z 向位移平均值为 1.16mm，根据式（3-1），计算可得到电动汽车车架样件试验与仿真分析的弯曲刚度，试验值与仿真值的具体比较见表 5-3。从表 5-3 中可知，仿真分析结果与试验结果的误差仅为 -4.3%，误差在合理范围内，优化方案的车架弯曲刚度满足设计要求。

表 5-3 电动汽车车架弯曲刚度试验值与仿真值对比

	试验值	仿真值	误差
Z 向最大平均位移	1.16mm	1.21mm	-4.3%
弯曲刚度	3834.5N/mm	3676.0N/mm	

（2）扭转刚度试验　对电动汽车车架进行扭转刚度试验，将车架置于同样的刚度试验台上，加载及约束边界同之前的电动汽车车架扭转刚度的仿真分析工况设定一致。试验时，在前右减振器中心处加载，如图5-7所示。检测点传感器的布置与仿真测量点位置一致，参考本书第3章中图3-6的布置。图5-8所示为前右减振器安装点所对应纵梁下沿中心点位移传感器的布置示意图。

图5-7　在前右减振器中心处扭转刚度加载示意图　　图5-8　前右减振器安装点所对应纵梁下沿中心点位移传感器布置示意图

试验过程中，根据加载力矩3389.54N·m，电动汽车车架前减振器安装点的距离为931.549mm，因此在左右减振器施加大小相等、方向相反的Z向3638.61N的力。在加载过程中，逐步施加载荷，并实时观察检测点在不同作用力下的位移值，确保检测点的位移随着加载力的增加呈线性上升。当加载完成后，扭转刚度试验检测点的位移值见表5-4。

表5-4　电动汽车车架扭转刚度试验检测点的位移测试值

测试点名称	Z_1	Z_2	Z_3	Z_4
测试值/mm	5.94	−5.93	0.139	−0.137

试验所用的车架和仿真分析的车架结构一致，所以试验的前左/右减振器支座中心对应的前纵梁处的Y向距离Y_1值为767.87mm，后左/右钢板弹簧中心对应的后纵梁处的Y向距离Y_2值为1061.026mm。将测试点的Z向测试值代入式（4-7），即可计算出优化方案车架的扭转刚度试验值，并与其仿真分析值进行对比分析，见表5-5。由此可知，仿真值与试验值之间的误差为−5.9%，误差处于正常范围内。车架优化后的仿真分析结果能较好地反映其刚度特性，并能满足设计要求。

表5-5　电动汽车车架扭转刚度试验值与仿真值对比

	试验值	仿真值	误差
扭转角弧度	15.2rad	16.1rad	−5.9%
扭转刚度	222.99kN·m/rad	210.52kN·m/rad	

综合以上对刚度试验与仿真结果的对比分析，可以进一步说明电动汽车车架有限元模型的有效性，以及前文仿真分析结果的准确性。

5.2 整车道路耐久试验验证

整车道路耐久试验属于加速损伤试验,是对整车在定型量产前最后的综合检验,试验结果可以反映整车的强度和疲劳性能是否可以达到设计要求[159]。因此,可以通过整车道路耐久试验,对车架可能存在的失效形式进行检验。车架随整车进行道路耐久试验的基本工作流程如图 5-9 所示。

装配样车 → 试验前样车配重、检查 → 整车道路耐久试验 → 车辆定期检查、保养 → 车架最终状态确认

图 5-9 车架随整车进行道路耐久试验的基本工作流程

5.2.1 试验准备

在道路耐久试验前应完成对试验样车的装配工作,试验样车实物图如图 5-10 所示。本次进行道路耐久试验的试验场选择了湖北襄阳东风试验场。按照满载要求对试验样车进行配重,如图 5-11 所示,同时应保证装载质量的稳固。由于在试验场地内驾驶车辆具有一定的危险性,因此需配备专业的车辆驾驶人。车辆进场前需完成对车辆的各项检查,包括相关记录文件是否完整,通电设备及线路的保护是否安全,转向及制动系统是否工作正常,胎压、电量、电压、油液量等参数是否符合标准等车辆常规检查。并完成试验前必要的磨合行驶里程。

图 5-10 试验样车实物图

图 5-11 试验样车配重实物图

5.2.2 试验方法

针对整车道路试验,不同的企业根据自身客户群体道路使用情况以及设计要求制定的试验方法不同。电动汽车的道路试验方法与传统燃油车的道路试验方法相比,由于用户使用环境的不同,也具有一定的差异。研究表明,电动汽车行驶的路况主要集中在城市,传统燃油车在城郊使用的比重较大,两者使用路况的具体比较见表 5-6[160]。并且,电动商用车与传统燃油商用

车的整车质保要求也有较大差别，通常传统燃油商用车的整车质保公里数为 5 万 km，而电动商用车的整车质保公里数达到 12 万 km。

表 5-6　电动汽车与传统燃油车使用路况的分布对比

车型	乡村	城郊	城市	高速
电动汽车	3%	34%	53%	10%
传统燃油车	10%	40%	20%	30%

鉴于以上分析，传统燃油车的道路试验方法已不能完全适用。因此，本书参考企业根据自身客户群体使用的道路环境进行调查分析后提出了电动商用车的道路试验方法。

本次道路试验适用于用户使用环境路面 16 万 km 设计目标里程，电动皮卡车采用的试验路面为襄阳试验场内强化路面以及场外山路。行驶的强化路面主要包括了扭曲路、长波路、短波路、比利时路、爬坡路等路面，强化路面部分路况如图 5-12 所示。其中强化路面的试验里程为 4800km，山路的试验里程为 5500km。电动汽车在强化路面上的试验要求见表 5-7。

a) 凸块路　　　　　　　　　　b) 长波路

c) 比利时路　　　　　　　　　d) 直搓板路

e) 扭曲路　　　　　　　　　　f) 角度搓板路

图 5-12　强化路面部分路况

表 5-7 电动汽车在强化路面上的试验要求

序号	试验路面	循环次数/次	试验车速/(km/h)
1	长波路	648	40
2	短波路	648	15
3	扭曲路	648	10
4	角度搓板路	972	45
5	直搓板路	972	45
6	凸块路	324	25
7	比利时路	648	40
8	爬坡路	648	10
9	一般公路制动	648	单次循环后制动停止

5.2.3 试验结果

结合试验流程和试验方法对样车进行道路试验。在试验过程中，车辆每跑完 200km 就需要上升降台进行检查，观察车辆尤其是底盘件是否有损伤的迹象。为了便于观察，在每次试验完成后，应适当冲洗车辆底盘。图 5-13 所示为车辆完成 4800km 强化道路和 5500km 山路后在升降台上进行检查。

图 5-13 车辆完成 4800km 强化道路和 5500km 山路后在升降台上检查

在每次道路试验完成后的例行检查中，均未发现车架有明显变形或开裂损伤的地方，并在完成全部规定道路行驶里程后，对车架进行最终状态的确认，检测结果见表 5-8。

表 5-8 电动汽车车架道路试验检测结果

序号	检测图片	位置描述	检测结果
1		车架前端	无明显变形或开裂

（续）

序号	检测图片	位置描述	检测结果
2		车架右纵梁	无明显变形或开裂
3		车架左纵梁	无明显变形或开裂
4		车架中部	无明显变形或开裂
5		车架中部	无明显变形或开裂
6		车架中部	有略微锈迹，但未见裂纹

（续）

序号	检测图片	位置描述	检测结果
7		车架后端	无明显变形或开裂

　　车架在整车的道路试验过程中，运行状态良好，试验后车架本体及焊缝连接处也未见明显损伤。因此基本可以得出结论：电动汽车车架优化后的结构设计，完全满足整车使用过程中对强度和疲劳的要求，与前文优化分析的结论一致。同时也可以间接说明，前文所提出的设计思路和技术方案是可行的。

5.3 本章小结

　　本章基于电动汽车车架的试制样件及装配后的电动试验样车，从台架试验和整车道路试验两个方面对所设计的电动汽车车架进行了验证，采用与基础车车架相同的台架试验方法对比了电动汽车车架模态的仿真与试验值，并通过台架试验对刚度的测试值与仿真值进行了比较分析，验证了有限元模型和分析方法的有效性。对于车架的强度和疲劳性能，利用整车道路试验进行了验证，完成所有道路里程后，车架未出现损伤，进一步证明了车架性能的可靠性，以及设计、优化方法的合理性。

第6章 总结与展望

6.1 总结

车架作为商用车最重要的承载件，其性能的好坏及结构的优化是整车设计开发过程中最核心的要素。本书基于某企业电动皮卡项目的开发，以电动汽车车架的性能与优化为研究目标，结合有限元与多体动力学理论，分别建立了基础车和电动汽车的多体动力学模型和有限元模型。基于所建的模型，深入地对电动汽车车架的结构性能进行了分析，并基于车架综合性能的研究，对于不满足设计要求的性能目标，提出了具体的多目标优化技术路线和优化策略，实现了对电动汽车车架结构的性能优化。最后通过试验，验证了优化后车架结构的有效性。本书所研究的针对新能源汽车结构设计的方法不仅适用于车架的开发，还适用于其他结构件的设计与开发。

本书主要的研究内容和研究结论如下：

1）建立了基础车前、后悬架系统的多体动力学模型，通过K&C试验验证了模型的准确性。结合基础车车架有限元模型，建立了包含车架柔性体的基础车刚柔耦合整车多体动力学模型。利用车架柔性体建立了基础车多体动力学模型，并基于稳态回转和转向回正工况验证了基础车多体动力学模型的正确性。采用相同的有限元建模、多体动力学建模方法和标准，搭建了电动汽车整车有限元和多体动力学模型。

2）通过对电动汽车整车不同工况的受力分析，结合电动汽车多体动力学模型载荷分解，获得用于电动汽车车架强度分析的载荷输入。利用基础车试验完成了强化路面道路谱载荷的采集，并基于虚拟迭代原理、伪损伤理论和轴荷转移技术，实现了对电动汽车整车道路谱载荷和载荷循环次数的获取。将电动汽车整车道路谱载荷作为电动汽车多体动力学模型的载荷激励，通过ADAMS/CAR软件仿真计算，求解得到用于电动汽车车架疲劳性能分析的载荷。

3）基于所获取的强度和疲劳载荷，对电动汽车车架的模态、刚度、多工况强度以及疲劳性能进行了分析。研究这些性能指标对电动汽车车架开发的影响，结果表明，电动汽车车架在模态和刚度性能方面与基础车车架相差无几，符合设计预期，疲劳性能和部分强度性能满足设计要求。但在制动工况和转弯制动工况中，车架最大塑性变形大于1%，不能满足设计要求，存在失效的风险。

4）针对车架结构的优化，采用了形状和尺寸联合优化的策略，建立了基于网格变形技术的车架变形控制体模型，高质量地实现了对尺寸较大，并且结构和连接关系复杂模型的变形控制。在参数化过程中遇到需调用多求解器、多模型存在统一性的问题时，提出了建立脚本文件的解决方案，有效地保障了不同模型、不同求解器之间参数化模型的准确性和统一性。

5）研究了电动汽车车架多目标优化的具体技术方法，建立了多目标优化的平台。通过试验设计获得了合理的样本空间，根据样本空间计算车架各个性能的响应值，并利用相关系数法和贡献率法确定了32个对车架性能影响较大的变量，包括15个尺寸变量和17个形状变量。拟合了变量对不同性能响应的近似模型，分析了近似模型的精度，选择了各个性能响应对应的近似模型。搭建了多目标优化的数学模型，采用多目标遗传算法对数学模型进行求解，在获得的Pareto解集中，确定了满足设计要求的优化方案。

6）对比分析了优化前后车架各个性能的变化情况，阐明了优化前后车架结构变化对不同性能指标的影响机理。结果表明，在制动工况和转弯制动工况中车架的强度性能优化效果明显，最大等效塑性变形不满足强度要求，分别降到了0.3%和0.2%，达到了优化的预期。其他性能指标虽有减弱，但仍在合理范围内，优化方案整体满足设计要求。

7）电动汽车车架优化方案较原方案减少了0.6kg，但与基础车车架相比增加了26kg。为比较不同类型车架的质量属性，综合考虑车架质量、自身特性和整车参数等因素对车架质量属性的影响，提出了"质量比较系数"的概念和计算方法。通过对比基础车和电动汽车的车架质量比较系数，发现即使电动汽车车架的质量较基础车要大，但质量比较系数相近，说明电动汽车车架具有相同的质量属性，从质量属性的角度来看，具有开发的价值。

8）对优化后的车架设计方案进行了模态和刚度的台架试验，验证了车架优化方案有限元模型的准确性，并完成了整车耐久试验，试验结果与优化后的分析结果一致。

6.2 主要研究价值

本书研究内容的主要研究价值如下：

1）系统性地提出了基于多体动力学模型的电动汽车车架强度载荷和疲劳载荷的提取方法，并结合电动汽车车架的强度载荷工况，引入了"轴荷影响系数"的概念，使得车架获得的强度载荷更能符合实际。依据该方法所提载荷对车架强度和疲劳性能开展仿真计算，保障了车架强度的可靠性。耐久试验的试验结果间接地印证了本书所提方法的有效性。

2）较为全面和深入地对电动汽车车架的结构性能与多目标优化方法进行了分析和探索。对电动汽车车架的结构优化建立了综合车架质量、刚度特性、模态频率、多工况强度性能以及疲劳性能的多目标优化体系。在对车架多目标优化的研究中，提出了针对尺寸较大且形状和连接关系较复杂结构的网格变形控制方法。并构建了基于脚本文件的参数化建模方法，实现了对求解多性能多模型问题的高效统一性和准确性。

3）提出了综合考虑车架质量、自身特性和整车参数等因素的车架质量比较系数的概念和计算方法。利用该系数可以实现对不同结构车架质量属性优劣的比较和评价。

6.3 研究成果的拓展

1）本书对于电动汽车车架的研究，受成本和项目周期的限制，仅基于钢制材料进行研究，没有对采用钢铝或合金等混合材料对车架性能的影响以及其优化方法进行探究。后续可以进一步对混合材料车架的设计开发进行可行性分析。

2）对于优化方案的选择，本书没有对 Pareto 解集中最优解的选择方法进行通用性分析，后续可以基于 TOPSIS 等方法对 Pareto 解集中最优解的选择问题进行深入研究，避免因个人主观因素造成对最优解选择的不确定性。

3）受限于试验条件和试验设备，未能对车架的台架耐久试验展开研究和测试，虽然样车通过了道路耐久试验，达到了预期效果，但在道路耐久试验之前进行台架耐久试验可以更好地降低设计风险，更快速地识别设计缺陷，后续还应深入研究。

6.4 未来技术发展分析

6.4.1 模块化车架的设计

模块化设计是指对一系列产品或相似产品进行标准化、规范化、模块化分析，通过将常用且功能结构相似的零部件细分成功能单元模块，再对各模块名称、模型结构、相关属性进行优化，最后集中管理以实现共享。当接到设计任务时，通过快速地调用这些模块组装成满足客户个性化需求的产品。其中对产品进行分解和组合的整个过程称为产品的模块化。模块化设计是标准化设计的升级，是既能全方位满足市场的多样化需求，又能满足企业批量生产需求的一种设计方法。这种设计思想成为目前大部分制造企业用于指导产品设计的思想，也将是未来很长一段时间内制造企业流行的设计思想[161]。

模块作为模块化设计的基本要素，一般是指具有某种确定功能、结构和接口的典型通用独立单元。模块化设计是将模块作为子系统，按照一定规则进行组合，形成复杂的上级系统的过程。作为一个动态过程，模块化设计应随着设计情况的变化实时更新。产品的模块化设计一般与参数化设计、柔性设计等其他设计方法综合运用。模块化技术成为车架设计重点研究方向的原因主要是由于它满足了用户个性化定制和生产制造多样化的需要。随着社会大众生活水平的日益提高，对产品及服务的多样化、个性化需求更加急切。模块化设计不仅可以满足客户的需求，还可以减少制造时间，降低企业的生产成本。

汽车车架的模块化开发将主要以传统车架纵横梁连接结构为核心单元模块，在此基础上添加其他模块或零部件，各个模块在结构、功能方面相互独立。单元模块往往都具有独立性、通用性和组合性。对于车架生产来说，未来我们或许可以看到对于车架是设计制造，传统冲压和焊接工艺不复存在。取而代之的是将车架分成前、中、后三段一体成形模块，再结合不同车型的开发尺寸和承载要求增加必要的过渡连接梁，并通过螺栓进行拼接组合，这将彻底改变传统汽车车架的工艺生产模式。

6.4.2 新材料的应用

目前市场上的新能源汽车的制造材料还是以钢质材料为主。为了使新能源汽车减小质量，提升续驶里程和承载能力，车企现阶段对新材料的应用，通常还是采用高强度钢和铝合金。目前钢铝混合和全铝在车身上的应用较为常见，而在车架上的使用相对较少。而生产超高强度钢和超高强度铝需要更高要求的制造工艺，并且保证钢铝材料能够在车上正常使用，这就需要设计相应的钢铝异种材料的连接工艺。因此，基于传统的车架钢制结构，采用铝合金材料制作部分零件，根据性能模拟、优化设计等方式，综合考虑刚度、强度、模态和疲劳性能，对铝替代钢的零件加以确定，并配合相应的连接工艺是今后实现新能源汽车车架轻量化设计的一个重要方向[162]。

随着铝合金材料以及复合材料的应用不断普及，钢铝混合车架及全铝车架将是新能源汽车车架轻量化设计的有效可行途径，国内外均有重卡车架的铝合金方案探索的少量案例，可以看出钢铝混合、全铝车架未来必然是新能源商用车轻量化设计的发展方向。目前各大汽车厂家均对车架的新材料设计应用展开了技术研究和技术储备。在未来5年内，钢铝混合、全铝的新能源汽车车架有极大的可能会成功地推向市场。在2018年的中国商用车大会上，一辆重卡牵引车铝合金车架亮相，其新材料运用水平远超行业标准，得到了行业内的广泛关注。2020年，福田汽车也推出了采用钢铝混合车架设计的车型产品。国外厂商也有提出应用碳纤维复合材料一体成形的轻量化底盘概念设计的思路，相比原始钢制结构底盘车架减重可达50%，但目前碳纤维材料的制造工艺成本较高，仍不具备实际量产的条件，还需要时间不断完善。从现阶段来看，汽车结构零件材料将逐步从传统的高强度钢应用逐步过渡到钢铝混合、全铝车架的设计，甚至应用碳纤维等相关复合材料的趋势。

目前使用铸造铝合金的零件包括横梁及大部分底盘支架，主要采用普通铸造及加压铸造工艺。但近几年随着新型超高强度铝合金的出现，汽车制造商有了一个真正的替代方案。同时，钢铝结合车架面临着异种金属间的连接技术、材料匹配、高强度钢和铝合金的先进成形工艺技术、电化学腐蚀及热变形不协调等突出问题。对于试图在成本控制下进一步减小车架质量的结构设计而言，这些问题的解决都是迫切需要的。

6.4.3 新技术的融合

随着近年来虚拟现实、AI等技术的兴起，包括汽车领域在内的各个行业都将面临巨大的技术变革。汽车研发的数字化应用正在广泛开展，各大企业纷纷利用数字化来优化设计、研发和营销流程，以期提高效率、降低成本并增强市场竞争力。而AI及虚拟现实技术的沉浸感、快速响应、成本低廉等优点受到越来越多车企研发部门的青睐。AI及虚拟现实等新技术在汽车领域的应用日益广泛，从自动驾驶、智能座舱到车辆维护预测，再到个性化的车辆定制等，新技术的应用正逐步渗透到汽车产业链的各个环节。

特别是在汽车设计领域，AI的应用正在重塑传统的设计流程，通过数据分析与消费者偏好预测，生成设计草图，虚拟现实（Virtual Reality，VR）和增强现实（Augmented Reality，AR）技术的应用可以优化设计流程[163]。新技术的应用正帮助设计师创造出更符合市场需求的汽车产品。甚至部分车企已提出AI辅助设计的概念来完成汽车结构造型的开发。AI辅助设计是指利用人工智能技术来协助汽车的设计过程。其优势主要体现在：①提高设计效率。AI能够快速处理和分析大量的数据，迅速生成多个设计方案，大幅缩短了设计周期；②优化设计质量。凭借强大的计算能力和深度学习能力，AI可以精准地模拟各种工况和用户需求，从而优化汽车的结构、性能和外观。

AI技术可以基于设计师提供的简单描述或关键词，自动生成多种设计方案。这一过程利用生成对抗网络等技术，将大量设计数据与人工智能相结合，从而在短时间内生成多个具有创意的设计方案。这不仅可以帮助设计师在短时间内展现设计思路，也可以更容易地传达设计理念，从而减少误解。还可以通过AI技术进行深度学习，生成3D模型。通过分析大量的设计数据和工程学原理，AI技术可以帮助设计师找到最佳的设计方案。例如，在进行车架设计时，可以根据力学和其他工程学原理，自动调整3D模型的形态，确保模型的可靠性和可行性。这种智能化的设计有助于设计团队在早期阶段做出更明智的决策，从而减少后续流程中的错误和成本。当然在生成设计内容时，可能会遇到一些技术局限性。例如，某些3D模型可能无法在实际制造过程中实现，这需要设计师进行额外的调整和修正。此外，AI技术可能会生成不符合工程学或制造工艺的设计，这需要设计师具备一定的专业知识来识别和纠正。这也是AI技术在今后应用中需要逐步克服的挑战。

虚拟现实技术在我国最早应用于航空航天和轨道交通领域，在我国车企中的应用才刚刚起步，大部分车企只是采用虚拟现实系统进行一些简单的模型展示，而国外车企（如德国奥迪公司）已开始将虚拟现实技术纳入其开发流程中。目前奥迪在使用的 Virtual Reality Holodeck 虚拟现实系统，可以在开发早期对设计数据进行同时、多人异地协同评价。通过该系统的使用，实现了不同部门之间的协同评审，每个车型研发周期缩短了6周时间。我国目前也有部分车企建立了虚拟现实中心，并逐步将虚拟现实技术融入开发流程。北汽研究总院采用三折屏幕汽车设计评审可视化系统，用于数据评审；东风日产公司利用虚拟现实技术可实现虚拟制造、人机工程评价以及数据可视化评审工作；吉利汽车正在建设虚拟现实中心，配备五面CAVE显示系统及动态座舱，能够实现造型数据可视化虚拟评审、人机虚拟评价以及整车虚拟验收等开发工作；上汽大众规划的虚拟现实中心已完成建设，其中包含了三面屏LED显示系统、一套CAVE系统和整车虚拟验收系统，该中心可实现造型、概念开发阶段工作的虚拟化。虚拟现实技术可以在整车几何保障验收过程中，通过AR增强现实的使用，虚实叠加使得零件干涉分析有据可循，并且可利用AR增强现实进行零件的虚拟试装，评价虚拟零件在实车上的装配效果，使得设计过程更加直观简洁。

虚拟现实系统对造型、设计数据进行虚拟可视化评审。在产品开发前期，将造型、结构方案结合高质量渲染，利用CAVE系统与3D眼镜通过虚拟现实方式使全尺寸的汽车3D立体影像实现视觉上1:1的立体展示，通过实时的虚拟漫游，将汽车产品各个部件、外观等在虚拟环境中真实展示，辅助研发人员在开发前期对车型数据进行评审及决策。可以预测未来汽车结构的设计开发，或许基于Powerwall系统结合3D眼镜就可以查看3D数模及设计装配效果，在增强视觉观感的同时还可以提升工作效率。

参 考 文 献

[1] 袁博. 新能源汽车技术发展与趋势综述[J]. 现代商贸工业, 2018, 39 (35): 12-16.

[2] 陈清泉, 高金燕, 何璇, 等. 新能源汽车发展意义及技术路线研究[J]. 中国工程科学, 2018, 20 (1): 68-73.

[3] 田春荣. 2017年中国石油进出口状况分析[J]. 国际石油经济, 2018, 26 (3): 10-20.

[4] 马建, 刘晓东, 陈轶嵩, 等. 中国新能源汽车产业与技术发展现状及对策[J]. 中国公路学报, 2018, 31 (8): 1-19.

[5] 欧阳明高. 我国节能与新能源汽车发展战略与对策[J]. 汽车工程, 2006, 28 (4): 317-321.

[6] 李振宇, 任文坡, 黄格省, 等. 我国新能源汽车产业发展现状及思考[J]. 化工进展, 2017, 36 (7): 2337-2343.

[7] 张林浩. 从《汽车产业中长期发展规划》看当前汽车的产业发展[J]. 汽车工业研究, 2017 (12): 10-11.

[8] 王小峰, 于志民. 中国新能源汽车的发展现状及趋势[J]. 科技导报, 2016, 34 (17): 13-18.

[9] 国务院办公厅.《关于推进电子商务与快递物流协同发展的意见》[Z]. 2018.

[10] ADILA A, JIANG P. Synergy and co-benefits of reducing CO_2 and air pollutant emissions by promoting electric vehicles—A case of Shanghai[J]. Energy for Sustainable Development, 2020, 55: 181-189.

[11] TU Q, CHENG L, YUAN T F, et al. The constrained reliable shortest path problem for electric vehicles in the urban transportation network[Z]. 2020.

[12] 孙腾, 冯丹, 胡利明. 国内外新能源汽车发展的差距及提升路径探讨[J]. 对外经贸实务, 2018, (6): 29-32.

[13] 李玲, 罗洋, 武恒. 基于客户需求分析的纯电动汽车的设计与应用支持[J]. 汽车实用技术, 2020 (1): 13-14, 17.

[14] 赵颖. 基于回归分析的我国汽车销量预测模型研究[D]. 武汉: 华中师范大学, 2014.

[15] 张凯铭. 基于ANFIS的区域汽车市场销售量预测研究[D]. 长春: 吉林大学, 2011.

[16] 曹悦恒. 典型国家汽车产业国际竞争力比较研究[D]. 长春: 吉林大学, 2018.

[17] 尹安东, 龚来智, 王欢, 等. 基于HyperWorks的电动汽车车架有限元分析[J]. 合肥工业大学学报(自然科学版), 2014, 37 (1): 6-9+77.

[18] JAMES A, JAMES H, MOSTAFA E, et al. Lithium ion car batteries: Present analysis and future predictions[J]. Environmental Engineering Research, 2019, 24 (4): 699-710.

[19] KACPER K, AGNIESZKA G, MAREK B, et al. Positive electrode material in lead-acid car battery modified by protic ammonium ionic liquid[Z]. 2019.

[20] DU J Y, MO X, LI Y, et al. Boundaries of high-power charging for long-range battery electric car from the heat generation perspective[J]. Energy, 2019, 182 (9): 211-223.

[21] MARTIN B, DÁVID M. Battery management system hardware design for a student electric racing car[J]. IFAC Papers on Line, 2019, 52 (27): 74-79.

[22] TAN D, SONG F, WANG Q. Design and optimization of the in-wheel motor driving electric vehicle based on the vibration energy transmission[J]. Journal of Vibration and Control, 2018, 24 (21): 5129-5140.

[23] ZHANG L P, PANG Z W, WANG S, et al. Electromechanical composite brake control for two in-wheel motors drive electric vehicle with single motor failure[J] .Proceedings of the Institution of Mechanical，2020，234（4）：1057-1074.

[24] 符荣，窦满峰 . 电动汽车驱动用内置式永磁同步电机设计与实验研究 [J]. 西北工业大学学报，2014，32（5）：737-743.

[25] 乔海术 . 纯电动汽车整车控制器开发 [D]. 长春：吉林大学，2018.

[26] 蒋玉爽 . 某纯电动汽车动力系统匹配及整车性能仿真与测试 [D]. 长春：吉林大学，2018.

[27] 陈静，彭博，王登峰，等 . 碳纤维增强复合材料电池箱轻量化设计 [J]. 汽车工程，2020，42（2）：257-263+277.

[28] 刘元强 . 纯电动汽车电池包结构设计及特性研究 [D]. 南京：东南大学，2016.

[29] 黄培鑫，兰凤崇，陈吉清 . 随机振动与冲击条件下电动车电池包结构响应分析 [J]. 汽车工程，2017，39（9）：1087-1093+1099.

[30] 程文文 . 基于精密铸造技术的电动汽车电池包结构轻量化研究 [D]. 合肥：合肥工业大学，2019.

[31] 兰凤崇，黄培鑫，陈吉清，等 . 车用电池包结构动力学建模及分析方法研究 [J]. 机械工程学报，2018，54（8）：157-164.

[32] 高云凯，邵力行，张海华 . 微型电动车非承载式车身轻量化研究 [J]. 汽车工程，2008（9）：808-810.

[33] 李木一 . 某全新架构电动车车身结构概念设计与开发研究 [D]. 长春：吉林大学，2019.

[34] 朱国华，成艾国，王振，等 . 电动车轻量化复合材料车身骨架多尺度分析 [J]. 机械工程学报，2016，52（6）：145-152.

[35] PARK D, JEONG S H, KIM C W, et al. Material arrangement optimization for weight minimization of an automotive body in white using a bi-level design strategy[J].Proceedings of the Institution of Mechanical Engineers，Part D：Journal of Automobile Engineering，2016，230（3）：395-405.

[36] SUN G Y, LI Y Y, HOU S J, et al. Crashworthiness design for functionally graded foam-filled thin-walled structures[J]. Materials Science and Engineering A，2010，527（7-8）：1911-1919.

[37] CHO J G, KOO J S, JUNG HS. A lightweight design approach for an EMU car body using a material selection method and size optimization[J]. Journal of Mechanical Science and Technology，2016，30（2）：673-681.

[38] 冯美斌 . 汽车轻量化技术中新材料的发展及应用 [J]. 汽车工程，2006，28（3）：213-220.

[39] CHO J G, KOO J S, JUNG H S. A material selection method for a hybrid box-type bodyshell with cut-outs using an equivalent bodyshell model without cut-outs[J]. Journal of Composite Materials，2014，48（14）：1767-1785.

[40] 蒋荣超，刘越，刘大维，等 . 扭转梁悬架碳纤维复合材料横梁结构优化 [J]. 汽车工程，2020, 42（2）：264-269.

[41] DUAN L B, SUN G, CUI J, et al. Crashworthiness design of vehicle structure with tailor rolled blank[J]. Structural and Multidisciplinary Optimization，2016，53（2）：321-338.

[42] SONG X, SUN G, LI Q. Sensitivity analysis and reliability based design optimization for high-strength steel tailor welded thin-walled structures under crashworthiness[J]. Thin-Walled Structures，2016，109：132-142.

[43] KOCADA A, SADŁOWSKA H. Automotive component development by means of hydroforming[J].

Archives of Civil and Mechanical Engineering,2008,8(3):55-72.

[44] SHOBEIRI V. Topology optimization using bi-directional evolutionary structural optimization based on the element-free Galerkin method [J]. Engineering Optimization,2016,48(3):380-396.

[45] 朱剑峰,王水莹,林逸,等. 后副车架拓扑优化概念设计和智能轻量化方法研究[J]. 汽车工程,2015,37(12):1471-1476.

[46] ZUO W J, SAITOU K. Multi-material topology optimization using ordered SIMP interpolation[J]. Structural and Multidisciplinary Optimization,2017,55(2):477-491.

[47] CAVAZZUTI M, BALDINI A, BERTOCCHI E, et al. High performance automotive chassis design: a topology optimization based approach [J]. Structural and Multidisciplinary Optimization,2011,44:45-56.

[48] KANNO Y. Topology optimization of tensegrity structures under compliance constraint: a mixed integer linear programming approach [J]. Engineering Optimization,2013,14:61-96.

[49] XIAO D H, ZHANG H, LIU X D, et al. Novel steel wheel design based on multi-objective topology optimization [J]. Journal of Mechanical Science and Technology 2014,28(3):1007-1016.

[50] LI C, KIM I Y, JESWIET J. Conceptual and detailed design of an automotive engine cradle by using topology, shape, and size optimization [J]. Structural and Multidisciplinary Optimization,2015,51(2):547-564.

[51] LAXMAN S, MOHAN R. Structural optimization: Achieving a robust and light-weight design of automotive components[J]. SAE International Journal of Engines,2007,116:242-248.

[52] ZHANG W W, WANG X S, WANG Z R, et al. Enhancing fatigue life of cylinder-crown integrated structure by optimizing dimension [J]. Frontiers of Mechanical Engineering,2015,10(1):102-110.

[53] MA H F, WANG J X, LU Y N, et al. Lightweight design of turnover frame of bridge detection vehicle using topology and thickness optimization[J]. Springer Berlin Heidelberg,2019,59(3):1007-1019.

[54] WEI Z, SU R Y, GUI L J, et al. Topology and sizing optimization of discrete structures using a cooperative co-evolutionary genetic algorithm with independent ground structures [J]. Engineering Optimization,2016,48(6):911-932.

[55] WEI Z, SU R Y, GUI L J, et al. Multi-objective topology and sizing optimization of bus body frame[J]. Structural and Multidisciplinary Optimization,2016,54(3):701-714.

[56] KIM D S, LEE J. Structural design of a level-luffing crane through trajectory optimization and strength-based size optimization [J]. Structural and Multidisciplinary Optimization,2015,51:515-531.

[57] OZTURK U E. Efficient method for fatigue based shape optimization of the oil sump carrying a differential case in four wheel drive vehicles [J]. Structural and Multidisciplinary Optimization,2011,44:823-830.

[58] XIA Q, SHI T, LIU S, et al. Shape and topology optimization for tailoring stress in a local region to enhance performance of piezoresistive sensors [J]. Computers and Structures,2013,114-115:98-105.

[59] FIEDLER K, ROLFE B F, DE S T. Integrated shape and topology optimization - applications in automotive design and manufacturing[J]. SAE International Journal of Materials and Manufacturing,2017,10(3):385-394.

[60] 侯文彬,王增飞,张伟,等. 基于复杂工程约束的车身梁截面优化设计[J]. 机械工程学报,2014,50(18):127-133.

[61] ZUO W J. Bi-level optimization for the cross-sectional shape of a thin-walled car body frame with static

stiffness and dynamic frequency stiffness constraints[J]. Proceedings of the Institution of Mechanical Engineers Part D: Journal of Automobile Engineering, 2015, 229（8）: 1046-1059.

[62] TANLAK N. Cross-sectional shape optimization of thin-walled columns enduring oblique impact loads[J]. Thin-Walled Structures, 2016, 109: 65-72.

[63] QIN H, GUO Y, LIU Z J, et al. Shape optimization of automotive body frame using an improved genetic algorithm optimizer[J]. Advances in Engineering Software, 2018, 121: 235-249.

[64] 单喜乐. 某重型汽车车架结构抗疲劳轻量化设计[D]. 长沙: 湖南大学, 2018.

[65] 胡铕, 王树英, 陈有松, 等. 某商用车车架结构集成性能开发[J]. 机械强度, 2017, 39（2）: 489-492.

[66] 辛勇, 叶盛. 基于多目标优化的钢-铝混合轻量化车架设计[J]. 中国机械工程, 2014, 25（17）: 2402-2407.

[67] 郭立新, 周宏扬. 车架结构二次拓扑优化设计与性能分析[J]. 东北大学学报（自然科学版）, 2017, 38（7）: 998-1001+1011.

[68] 蒋金星, 谷正气, 米承继, 等. 矿用自卸车车架结构多目标拓扑优化研究[J]. 中国机械工程, 2013, 24（8）: 1028-1032.

[69] 张文甲. 全铝半挂车车架开发及优化设计[D]. 长沙: 湖南大学, 2018.

[70] 王哲阳, 王震虎, 张松波, 等. CVDA序贯采样法在全铝车架轻量化设计上的应用[J]. 汽车工程, 2019, 41（12）: 1466-1472.

[71] 贾泰华. 泡沫铝夹芯板应用于车架的有限元仿真分析[D]. 广州: 华南理工大学, 2017.

[72] 马骁骁. 基于界定区间的矿用自卸车车架抗疲劳离散结构优化研究[D]. 长沙: 湖南大学, 2021.

[73] LU S B, MA H G, LI X, et al. Lightweight design of bus frames from multi-material topology optimization to cross-sectional size optimization[J]. Engineering Optimization, 2019, 51（6）: 961-977.

[74] REN Y, YU Y C, ZHAO B B, et al. Finite element analysis and optimal design for the frame of SX360 dump trucks[J]. Procedia Engineering, 2017, 174: 638-647.

[75] LIANG J Y, JONATHAN P, SCOTT S. Corporation structural optimization of a pickup frame combining thickness, shape and feature parameters for lightweighting[J]. SAE International Journal of Materials and Manufacturing, 2018, 11（3）: 183-192.

[76] 吉志勇. 电动物流车车架结构设计及性能分析[D]. 太原: 太原理工大学, 2019.

[77] 宋燕利, 徐勤超, 徐峰祥, 等. 考虑振动特性的钢铝复合车架多目标优化[J]. 中国机械工程, 2019, 30（7）: 846-851+876.

[78] 杨卓. 低速纯电动汽车车架的轻量化研究[D]. 广州: 华南理工大学, 2014.

[79] 任可美. 纯电动城市客车车架有限元分析及轻量化设计[D]. 青岛: 青岛大学, 2018.

[80] 杨春兰, 张亚丽, 黄伟, 等. 新型电动汽车车架结构分析及优化设计[J]. 机械设计与制造, 2017（6）: 234-237.

[81] 吴兵. 某纯电动客车车架轻量化研究[D]. 长沙: 湖南大学, 2017.

[82] 陈无畏, 邓书朝, 黄鹤, 等. 基于模态匹配的车架动态特性优化[J]. 汽车工程, 2016, 38（12）: 1488-1493.

[83] 张凯成, 李舜酩, 孙明杰. 钢铝材料结合的商用车车架多工况轻量化优化设计[J]. 中国机械工程, 2020, 31（18）: 2206-2211+2219.

[84] 王凯，何勇灵，孟广威．客车铝合金车架设计与典型工况分析[J]．北京航空航天大学学报，2018，44（8）：1780-1786．

[85] 孙辉，沈保山，王新超，等．基于惯性释放原理的新能源车车架结构分析[J]．汽车技术，2018（12）：55-58．

[86] ADEM S, BABU N R, REDDY K S. Static analysis of dump truck chassis frame made of composite materials[J]. International Journal of Engineering, Science and Technology，2019，11（2）：21-32.

[87] 臧晓蕾，谷正气，米承继，等．矿用车车架结构的静动态多目标拓扑优化[J]．汽车工程，2015，37（5）：566-570+592．

[88] 丁芳．基于有限元法的货车车架静动态特性分析[D]．合肥：合肥工业大学，2012．

[89] 刘俊，张海剑，王威，等．基于轮胎六分力的某商用车车架疲劳分析[J]．中国机械工程，2019，30（21）：2583-2589．

[90] GU Z Q, MI C J, DING Z P, et al. An energy-based fatigue life prediction of a mining truck welded frame[J]. Journal of Mechanical Science and Technology，2016，30（8）：3615-3624.

[91] 胡楷，谷正气，米承继，等．基于模糊理论的矿用自卸车车架疲劳寿命估算[J]．汽车工程，2015，37（9）：1047-1052．

[92] SAVKIN A N, GOROBTSOV A S, BADIKOV K A. Estimation of truck frame fatigue life under service loading[J]. Procedia Engineering，2016，150：318-323.

[93] LIANG J Y, POWERS J, STEVENS S. A material efficiency ratio to evaluate the methods for improving the torsional rigidity of a pickup chassis frame[C]// 2018 SAE World Congress Experience. Detroit：SAE International，2018.

[94] 阳清泉，谷正气，米承继，等．SF33900型矿用自卸车车架疲劳寿命分析[J]．汽车工程，2012，34（11）：1015-1019．

[95] 王青春，赵娟妮，杨芳，等．载货汽车车架轻量化评价方法及优化设计[J]．锻压技术，2017，42（9）：174-181．

[96] ROBERT H, ANNABEL S, MELANIE M, et al. Integrated approach to NVH analysis in electric vehicle drivetrains[J]. The Journal of Engineering，2019（17）：3842-3847.

[97] CAVAZZUTI M, MERULLA A, BERTOCCHI E, et al. Advanced high performance vehicle frame design by means of topology optimization[J]. Advances and Trends in Structural Engineering, Mechanics and Computation，2010，210（1）：279-288.

[98] MOHAMED D, SAID D, AHMED R, et al. Performance evaluation of electric vehicle brushless direct current motor with a novel high-performance control strategy with experimental implementation[J]. Proceedings of the Institution of Mechanical Engineers，2020，234（3）：358-369.

[99] 季枫．白车身参数化建模与多目标轻量化优化设计方法研究[D]．长春：吉林大学，2014．

[100] 湛璇．基于参数化方法的车身概念正碰模块的正向设计与优化研究[D]．广州：华南理工大学，2015．

[101] WANG C Q, WANG D F, ZHANG S. Design and application of lightweight multi-objective collaborative optimization for a parametric body-in-white structure[J]. Proceedings of the Institution of Mechanical Engineers Part D Journal of Automobile Engineering，2016，230（2）：273-288.

[102] 蔡珂芳．混合材料白车身轻量化多目标协同优化设计[D]．长春：吉林大学，2018．

[103] 唐辉，门永新，毛雪峰，等．基于隐式参数化的车身概念开发[J]．汽车工程，2014，36（10）：1248-1253．

[104] HUNKELER S, DUDDECK F, RAYAMAJHI M, et al. Shape optimisation for crashworthiness followed by a robustness analysis with respect to shape variables[J]. Structural and Multidisciplinary Optimization, 2013, 48（2）: 367-378.

[105] 吕天佟, 王登峰, 王传青. 隐式参数化白车身多目标协同优化设计[J]. 北京理工大学学报, 2019, 39（5）: 447-453.

[106] HU X J, YANG B, LEI Y L, et al. Automotive shape optimization using the radial basis function model based on a parametric surface grid[J]. Proceedings of the Institution of Mechanical Engineers Part D Journal of Automobile Engineering, 2016, 230（13）: 1808-1821.

[107] 张亮, 张继业, 李田, 等. 高速列车头型多目标气动优化设计[J]. 西南交通大学学报, 2016, 51（6）: 1055-1063.

[108] 陈立立, 郭正, 侯中喜. 自由变形技术在RAE2822翼型优化设计中的应用[J]. 国防科技大学学报, 2018, 40（5）: 45-53.

[109] 化斌斌, 王瑞林, 李永建, 等. 转管机枪枪架多目标优化及其对射击精度影响研究[J]. 振动与冲击, 2016, 35（23）: 197-202.

[110] LIU W, YANG Y. Multi-objective optimization of an auto panel drawing die face design by mesh morphing[J]. Computer-Aided Design, 2017, 39（10）: 863-869.

[111] FANG J. Multi-objective shape optimization of body-in-white based on mesh morphing technology[J]. Journal of Mechanical Engineering, 2012, 48（24）: 119.

[112] 朱剑峰, 林逸, 史国宏, 等. 实验设计与近似模型结合下的副车架结构轻量化优化[J]. 汽车工程, 2015, 37（2）: 247-251.

[113] 汪怡平, 郭承奇, 王涛, 等. 基于自由变形技术的Ahmed模型气动减阻优化[J]. 北京理工大学学报, 2018, 38（3）: 221-228.

[114] 张帅. 车轮疲劳—冲击—气动性能多目标轻量化优化设计方法研究[D]. 长春: 吉林大学, 2018.

[115] 蒋荣超. 轿车悬架零部件性能匹配与轻量化多目标优化方法研究[D]. 长春: 吉林大学, 2016.

[116] WANG D F, CAI K. Multi-objective crashworthiness optimization of vehicle body using particle swarm algorithm coupled with bacterial foraging algorithm[J]. Proceedings of the Institution of Mechanical Engineers Part D Journal of Automobile Engineering, 2018, 232（8）: 1003-1018.

[117] KIANI M, YILDIZ A R. A comparative study of non-traditional methods for vehicle crashworthiness and NVH optimization[J]. Archives of Computational Methods in Engineering, 2016, 23（4）: 1-12.

[118] AIBA C, ALI E, BRIAN J. et al. A surrogate-based multi-disciplinary design optimization framework modeling wing-propeller interaction[C]//18th AIAA/ISSMO Multidisciplinary Analysis and Optimization Conference. Denver: [s.n.], 2017.

[119] SHOJAEEFARD M H, KHALKHALI A, FIROUZGAN A. Multi-objective optimization of a natural aspirated three-cylinder spark ignition engine using modified non-dominated sorting genetic algorithm and multicriteria decision making[J]. Journal of Renewable and Sustainable Energy, 2016, 8（2）: 1411-1423.

[120] KHAIKHALI A. Best compromising crashworthiness design of automotive S-rail using TOPSIS and modified NSGA II [J]. Journal of Central South University, 2015, 22（1）: 121-133.

[121] KORTA J, RANIOLO R, DANTI M, et al. Multi-objective optimization of a car body structure[J]. SAE

International Journal of Passenger Cars - Mechanical Systems, 2012, 5 (3): 1555.

[122] GAO D W, ZHANG N, FENG J Z. Multi-objective optimization of crashworthiness for mini-bus body structures[J]. Advances in Mechanical Engineering, 2017, 9 (7): 383-392.

[123] LEI F, BAI Y C, ZHU W H, et al. A novel approach for electric powertrain optimization considering vehicle power performance, energy consumption and ride comfort[J]. Energy. 2019, 167 (1): 1040-1050.

[124] XIONG F, WANG D F, MA Z D, et al. Structure-material integrated multi-objective lightweight design of the front end structure of automobile body[J]. Springer Berlin Heidelberg, 2018, 57 (2): 829-847.

[125] KAMADA M, SHIMOYAMA K, SATO F, et al. Multi-objective design optimization of a high efficiency and low noise blower unit of a car air-conditioner[J]. Proceedings of the Institution of Mechanical Engineers, 2019, 233 (13): 3493-3503.

[126] 卢放. 基于多目标优化设计方法的白车身轻量化研究 [D]. 长春：吉林大学，2014.

[127] 段利斌. 汽车变厚度前纵梁的轻量化和耐撞性设计方法研究 [D]. 长沙：湖南大学，2017.

[128] 王岩，陈无畏，谢有浩，等. 多目标遗传算法在车身动态性能优化中的应用 [J]. 汽车工程，2017，39 (11): 1298-1304.

[129] 田启华，明文豪，文小勇，等. 基于NSGA-Ⅱ的产品开发任务调度多目标优化 [J]. 中国机械工程，2018，29 (22): 2758-2766.

[130] 刘越，蒋荣超，李雪峰，等. 基于代理模型的低速电动车车架多目标优化 [J]. 机械设计，2020，37 (1): 105-109.

[131] 张景梅. 重载汽车动力学性能与多目标优化研究 [D]. 北京：北京交通大学，2018.

[132] MA P P, ZHAI J Y, ZHANG H, et al. Multi-body dynamic simulation and vibration transmission characteristics of dual-rotor system for aeroengine with rubbing coupling faults[J]. Journal of Vibroengineering, 2019, 21 (7): 1875-1887.

[133] RONG B, RUI X T, TAO L, et al. Theoretical modeling and numerical solution methods for flexible multibody system dynamics[J]. Springer Netherlands, 2019, 98 (2): 1519-1553.

[134] HAGA H. Evaluation of road load simulation on rough road using a full vehicle model (The second report) - Load prediction for durability using a tire model[J]. Review of Automotive Engineering, 2010, 31 (1): 63-69.

[135] YOU S S. Effect of added mass of spindle wheel force transducer on vehicle dynamic response[C]// SAE 2012 World Congress and Exhibition. Detroit: Society of Automotive Engineers, 2012.

[136] ABRY J, MITTELHAEUSER C, WOLF S, et al. Enhanced fatigue structural stress analysis of a heavy vehicle seam welded steel chassis frame: FEA model preparation, weld model description, fatigue stress calculation and correlation with 10 year operating experience[J]. Procedia Engineering, 2018, 213: 539-548.

[137] VIESPOLI L M, BERTO F SOMA A. Fatigue life assessment for a welded detail: advantages of a local energetic approach and experimental validation[J].Fracture and Structural Integrity, 2018, 12 (45): 121-134.

[138] 郑森. 非公路宽体矿用自卸车车架结构失效分析及疲劳寿命预测 [D]. 长春：吉林大学，2015.

[139] 陈俊萍. 强震下钢框架梁柱焊接节点塑性应变疲劳裂纹萌生寿命研究 [D]. 武汉：武汉理工大学，2016.

[140] SHIMODAIRA T. Application of road load prediction technique for suspension durability input condition[C]// SAE 2014 World Congress and Exhibition. Detroit：Society of Automotive Engineers，2014.

[141] 郑国峰．典型汽车部件载荷谱及加速耐久性编辑与实验方法研究 [D]．广州：华南理工大学，2017．

[142] VEMURI A，TALEKAR N，AVUTAPALLI B. Road loads for durability analysis using virtual iterations[C]// 2018 SAE World Congress Experience. Detroit：Society of Automotive Engineers，2018.

[143] 荣兵，肖攀，周建文．基于实测载荷谱和仿真载荷谱的底盘疲劳分析及对比 [J]．振动与冲击，2018，37（12）：179-186．

[144] 何为，薛卫东，唐斌．优化试验设计方法及数据分析 [M]．北京：化学工业出版社，2012．

[145] KUCHEMÜLLER K B，PÖRTNER R，MÖLLER J. Efficient optimization of process strategies with model-assisted design of experiments [J]. Methods in molecular biology (Clifton，N.J.)，2020，2095：235-249.

[146] 陈鹏霏，刘巧伶，刘海芳．基于改进 Box-Behnken 法的随机系统可靠性灵敏度分析方法 [J]．武汉大学学报（工学版），2014，47（6）：843-848．

[147] GÜZIN B. An improved averaged two-replication procedure with Latin hypercube sampling[J]. Operations Research Letters，2018，46（2）：173-178.

[148] 朱红军，胡泽豪，刘志文，等．基于 HyperStudy 的车门结构多目标优化方法研究 [J]．制造业自动化，2015，37（24）：77-81．

[149] CAI X W，QIU H B，GAO L，et al. A multi-point sampling method based on kriging for global optimization[J]. Structural and Multidisciplinary Optimization，2017，56（1）：71-88.

[150] YANG L S，WANG J X，SUN X H，et al. Multi-objective optimization design of spiral demister with punched holes by combining response surface method and genetic algorithm[J]. Powder Technology，2019，355：106-118.

[151] 薛彩军，谭伟，徐奋进，等．基于响应面模型的结构疲劳寿命优化方法 [J]．南京理工大学学报，2011，35（6）：843-846．

[152] DAVAR G，HOMAYOUN R. Designing a new radial basis function neural network by harmony search for diabetes diagnosis[J]. Pleiades Publishing，2019，28（4）：321-331.

[153] TAO W H，CHEN J，GUI Y J，et al. Coking energy consumption radial basis function prediction model improved by differential evolution algorithm[J].Measurement and Control，2019，52（7-8）：1122-1130.

[154] WANG D F，JIANG R C，WU Y. A hybrid method of modified NSGA-II and TOPSIS for lightweight design of parameterized passenger car sub-frame[J]. Journal of Mechanical Science and Technology，2016，30（11）：4909-4917.

[155] CHEN S，SHI T，WANG D，et al. Multi-objective optimization of the vehicle ride comfort based on Kriging approximate model and NSGA-II[J]. Journal of Mechanical Science and Technology，2015，29（3）：1007-1018.

[156] KONAK A，COIT D W，SMITH A E. Multi-objective optimization using genetic algorithms：A tutorial[J]. RESS，2006.

[157] AGATA K. Multi-objective topology and geometry optimization of statically determinate beams[J]. Structural Engineering and Mechanics，2019，70（3）：367-380.

[158] 张新宇. 车辆结构试验场疲劳耐久试验规范及台架试验研究[D]. 北京：清华大学，2014.

[159] 熊飞. 基于实车道路谱的车身疲劳寿命预测[D]. 广州：华南理工大学，2017.

[160] 程小强，李声超，张俊，等. 轻型商用电动汽车整车道路耐久验证体系[J]. 工业技术创新，2018，5（5）：8-14.

[161] 王帅. 面向不同复杂度的机电产品模块化设计若干关键问题研究[D]. 北京：中国矿业大学，2022.

[162] 王爽. 全新架构电动车底盘车架轻量化设计与性能匹配方法研究[D]. 长春：吉林大学，2021.

[163] 赵慧. 虚拟现实机械产品开发中的计算机辅助设计研究[J]. 机械设计，2021，38（4）：148.